古代歷史文化^{研究}^{輯刊}

古代歷史文化研究輯刊

十九編

王明蓀 主編

第 17 冊

西湖夢尋：
17世紀杭州士人的社會網絡與文化生活

王濤鍇 著

國家圖書館出版品預行編目資料

西湖夢尋：17世紀杭州士人的社會網絡與文化生活／王濤鍇
著 — 初版 — 新北市：花木蘭文化事業有限公司，2018〔民
107〕
目 4+214 面：19×26 公分
（古代歷史文化研究輯刊 十九編；第 17 冊）
ISBN 978-986-485-413-4（精裝）
1. 知識分子 2. 社會史 3. 文化史 4. 中國
618   107002316

ISBN-978-986-485-413-4

9 789864 854134

古代歷史文化研究輯刊
十九編　第十七冊　　　　　　ISBN：978-986-485-413-4

西湖夢尋：17 世紀杭州士人的社會網絡與文化生活

作　　者　王濤鍇
主　　編　王明蓀
總 編 輯　杜潔祥
副總編輯　楊嘉樂
編　　輯　許郁翎、王筑　美術編輯　陳逸婷
出　　版　花木蘭文化事業有限公司
發 行 人　高小娟
聯絡地址　235 新北市中和區中安街七二號十三樓
　　　　　電話：02-2923-1455／傳眞：02-2923-1452
網　　址　http://www.huamulan.tw 信箱 hml 810518@gmail.com
印　　刷　普羅文化出版廣告事業
初　　版　2018 年 3 月
全書字數　198035 字
定　　價　十九編 39 冊（精裝）台幣 100,000 元

西湖夢尋：
17 世紀杭州士人的社會網絡與文化生活

王濤鍇　著

作者簡介

王濤鍇，1982 年生，河南榮陽人。南開大學歷史學博士。2005 年進入南開大學歷史學院，先後師從余新忠、常建華兩先生，研究醫療社會史、中國古代社會史。2014 年進入河南大學，師從程民生先生，進行以明代醫療史爲主題的博士後研究。近期主要研究興趣爲唐宋以來的醫療衛生轉變、明代醫學文本與地方性知識生成以及近世士人網絡與社會空間構建等。

提　　要

　　17 世紀，是中國近世史上的一個重要時期。晚明以降，江浙等地區市鎮經濟的繁榮，使得中國學界產生了數十年的「資本主義萌芽」論爭，至今餘波未已；明末東林黨以至黃宗羲等人對君權的批判也引發了民主因素等近代性的討論。不過，對明末清初文化的變動，大多數研究者偏重於晚明或者盛清文化的探討，只是把明末清初文化作爲兩者的過渡或附屬。其實，明清更替時期的文化，尤其是士人生活，呈現出一番獨特面貌。

　　在研究方法上，士人研究大多強調社會結構（主要是階級與等級）和宏觀歷史結合的視角，本文則利用地域史和社會網絡相結合的方式來考察明清交替時期的士人群體。社會網絡的方法，主要是從橫向的角度觀察不同的社會關係與個體以及社會各系統間的互動，從其入手來探究明清易代之際社會與文化，可以避免孤立地看待不同群體（如官員、文人、僧侶等）在文化建構中的地位和作用，從而深入把握地方社會的內在變化，更重要的是有助於擺脫以往結構化的認識。

　　自晚唐以漸杭州開始崛起，五代時錢氏立國和後來宋室的南興，更確立其東南第一大都會的地位；在元明時代雖有所衰落，仍是可與南京、蘇州並立的區域中心都市。相應地，文化教育的普及和科舉人才的繁盛，也使其成爲人文之淵藪。筆者從社會網絡的視角，指出 17 世紀杭州存在著時文會社、放生會等組織，且其經歷了從小築社、讀書社以至登樓社 50 餘年的變遷，最終加入了跨地域的復社以及十郡大社。同時，通過對《尺牘初徵》、《今世說》等書分析，我們還發現明清之際的士人網絡是一個以聲名爲中心，伴隨著物質贊助、訊息交流以及文化互動的社會關係集合體。

　　杭州士人及其社會網絡具有地域性，這一網絡實現了杭州地區士人內部各階層之間、文化和商業之間、世俗與宗教之間以及性別之間的良好互動，也使得社會中的聲望、財富和信息等社會資本一定意義上被不同人群所獲取。作爲個體的士人，可通過與杭州地方官、名士的交往，從而能夠融入杭州並獲得相應的回報。另一方面，該網絡也具有跨地域性，杭州的地方官員、流寓士人等群體的存在，使杭州能夠和其他地區進行信息、聲望等方面的交換，從而有利於士人的遊歷活動。

　　杭州士人社會網絡，又建立於該階層（或群體）日常生活中，一定的社會交往之上。通過分析日常生活情境下的士人社會交往，我們就能夠認清社會網絡構建的社會背景。就士人生活而言，社會交往與他們所屬的社會分層（流品）、生活空間（工作、家庭生活、餘暇等）和交遊活動（定交、拜謁、通信等）有著密切的關係。進而言之，社會分層關涉到不同地位士人間的相互關係，生活空間則包括了士人的治生、家庭生活經營、閑暇生活和日常生活的節奏等內容，至於交遊活動則是士人積極實現自我與社會互動必經之路。另一方面，社會網絡依賴於一定的空間而運行，同時又對之有所塑造。杭州自唐宋以來因山水而名聞天下，西湖及其周邊作爲一個特殊的自然人文空間，必然和該地的士人網絡有著複雜而又多樣的互動，其中我們專門探討了晚明杭州的湖山重建工程和士人風雅行爲的關聯。

在士人日常生活中，於「家國一體」的社會秩序之外，隨著城市和商品經濟的發展，杭州也出現了「士農工商」四民之外的邊緣群體，其中引起我們注意的是隱士和名姝（包括閨秀和妓女等）。此兩者，前者秉持出世的態度試圖與現實社會有所切割，後者則是中國傳統社會男女性別關係下的特殊產物。在明末清初，他們是當地社會網絡重要部份，西溪景觀的開發以及杭州才女文化的發達即爲其活動的產物。

最後，由於地理和社會人文因素的作用，明清時代的文化疆界（分野）相較前代更爲顯著，地域意識得以凸現（如會館的興建、郡邑文集叢書的刊刻等），那麼，從全國來看，各地相互間的競爭與整合在所難免，杭州士人網絡亦需應對這一局面。在此過程中，引人注意的是跨地域人員流動的作用：一方面，徽州士人通過商籍逐漸融入杭州的社會網絡；另一方面，杭州士人在遊歷京師（北京）生活中，和當地的文壇元老多有來往，並通過其所主導的社會網絡獲得了相當的聲譽。此外，我們還考察了杭州士人文化與「主流」文化的關係，從側面認識到國家文化傳統的構建過程。

目

次

緒　論

第一節　選題緣由和研究思路

　　由晚明到清初的 17 世紀，是中國近世史（或稱「前近代」）上的一個重要時期。晚明以降，江浙等地區商品經濟的繁榮，使得中國學界產生了數十年的「資本主義萌芽」論爭，至今餘波未已；明末東林黨以至黃宗羲等人對君權的批判也引發了民主因素等近代性的討論。不過，對明末清初文化的變動，卻仍未得到足夠的重視，大多數研究者偏重於晚明或者盛清文化的研究，而且只是把晚明清初文化作為兩者的附屬。事實上，明清政權更替時期以江南為中心的文化界喧鬧異常，呈現出一番獨特面貌〔註 1〕。進而言之，採取何種學術理路來觀察明末清初頗為興盛的文化顯得尤為重要。

　　一直以來，主流的社會（思想）文化史認為，從晚明到清初百餘年的文化是由王學思潮到經世致用，再到考據學彼此消長的過程；同時，將政治控制、商品經濟、社會變遷（如階級、風俗等）、王朝變革、文學藝術等因素與上述思潮相聯繫。這種看法的局限或瓶頸在於：著力於抽象的學術思想史闡釋，卻對社會和地域場景的較為忽視，因而顯得粗疏；另一方面，缺乏對士人、庶民等文化主體在一定歷史時期內社會活動複雜性（能動性）的充分關注。

〔註 1〕 具有代表性著作有：李孝悌所著《戀戀紅塵──中國的城市、欲望和生活》（上海人民出版社，2007 年）及其主編的《中國的城市生活》（新星出版社，2006 年）；張春樹、駱雪倫著《明清時代之社會經濟巨變與新文化──李漁時代的社會與文化及其現代性》（上海古籍出版社，2008 年）等。

　　近來的研究表明〔註2〕，明清兩代，士人群體本身有著複雜的內部結構和參差的利益差別，同時伴隨其社會活動（科舉、仕宦、集會結社等）的開展，形成了引人注目的社會網絡關係（如社友、同年、座主、門人等）。如此一來，士人逐漸擁有了富於流動性的社會空間——旅遊、宦遊與政治、宴飲集會、科舉與講學、著述活動、拜謁結社、宗教活動。其次，隨著唐宋以來商品經濟的繁榮活躍，士人在生活方式和價值觀上發展了一系列頗有特色的消費模式和消費觀念——譬如衣食住行上的奢靡行為，園林、花卉、瓶、酒、茶等譜經筆記（可稱之為「消費指南書」）的修撰。再次，當前江南城市史的研究拓展著學界對當時社會文化在空間場景上的瞭解，尤其是關於消費現象、文化景觀的考察還深化了我們對當時生活環境的認識。值得注意的是，書籍、戲劇等文化消費和相關產業狀況的探究方興未艾，這可能會很大程度上改變我們對當時知識、文化活動與士人、民間社會間相互關係的認識〔註3〕。

　　鑒於此，我們可以把注意力集中於觀察江南士人群體作為文化人的生活史。士人階層是近世文化生產的承擔者，江南士人尤好著述，「作家」無疑是其重要角色，他們著書、刻書、選書（即所謂「選政」），譬如明清之際的艾南英、曹學佺、鄧漢儀、李漁、王晫、張潮等人，著作、編纂、評點、出版等文化活動在其生活中都佔據著重要地位。同時，這些活動又和士人的日常社會交往緊密相聯。因而，研究17世紀江南士人，首先，需要從其交際圈入手，研究他們的家居、交遊等日常生活，以及相應的心態（思想、信仰等）表現。其次，通過考察清初的《虞初新志》、《今世說》和《檀几叢書》、《昭代叢書》等書，我們發現存在著一個區域甚至全國性的作家群體，並且該群體內部有著複雜的人際關係〔註4〕。那麼，對於這種網絡化的士人群體在清初

〔註2〕　相關研究可參考李孝悌的《戀戀紅塵》和《中國的城市生活》（參見上注），巫仁恕的《品味奢華》（中華書局，2008年）、王標的《城市知識分子的社會形態——袁枚及其交遊網絡的研究》）（上海三聯書店，2008年）、梅爾清的《清初揚州文化》（復旦大學出版社，2004年）、安東籬的《說揚州》（中華書局，2007年）等。

〔註3〕　具體研究並不少，茲舉數例：（美）周紹明《書籍的社會史：中華帝國晚期的書籍與士人文化》（北京大學出版社，2009年）；杜桂萍：《清初雜劇研究》（人民文學出版社，2005年）；陸萼庭《崑劇演出史稿》（上海教育出版社，2006年）等。

〔註4〕　這一點我們通過歸納張潮《虞初新志》中記錄的清初數百士人作家和王晫、張潮所編《檀几叢書》、《昭代叢書》裏涉及的數百士人來考證，再比較《今世說》記載的四百餘人和清初其他重要詩文總集如《遺民詩》、《瓊華集》等收錄的士人，可以大略看出一個區域甚至全國性作家群的存在（詳細研究，

文化史上的作為，本文試圖從其著作編纂、出版和交遊活動，與權力階層（大臣、地方官吏及鄉紳、商人）的關係，對社會思潮與民間文化的態度、文化消費活動等方面進行綜合研究。簡言之，探究清初江南社會的文化活動與士人的社會網絡、知識史、生活史間的複雜關係，揭示晚明清初文化「形而下」的社會地域場景、呈現士人對當時社會文化的建構活動，是我們的目的所在。

從地域史角度，我們可以看到士人的超越性〔註5〕──跨地域的社會組織和活動，如黨社、講會，以及求學等遊歷活動、士人的流動性（任官、交際、移民等），這是近世社會充分發展的產物。如此，明清士人的日常中，鄉里生活雖然依舊重要，城市生活的影響力卻也日益突出，空間上的流動促使著社會文化的流動〔註6〕，自然也有利於形成超越地域的士人社會網絡和文化觀念的傳播、認同，這都與明末清初社會文化的變遷關係匪淺。

在士人的超越性方面，我們通過考察 17 世紀士人階層名人譜系的相關記載如王晫的《今世說》，來具體探討士人間社會網絡，尤其是「名士」網絡形成的動機和過程，並且尋求解答這個問題：是否存在全國（或跨地域）認同的文化領袖和派別，同時，士人們如何構建一代之文化。

另一方面，在精神生活中，清初士人對晚明文化的繼承──例如閑雅的生活品味、熱衷出版事業、喜好標榜聲名，寫作上小品文的興盛和小說及傳奇的持續流行，勢必在士人社會網絡以及社會活動中有所體現。那麼，明清交替時期，龐大的士人網絡及其文化活動和「形而上」的思想觀念有著怎樣的互動，是很值得探討的。以往的研究業已表明，清初學者對晚明士風與學風的批判，如華夷政治觀下的經世思想、程朱理學的再興以及「新」的社會制度探求，都與晚明士人社會網絡下的文化轉變有著千絲萬縷的聯繫〔註7〕。

進而言之，在國家層面，清政權的右文政策，如科舉考試的恢復、《明史》和《全唐詩》等文化工程的開展，尤其是康熙朝博學鴻詞科的舉辦，逐步實

有待於專文考察）。

〔註5〕 關於士人超越性，可參考余英時著《士與中國文化·自序》，上海人民出版社1987年版，第10頁。

〔註6〕 這一思路，在臺灣地區學者王鴻泰的博士論文《流動與互動──由明清間城市生活的特性探測公眾場域的開展》（臺灣大學文學院歷史研究所，1997年）中得到很好地闡釋和論述。

〔註7〕 有關研究可參考：王汎森《晚明清初思想十論》（復旦大學出版社，2004年）、趙園《明清之際士大夫研究》（北京大學出版社，1999年）等。

現了政治力量對社會文化領域的秩序重建。那麼，順治、康熙年間的文壇復興，以及隨之而來的士人社會網絡代際更替，在這一秩序重建過程中會有何表現，國家和士人網絡以及相應的地域社會之間存在著怎樣的互動，兩者間的博弈對當時全國的文化有何塑造等，都是引人深思的問題〔註8〕。

　　具體來說，我們有以下推論：（1）明亡清興，士人群體心態、認同的變化，使得該群體內部生活與文化上的取向難以整齊劃一（譬如前人研究中就有遺民、貳臣、新朝的劃分），在「新」的士人網絡構建後，清代文化得以最終形成。（2）國家施行多種方式的文化控制，民眾政治認同也逐漸加強，而且意識形態開始重建——例如康熙對程朱理學的提倡，熊賜履、魏裔介、湯斌等理學官員得到重用；同時，隨著明末清初學風的變化，士人網絡對國家權力和社會的影響日益削弱。這樣，國家逐漸取得對士人網絡的主導，從而在乾隆時代實現文化上的大一統，相應地以樸學為特徵的盛清文化也得以建立。（3）乾隆時代士人對明清之際文化的記憶和評價也很值得注意，譬如金埴的《不帶下編》、戴璐的《藤陰雜記》都對該時期的士人事蹟頗有記載，全祖望、杭世駿等人的著作中更有眾多晚明清初士人的傳記。這些記載和四庫館臣在《四庫全書總目》中的批評話語存在著相當差異，其原因很可能在於國家和士人社會網絡兩者間文化價值、立場上的不同。還要注意的是康雍乾三朝在文化上的連續性，如《儒林外史》所反映的乾隆時代士人生活狀況和順康時代就有著很大程度的相似性和聯繫性。

　　需要補充的是：（1）士人的文化方面：筆者還感興趣的是從士人的生平和著作來觀察他們的生活方式，以及學問、道德等價值觀念，或者說士人創造了何種文化來達到其「精神不朽」的人生目的。晚明的小品和雜著大量流行，意味著何種文化趨向？前人研究中往往將經史等作為主要對象，又是否真的能夠完全涵蓋明末清初士人在思想和文化上的創造？從王士禛、王晫、張潮、李漁等人事蹟來看，小品、雜著和經史著作在文本上具有同等地位。我們認為，對於文化，在士人個體，為學問和著述；在城市，為文化產業及相關的建設、活動；在國家，為文治和教化。只有充分認識到這些聯繫，才能更好地解讀17世紀的社會文化變遷。（2）士人的流動性方面：跨越地域的

〔註8〕　這些問題在若干論著中已經有所探究，如史景遷的《曹寅和康熙》（上海遠東出版社，2005年），楊念群的《何處是江南：清朝正統觀的確立和士林精神世界的變異》（三聯書店，2010年）等書。

人才流動、階層地位變化等社會流動、士人社會網絡的空間流動，使得士人的文化創造有可能超越地域、階層、民族的界限，逐漸上升爲代表國家或大傳統的共同文化。顯然，對於滿洲人，尤其和漢族士人交往很多的上層旗人，如康熙帝、納蘭性德、曹寅等，士人文化對之產生著難以低估的影響。

　　在研究理念和方法上，近年來海外學界的眾多著作給予我們很大啓示，前文有所涉及的李孝悌的《戀戀紅塵》與《中國的城市生活》、巫仁恕的《品味奢華》、王標的《城市知識分子的社會形態——袁枚及其交遊網絡的研究》、梅爾清的《清初揚州文化》等書，已經逐漸擺脫了以往明清文化史研究偏重宏觀解釋的狀況，轉而從日常生活、物質文化的視角來探討明清時代的文化。他們在研究中對地域場景（尤其是城市），士人群體社會生活的諸多面相——衣食住行、旅遊、娛樂、交際、文化景觀等，也得到了充分的關注。這一研究趨勢，和本文的立場是一致的，他們的研究成果也很值得借鑒。

　　在臺灣學界，李孝悌的看法頗有代表性，他指出，「在官方的政治社會秩序或儒家的價值規範之外，中國社會其實還存在著許多異質的元素」，而「缺少了城市、園林、山水，缺少了狂亂的宗教想像和詩酒流連，我們對明清士大夫文化的建構，勢必缺失了原有的血脈精髓和聲音色彩」，他又認爲「逸樂作爲一種價值」的觀念，很好的批判了思想學術史或政治史長期以來宏觀化、抽象化的研究範式〔註9〕。美國學者梅爾清從揚州的園林等建築文化景觀入手來研究士人文化，和臺灣學界的研究視角也頗爲吻合，而出自日本學界的王標雖然從交遊網絡的角度研究清代中期中國城市知識分子集團的社會特徵和知識狀況，但也花費不少篇幅對園林、詩酒流連等士人生活進行探討。概言之，從日常生活——尤其是以往被忽略的「生活中的細枝末節」（李孝悌語）來研究士大夫乃至明清文化，已經成爲海外學界的一種「共識」，這也是筆者的問題意識所在，我們可以有選擇地利用上述研究的一些理念：如逸樂作爲一種價值、文化身份認同、社會網絡、共同體和共同文化的構建等。

　　最後，以清初《今世說》的作者王晫爲例，簡要表述下我們的研究重點。他是棄舉的順治諸生，現代辭書給其的稱號有文學家、藏書家、刻書家〔註10〕。我們仔細考察其生平後發現：首先，從王晫個人及其好友張潮的記述可以看

〔註 9〕　前揭《戀戀紅塵・代序》，第 5 頁。
〔註10〕　可參考《中國寓言大辭典》、《中國文學大辭典》、《中國歷史人物辭典》等工具書相關條目。

出當時下層文人對於刻書事業的熱情。王氏並不是純粹的文人，著述之外積極參與編選、刊刻書籍等活動，他所撰輯的《今世說》月旦品評了順治康熙間的 400 多位名士，《檀几叢書》則收錄涵蓋經史子集的晚明小品性質的文章，還有家刻霞舉堂從書，在當時影響就很大，這也是王氏最爲人稱道的文化成就。其次，王晫頗爲好交，與處於江南的著名文人如尤侗、王士禎、陸圻等幾乎都有交往，雖然他的詩詞成就不高——清初雖然各類總集多有收錄，但在現代的文學研究中缺乏關注，但稍顯意外的是，他卻被載入了國史館的《清史列傳·文苑傳》。然而到後來，似乎尤其是乾隆之後，和清初許多士人一樣，王晫在各類文集、傳記中漸漸淡出，不過這並非單純出於政治原因，而是來自於乾隆時期思想界對晚明文人價值的批判，更重要的是清代學者對晚明文化的批判——因爲王晫的作品總體上受晚明影響很大，如標榜聲譽的《今世說》和彙集文人風雅小品的《檀几叢書》。從《四庫全書總目》很容易發現，乾隆晚期編著四庫全書時，四庫館臣認爲晚明文人不入流，所以盡力消除晚明文人的文集以及雜纂類作品的影響，或者將之歸入四庫存目，或者直接禁燬。筆者認爲，清政府的做法目的在於一方面限制晚明文化所具有的價值觀在社會的流行，另一方面則防範來自地方文化勢力對國家科舉考試和選拔人才的威脅，因爲士人社會網絡的過度發展可能會產生類似明末黨社盛行的現象。由上述，我們似乎可以推論，明清交替時期直到乾隆時代，士人文化與國家統治間存在著一個相互重構以達到共存的過程；士人文化有對前朝的繼承，也有超越地域的特徵，但它又植根於一定地域的社會生活中。

綜而言之，我們的這些思路和推論是否與當時的歷史進程相符合，是否還存在著其他更引人深思的歷史面相，這無疑有待於本文在具體研究進行檢驗和反饋。

第二節　研究概況

明清時期士人史和文化史的研究，由來已久，而且學人眾多，成果豐碩。鑒於此，筆者先按國別和地區，由外到內對相關研究進行總體回顧。然後，圍繞社會網絡和地域文化的主題，對本文的前期研究展開具體探討。

一、總體狀況

據山根幸夫主編《中國史研究入門（增訂本）》，日本明清史學界在二戰

後，其國內出現了幾種影響很大的理論，主要是鄉紳論、國家論、共同體論和以其爲基礎的鄉村社會論、地域社會論，這些理論彼此相連，形成了日本學界在明清中國研究上一系列的獨特解釋〔註 11〕。不過這些理論的成就主要在於闡釋了明清國家、社會、鄉紳和民眾彼此間的複雜的政治經濟關係，進而探究當時歷史和社會的建構過程。關於士人研究，日本學界的以上理論，在探討鄉紳的經濟社會角色和所具備的權力方面做出了很好的研究，這些方法和結論對我國學界也有不小影響，並對我們深入把握士人生活的物質層面（如政治活動、社會關係和地位、土地所有和經營、慈善事業等方面）很有幫助，這方面的代表作有重田德的《鄉紳統治的建立與結構》（收入岩波講座《世界歷史》）和《封建制的角度與明清社會》（《東洋史研究》1969 年 4 期）、岸本美緒的《明清時代的鄉紳》和《明清交替與江南社會——十七世紀中國的秩序問題》、森正夫的《森正夫明清史論集（第二、三卷）》等等，此外彙集多位知名學者作品的專題論文集如《地域社會》、《國家與民眾》、《社會與文化》也都很有影響〔註 12〕。然而他們對士人日常的社會生活，尤其是社會文化活動的研究卻相形見拙，該領域也似乎沒有引起日本學界的足夠重視，只有少部份人進行了相關研究，如宮崎市定的《張溥及其時代——明末一個鄉紳的生涯》、《明代蘇松地方的士大夫和民眾》（收入氏著全集）、酒井忠夫的《明代的日用類書與庶民教育》（臺灣地區學者王爾敏對其研究有介紹，參見《明清庶民文化生活》），被收入《近世中國教育史研究》一書；奧崎裕司的《中國鄉紳地主之研究》，對延續很長時代的袁了凡一族進行了深入研究，他的研究力圖從社會史、思想史兩個角度統一把握袁了凡的思想並強調了對抗地主階層的社會勢力（佃戶、奴僕）抬頭；田仲一成研究戲劇的代表作《中國祭祀演劇研究》，則探究了明清時期的地方戲、庶民演劇與國家權力、共同體、演員行會等方面的問題，試圖從演劇活動研究中國社會的特點；關於文化與士人的研究，還有間野潛龍的《明代文化史研究》（同朋舍，1979）、福本雅一編的《明末清初》、大木康的《明末的逸士——馮夢龍與蘇州文化》、井上進的《中國出版文化史——書的世界與知的世界》等等。此外，溝口雄三對紳士階層的思想史研究如李贄和東林黨等，也很有貢獻〔註 13〕。值得注

〔註 11〕　山根幸夫主編：《中國史研究入門（增訂本）》下冊，社會科學文獻出版社 2000年版，第 720、732、856、860、873 頁。

〔註 12〕　《中國史研究入門（增訂本）》下冊，第 721、733、873 頁。

〔註 13〕　《中國史研究入門（增訂本）》下冊，第 741、736、863、742、874、737 頁。

意的是，與日本學界有密切關係的韓國學者吳金成，對紳士階層也有相當深入的研究，他的多卷本著作內《國法與社會慣行》中的第二篇《國家權力與紳士》、《矛盾的共存》中的第二篇《江西的紳士》都是從國家與紳士在權力和經濟上的關係角度來研究明清的紳士層，這和日本學界的研究方向是一致的〔註14〕。

美國漢學界的研究：在二十世紀五六十年代，社會史範式下的士人研究有張仲禮的《中國紳士》、蕭公權的《19世紀中華帝國對農村的統治》、羅伯特·馬什的《1600～1900年期間中國社會精英的流動狀況》、瞿同祖的《清代地方政府》、何炳棣的《明清社會史論》、弗里德曼的《中國東南的宗族組織》等，這些研究從社會階層與權力、社會角色及功能、社會群體和社會流動等角度很好地詮釋了不少與士人相關的問題，並且形成了美國中國史研究的若干範式；七八十年代至今，歐美學術界發生文化和語言轉向，出現了史景遷的《曹寅和康熙》，余英時的《士與中國文化》、《戴震與章學誠》和《方以智晚節考》，魏斐德的《洪業》，艾爾曼的《從理學到樸學》和《經學、政治和宗族》，羅威廉的《漢口》和《陳宏謀》，卜正民的《為權力祈禱》和《縱樂的困惑》，梅爾清的《清初揚州文化》，安東籬的《說揚州》等書，這些著作則展現了文化史路徑下的士人研究〔註15〕。

中國臺灣地區。該地明清史研究機構和人員較多，其中，「中央研究院」的有關部門和學者成立有明清研究會、大學院校系統則有徐泓先生的中國明代研究學會（代表刊物《明代研究》）以及吳智和先生主持的明史研究小組（有刊物《明代研究專刊》）等，在學界影響很大。自1990年代初，「中央研究院」歷史語言研究所的杜正勝倡導「新史學」以來，臺灣的明清史研究逐漸向社會文化轉向，因為中青年學者大多留學美國，更受到該國「新文化史」研究的影響。在文化和士人研究方面，李孝悌主持的研究小組尤為突出，他們先後以「明清的社會與生活」、「明清的城市文化與生活」等為主題，圍繞中國近世的城市、日常生活和明清江南等問題進行了持續而深入的研究，其中廣泛涉及衣食住行、娛樂、旅遊、節慶、欲望、品味、文物、街道、建築等微

〔註14〕 具體介紹可參考《韓國學者吳金成教授新著兩種介紹》，中國社會史學會、南開大學中國社會史研究中心編《社會史研究通訊》第10期，2007年。

〔註15〕 為避免繁瑣，這些著作的具體出版狀況，請參閱本文的參考文獻；更為詳細的研究狀況，請參閱馬釗主編：《1971～2006年美國清史論著目錄》，人民出版社2007年。

觀領域。同時，該地區還湧現出林麗月、巫仁恕、王鴻泰、邱仲麟、陳熙遠等頗具影響的社會文化史學者〔註 16〕；另一方面，吳智和所在的明史研究小組通過三十餘年的研究，對明代的社會生活、政治制度、教育文化等領域進行了卓有成效的研究，其中關於明人舟遊生活、居家生活、衛學教育、江南藏書、旅館事業等方面的探討很值得稱道和借鑒〔註 17〕。

國內的明清社會文化史研究，概論性的有陳高華等主編的《中國風俗通史（明代卷）》和《中國風俗通史（清代卷）》；馮爾康、常建華的《清人社會生活》，錢杭、承載的《十七世紀江南社會生活》，商傳的《明代文化史》，趙軼峰的《明代的變遷》，陳寶良的《明代社會生活史》，馮天瑜的《明清文化史散論》等書，受制於篇幅，不再作詳細介紹。

具體到明清時代士人的專門研究，尤其是明末清初史，受反滿和革命等意識影響，民國初年，晚明史和南明史研究大熱，清史奠基人孟森先生就有涉及明清之際士人問題的不少考證文章。在抗戰前後，朱倓的《明季社黨研究》、謝國楨的《明清之際黨社運動考》、陳垣的《明季滇黔佛教考》等著作也先後出版。其中，謝國楨先生的有關晚明清初社會文化的研究，大體上代表著 1980 年代前國內該領域研究的最高水平。他的名作《明清之際黨社運動考》以及後來的《明末清初的學風》等書，從政治和社會組織、士人交遊、士人思想與學術以及文藝等多方面作了深入和廣泛而堅實的研究，他畢生整理明清文獻的功力在上述著作中也得以充分展現。至今這些研究仍很有生命力，一定意義上說，謝先生的著作是本文進行研究的基礎。

1980 年代，受文化熱和社會史復興的影響，明清文化研究領域出現了馮天瑜《明清文化史散論》、劉志琴的《晚明城市風尚初探》等著作和論文，並且這股潮流愈演愈熱〔註 18〕；1990 年代後期至今，隨著國外理論大量傳入和海內外研究交流的頻多，明清文化和士人研究的方法日益多樣化，而且呈現出社會史（尤其是社會經濟史、社會生活史）和文化史（主要是思想學術史）

〔註 16〕　李孝悌所主持研究計劃的詳情，請參閱前揭李孝悌主編《中國的城市生活·序》，以及氏撰《明清的社會生活與城市文化》（《史學月刊》，2006 年第 5 期）一文。

〔註 17〕　臺灣地區的研究詳情，請閱周惠民主編：《1945～2005 年臺灣地區清史論著目錄》，人民出版社 2007 年版；文中所列著作出版狀況，可參考本文的參考文獻。

〔註 18〕　對於這一研究轉變，可參考何平：《20 世紀 80 年代中國史學發展若干趨勢》，《史學理論研究》，2000 年第 1 期。

互動共存的趨勢，而且跨越文史哲等人文學科和社會學、人類學等社會科學的研究日漸增多，舉例如下：心態史方面有周明初的《晚明士人心態及文學個案》，趙園的系列研究《明清之際士大夫研究》、《續編》，左東嶺的《王學與中晚明士人心態》，羅宗強的《明代後期士人心態研究》等；在社會交往方面，有徐林的《明代中晚期江南士人社會交往研究》，何宗美的《明末清初文人結社研究》、《明末清初文人結社研究續編》；在士人社會生活方面，有陳寶良的《明代儒學生員與地方社會》，徐茂明的《江南士紳與江南社會：1368～1911 年》，陳江的《明代中後期的江南社會與社會生活》，王衛平等的《吳文化與江南社會研究》，張畢來的《紅樓佛影：清初士大夫禪悅之風與〈紅樓夢〉的關係》，顧鳴塘的《〈儒林外史〉與江南士紳生活》等等；在士人著作活動方面，近年來明清文學及文獻研究的成果很多，有張德建的《明代山人文學》，謝正光、佘汝豐的《清初人選清初詩匯考》，孫書磊的《明末清初戲劇研究》，杜桂萍的《清初雜劇研究》，宋若雲的《逡巡於雅俗之間：明末清初擬話本研究》，葉樹聲等的《明清江南私人刻書史略》，閔豐的《清初清詞選本考論》，潘承玉的《清初詩壇：卓爾堪與〈遺民詩〉研究》，闞紅柳的《清初私家修史研究：以史家群體為研究對象》，朱鴻林的《明人著作與生平發微》，何明星的《著述與宗族——清人文集編科方式的社會學考察》，李潤強的《清代進士群體與學術文化》等〔註19〕。

　　然而，通過既往學術成果的回顧，不難發現，明清士人史與文化史的研究總體上呈現出各自分立的局面：士人史研究大多從士人（紳士）的經濟、社會權利入手，可以歸屬於政治史、社會經濟史的範式；而文化史的研究，則主要從文學史、思想史和文獻學的視角展開，可以歸屬於類似西方古典知識史的範式。然而，近年來，海外學界逐漸打破了這一局面，他們從「日常生活」和物質文化等方面著手，對士大夫生活進行了重構，在這一過程中再現了士大夫的文化角色，也呈現了士大夫以及城市等空間文化構建的過程。

　　對於士人研究，國內以往的研究集中於其政治和經濟角色，對其社會生活雖有一定探討；不過由於政治史、社會經濟史、學術思想史等學科研究的限制，對士人的文化角色和社會網絡，以及其作為「精英」的文化未能給以足夠的重視和研究。因此，結合早期的斷代文化研究（如謝國楨先生的黨社研究）和當前社會文化史的成果（尤其是地域研究），從文化的視角重新考察

〔註19〕所列書籍的具體出版狀況，請閱本文參考文獻部份。

士人群體在明末清初歷史轉變上的地位和作用，同時結合對其中典型人物的專門探討，必會使我們領略到該時期文化尚未被人瞭解的其他面相。

二、士人社會網絡和杭州文化研究

在對明清士人史和文化史的總體研究回顧之後，我們將梳理和本文主題密切相關的士人會社史、交遊史以及杭州地方史的研究成果，以便正文的深入探討。

會社史的研究始於 20 世紀初，其中士人會社的研究開展最早，並在 1930 年代前後達到高峰〔註20〕。早期的研究者如李元庚、朱倓、陳豪楚、謝國楨、郭紹虞等通常採用考證的形式，對明清時代所出現的會社名目、規約、成員、活動等進行考察。其中，朱倓先生對晚明清初的杭州小築社、讀書社、登樓社的研究相當完備，成為本文探討杭州士人網絡的起點。而謝國楨、郭紹虞等則對明清時代全國士人的結社狀況進行了詳細探討，其中有關復社、幾社等的考證更有助於我們瞭解跨地域士人網絡的形成。需要注意的是，此時期的會社研究受到當時國內政治形勢的影響較大，意在喚起民族精神、激發愛國思想，因而對士人會社和文學、文化關係的研究相當欠缺〔註21〕。

20 世紀末，士人會社的研究再次出現熱潮。這次浪潮是從對東林黨的再次探討開始的，國內的歷史學者認為，東林黨是中小地主利益的代表，同時又和工商業者、市民階級有著立場接近的地方；但東林黨的「尊經重道」又顯示出其保守性。而且，在研究中，人們更為注重東林黨的晚明政局的關係以及其在黨爭中的作用，代筆性的研究是朱文傑的《東林黨史話》、王天有的《晚明東林黨議》。類似的研究者還有日本的小野和子，他在《明季黨社考》中試圖通過對黨爭具體過程的分析，進而考察這場政治運動的歷史意義；不僅如此，小野先生還想要把朝廷中的東林黨的歷史，與東林書院、復社中積聚的在野整治活動聯繫起來〔註22〕。值得注意的是，日本學者重田德、溝口雄三等從地域社會和學術思想的角度研究東林黨，將我們引入了士人會社研

〔註20〕 研究詳情可參考張濤：《20 世紀中國古代文人社團研究史論》，《深圳大學學報》2006 年第 6 期；史五一：《明清會社研究綜述》，《安徽史學》2008 年第 2 期等。

〔註21〕 見前引《20 世紀中國古代文人社團研究史論》。

〔註22〕 小野和子：《明季黨社考‧序章》，上海古籍出版社 2006 年版，第 3～5 頁。

究的新視野〔註23〕。這一方式在近來逐漸流行，例如有學者對復社的研究，就相當注重其背後地方力量的興衰以及和科舉文化的關係〔註24〕。

另一方面，士人會社的研究在社會文化領域的更為熱烈。學者陳寶良《中國的社與會》從社會群體和組織的角度分析了中國歷史上的會社活動，其中花費大量篇幅論述文化生活型的會社，包含有詩文社、講學會、怡老遊戲之會、宗教結社、社會及廟會、風俗之會等類型，而且對明清時期杭州的士人會社也有不少敘述〔註25〕。然而，相比之下，當前文學史界對士人會社的研究最為熱衷。郭英德、何宗美等學者就從文化的角度考察會社和學風、文學潮流變化間的關係〔註26〕。其中，何宗美對明代杭州的西湖會社進行了專門的研究，對於我們探討17世紀杭州士人會社很有借鑒意義。需要說明的是，上述研究偏重於強調文人結社背後的宗法特徵以及和文學風氣、思潮的關係，對於士人會社和地方社會、日常生活以及社會變遷的關係關注不夠，而這是本文所要著力的地方。

會社雖然是社會網絡的典型形態，但社會網絡更多地表現為士人的交遊活動。在人物研究中，交遊一直是研究者關心的基本問題。然而，人們通常未能把個體的社會交往和集體性的聚會以至會社活動結合起來探討，進而也就缺乏將這些豐富多樣的交遊活動與地域社會文化變遷聯繫的研究。目前，這一狀況已經得到很大的改變，前文我們所提到的王標、梅爾清就使用「交遊網絡」、「文學網絡」來處理士人的這些交遊活動。而杜贊奇在《文化、權力與國家》一書中則提出「權力的文化網絡」來分析士人階層和其他社會階層間的關係，他認為文化網絡是地方社會中獲取權威和其他利益的源泉，並且在文化網絡中秩序和權威得以建立，這裡的文化網絡同樣適用於士人交遊活動所形成的各種關係〔註27〕。學者王鴻泰又使用文藝社交圈來形容士人間由於社交活動所形成的這種社會場域。此外，也有研究者使用「社會文化交

〔註23〕 《明季黨社考・序章》，第3頁。

〔註24〕 相關研究有：朱子彥《論復社與晚明科舉》，《社會科學》2009年第3期；王恩俊《復社與明末清初江南地區衿紳勢力的盛衰》，《遼寧大學學報》2009年第1期等。

〔註25〕 陳寶良：《中國的社與會》，浙江人民出版社1996年版。

〔註26〕 郭英德：《中國古代文人集團與文學風貌》，北京師範大學出版社1998年版；何宗美：《明末清初文人結社研究》，南開大學出版社2003年版等。

〔註27〕 杜贊奇：《文化、權力與國家——1900～1942年華北農村》，江蘇人民出版社，1994年版。

往圈」來說明士人由於血緣、地緣、業緣等所結成的關係網絡〔註28〕。本文認爲，士人由於交遊活動而形成群體性關係，本身並不局限於文學或文化，而且在功能上超出了交遊的行爲層面，會對社會結構產生一定的衝擊，因而借用現代社會學的「社會網絡」一詞進行研究更爲恰切。

　　杭州的地方史研究，由來已久，有著一定的研究積澱。該地區的研究開始於譚其驤、陳橋驛等歷史地理學者，他們很早就認識到杭州自然環境的變遷在於社會的變遷，譬如陳氏《歷史時期西湖的發展和變遷》一文即爲其中代表〔註29〕。建國後，杭州大學歷史系和杭州有關部門對浙江地方史研究相當重視。20 世紀 80 年代以來，出版了倪士毅的《浙江古代史》、李志庭的《浙江地區開發探源》、周峰主編的《杭州歷史叢編》（全 6 冊），與本文相關的有《吳越首府杭州》、《元明清名城杭州》等），近年來還有陳述編的《杭州運河歷史研究》等，這些著作從不同層面對歷史上杭州的經濟、文化、城市建設、園林景觀、宗教、人物等內容，進行了頗爲詳細的介紹。對本文而言，這些研究對於我們把握晚明清初的杭州文化的歷史背景很有幫助。

　　最後，在研究方法上，爲了更好地觀察 17 世紀杭州的士人生活，我們吸取了馮爾康、許敏、王振忠等學者的研究經驗〔註30〕，在史料運用上，注意書信、日記、年譜等的綜合使用，以便更好地呈現當時複雜的歷史面相。

第三節　史料問題

　　明末清初的史料繁多，僅從謝國楨先生的《晚明史籍考》、《明清筆記談叢》等書便可發現。不僅如此，在研究中，我們還要警惕由於史實書寫者各自立場的差異所產生的記載矛盾，進而充分把握不同史料的性質和局限，加以綜合利用，才能更好的進入當時的歷史場景，從而深化相關問題的認識。

　　筆記、詩話等：該類史料能夠很好地引導我們進入當時的歷史情境，如

〔註28〕　王鴻泰：《浮游群落》，收入《都市繁華》，中華書局 2010 年版；吳琛瑜：《清代中葉江南下層士人的社會文化交往圈》，《上海師範大學學報》，2008 年第 1 期。

〔註29〕　陳橋驛：《歷史時期西湖的發展和變遷》，《中原地理研究》，1985 年第 2 期。

〔註30〕　馮爾康：《清史史料學》，瀋陽出版社 2004 年版，第 301～304 頁；許敏：《試析明代後期江南商賈及其子弟的文人化現象——從方用彬談起》，《中國史研究》，2005 年第 3 期；王振忠：《從〈應星日記〉看晚明清初的徽州鄉土社會》，《社會科學》，2006 年第 12 期。

《今世說》、《巢林筆談》、《人海記》、《藤陰雜記》、《靜志居詩話》和《清稗類鈔》等，都對明末清初士人形跡記錄頗多。而在解讀方法上，常建華先生的《盛清吳中士人生活寫照——清人筆記龔煒〈巢林筆談〉》一文從社會生活史的角度考察康熙後期到乾隆前期的士人，展現了龔煒身爲江南士人在盛清時代的政治態度和日常生活，並觀察到清朝國家統治在基層社會取得成功〔註31〕。同時，該文由關注史料所反映的具體內容如賑濟、漕政等，轉變到注重史料或文本自身的內在聯繫以及書籍與作者（如歷史書寫）的關係，進而從地域史和日常生活的視角觀察筆記所呈現的具體史實，這對本文有很大啓迪。在本文研究中，筆者更注重那些記錄士人交遊、文化活動的筆記、詩話，試圖勾勒順治、康熙間士人文化活動（主要是詩文創作和學術思想發明活動）的具體面貌，所依賴的社會基礎，以及其與晚明和乾隆朝文化上的相互關係。

叢書、類書：本文涉及到的該類文獻有《檀几叢書》、《昭代叢書》、《古今圖書集成》等。當代學者對叢書的利用有較大局限，主要集中在利用《四庫全書》、《四部叢刊》等少數大型叢書，而且較爲忽略叢書本身的內在發展脈絡和其中的時代內涵。私修叢書在清初是主流，譬如王晫、張潮所編纂的《檀几叢書》，彙集了順治、康熙間諸多名士的作品，反映著清初的地域文化特徵和士人生活面貌。這類叢書應該得到充分的重視，因爲在一定意義上，它是瞭解清初士人社會網絡的重要途徑。類書方面，康熙後期出現的《古今圖書集成》，可以看作是當時士人精英對以往歷史文化的總結。該書所採用的編纂體例也反映出士人的社會文化觀念，其中的《明倫匯典》涉及到社會交往和人際關係方面的內容很多，對於我們瞭解當時的社會生活狀況很有幫助。在史料上，前人所輯的《武林掌故叢編》、《叢書集成初編》和今人所整理的《西湖文獻集成》、《杭州運河叢書》等，爲本文提供了有關杭州以至浙江地區的大量文獻，對於我們充分認識和把握該地區的地域特徵以及士人的文化活動大有裨益。

文集：集部是文獻的一大門類，也是本文的主要史料來源，其通常可以劃分爲總集、別集、選集等類型。對於明清時代的大量文集，現有的歷史研究大多集中於個人著作性質的別集，然而，總集和選集對於瞭解一個時代的文化面貌，對於觀察時人對地域乃至全國文化認識很有幫助，尤其是當時人

〔註31〕 常建華：《盛清吳中士人生活寫照》，收入《中國社會歷史評論》（第11卷），天津古籍出版社2010年版。

所編選「當代」總集、選集，往往受到其所處社會網絡的影響。那麼，我們通過對該類文本的考察，不難窺探到一時文化風氣的建構過程。明清之際，杭州較爲重要的總集、選集有《古今詞統》、《尺牘初徵》、《西陵十子詩選》、《西陵詞選》等，其他一些全國性的總集如《倚聲初集》、《瑤華集》、《詩觀》、《林下詞選》等也值得參考。

　　方志：該類史料已得到史學界的高度重視和普遍利用，對於地域史研究而言，其重要性更是不言而喻。需要說明的是，在對杭州的具體研究中，我們應該將官修的省志、府志、縣志結合起來利用。同時，一些相關筆記如《西湖夢尋》、《東城雜記》、《艮山雜志》、《清波小志》、《北隅掌錄》等，從私人的角度記錄下杭州的諸多人物和事蹟，由於其對生活經驗和場景較爲注重，所以值得格外重視。

　　人物傳記：首先是官修史書，如《清史列傳》，其《儒林傳》和《文苑傳》記錄了數十位清初的杭州士人，從中可以發現地域士人進入國家性史書的狀況；其次是私修史書，如《罪惟錄》、《東山國語》、《復社姓氏傳略》等，對於江浙地區的黨社人物和遺民有著詳細記載。再次，因爲傳記是古代著作主要題材之一，個人文集中的傳、狀等文章頗多，我們可以用其考察士人間的關係網絡。年譜是另一類重要的傳記資料，如《張溥年譜》、《查繼佐年譜》、《王士禛年譜》等，不僅有益於瞭解某人的生平和行跡，而且能夠幫助我們判斷相關士人網絡的活動時間。日記、書信也是不容忽視的史料來源，本文中用到的《尺牘初徵》、《快雪堂日記》和《行役日記》等，有利於我們從微觀上認識當時士人的日常生活和社會網絡。

　　書目：明末清初的書目，如《傳是樓書目》、《千頃堂書目》等，使我們由當時藏書家的書目，瞭解到晚明清初杭州的圖書狀況和士人的著作面貌，從中也可以發現士人網絡和作品間的某些關聯。

第四節　概念界定

　　杭州：在本文中有三種意義，作爲中心城市，它發揮著城市的諸多功能——士人的城居處所，擁有豐富的物質和文化資源，對周邊城市具有輻射作用等；作爲行政區劃上的省級治所，眾多行政管理機構和人員與士人的日常生活關係密切；作爲文化上的地域空間，杭州自身的文化傳統和氛圍制約、

支持著杭州士人的文化生活。上述第三種意義是筆者關注的重點，但三者在歷史過程中實際上彼此聯繫，難以割裂。

社會網絡：1970年代以來的社會學變革，使社會網絡作爲社會學的重要理論逐漸成爲主流。這一思想強調個體之間、個體與組織之間以及組織之間各種各樣的聯繫對其本身所造成影響。社會網絡學派更將社會結構視爲網絡狀態，從而區別於傳統社會學以社會地位爲主的階級結構觀〔註32〕。中國社會歷來強調關係人情，長期成爲國際社會學界社會網絡研究的重要對象，對於明清時代的士人群體，這也是適用的。不過，在社會學中，社會網絡更多關注關係網絡對社會資源（尤其是經濟和物質上）交換、分配的影響，筆者則試圖利用這一概念分析士人網絡本身的構建、維持、變動，網絡內個體或組織間的互動，以及最終對社會整體所造成的影響。

晚明清初：本文指萬曆到康熙中期的百餘年時間，其中對17世紀的文化作重點探討，但在具體研究中並不拘泥於這一時間段，會稍有變化。本文中用到的「明末清初」、「明清之際」、「明清交替時期」等語，和晚明清初所指意義是一致的。

士人：國內的研究，多從社會結構角度將士人看作階層或身份，來觀察該群體在社會經濟和政治上的行爲活動，尤其是群體性的行爲特徵；海外學界，則從共同體或網絡、地域史角度來研究士人較多，側重探討士人的交遊網絡、身份認同，以及其社會影響〔註33〕。本文的視角與後者相近，試圖從社會網絡來觀察士人群體，並通過分析各種社會關係交織下的日常生活，來探討當時的文化生活變遷。

文化生活：泛指與個人或組織有關的學術、教育、文學藝術、娛樂以及出版、閱讀等行爲，突出其中與日常生活關係密切的文化創作、生產和娛樂消費等活動。

日常生活：包含衣食住行、婚喪交際、思想信仰等多方面的民眾行爲和習俗。在本文中，我們力圖以士人爲中心，呈現出其生命中的治生、休閒、交遊以及生活空間等面相，尤其屬於私人生活領域的家居住所、品味愛好、宴飲應酬等內容更是需要特別注意的地方。然而，本文並不滿足於描述「形

〔註32〕可參考肖冬平等：《社會網絡研究的理論模式綜述》，《廣西社會科學》2003年第12期等。

〔註33〕可參考前引王標、梅爾清的著作。

而下」的生活細節或形式，嘗試將其與其他社會領域如社會組織、物質生活、生命週期、空間聚落等連接起來，從而形成總體化的歷史觀感〔註34〕。

第五節　本文內容安排及創新

　　本文從 17 世紀杭州士人的社會網絡與文化生活入手，由史實考證開始，依次分析社會網絡和日常生活、空間文化、人口流動以及地域文化和國家文化關係等問題，具體安排如下：

　　第一章，從歷時性的角度考證、分析晚明清初杭州社會網絡的歷史狀況。首先，對從明萬曆到清順治間的杭州士人會社形態進行梳理和考證，認為 17 世紀杭州存在著時文會社、放生會等組織，最後加入了跨地域的大社。其次，通過對《尺牘初徵》這一書信集的分析，考察明末清初杭州社會網絡的構成和運作方式，並以李漁為個案進行細節探討。最後，以清康熙時代筆記史料《今世說》為中心，研究明天啓到清康熙間的杭州士人網絡變遷，並對作者王晫和其背後的社會環境有所分析。

　　第二章，圍繞日常生活，探討士人社會網絡與士人生活之間的各種聯繫。其一，士人網絡植根於當時的社會分層、職業分化等，同時又受制於家庭等生活空間，晚明社會的變革，使得士人的流動性空前上升，日益功利化和聲名化的社會交往相當程度上打破了既有的秩序和規範，這自然推動著社會網絡的飛躍發展。其二，作為整體的杭州士人社會網絡，對唐宋時的西湖景觀等空間有著強烈的歷史情結，他們利用網絡內部的官員力量在晚明對湖山進行了重建，這一努力在清代被皇權代表的國家體制所肯定和繼承，同時這些人營建的自我風流形象也被後世所認可。其三，隱士和女性屬於傳統社會的特殊群體，然而在明清之際，士人網絡和他們之間有著相當密切的聯繫，隱逸精神和士人生活已經充分結合，西溪更是成為隱士的樂土；女性則借助文學和宴會等媒介融入了士人的社會網絡，而士人們對婦女才情的推崇和傳播，更使得女性享有和發展著家事之外的社會文化空間，而女性結社及編選書籍等現象的出現則反映出她們一定的思想自覺和獨立性。

　　第三章，由地域視角探討社會網絡在明末清初國家文化構建中的作用和

〔註34〕常建華先生近來對社會生活和日常生活關係的論述相當精彩，見《中國社會生活史上生活的意義》，《歷史教學》，2012 年第 2 期。

影響。繼宋元王朝之後，明清時代的地方性特徵更爲顯著，經濟上商幫出現和市鎮經濟的繁榮，社會上會館和同鄉關係的發展，在客觀上發展爲各地風俗文化的差異，而實質上則說明文化疆界（分野）的存在，因而在17世紀眾多地域文學、文化流派才得以出現。對於杭州士人而言，一方面，流寓該地的徽商等力量進入並融合到本土社會網絡中；另一方面，出於遊歷和治生等原因，他們也和其他地方的士人網絡維持著個人或集體性的聯繫，以國都北京爲例，杭人憑藉自身的力量在順治年間曾有標榜「燕臺七子」之舉，然而隨著清帝國對文化控制的加強，施行「右文」政策尤其是博學鴻詞科的開設推行，使得國家力量再次主導文壇，而且，康熙時代，王士禎宗主地位的確立，在一定程度上是京師士林元老和皇帝認可之下的產物。因此，明末清初，表象上的文學論爭，往往折射著士人社會網絡間的競爭和國家意識形態的滲透。

結語部份，本文嘗試在研究17世紀杭州社會網絡的基礎上，對明清社會中的社會網絡現象（如會社、書院、會館等）進行理論層面的討論，並認爲，社會網絡化是明清社會的特徵之一，它說明在以等級、階層爲主導的近世社會裏，同樣存在著秩序之外、縱橫交錯的社會聯繫，跨越界限（如富貴與貧賤、男與女、商業與文化等）的社會交往編織出社會生活的「反結構」的一面，在某種意義上，也正是這種社會彈性或活力造就了17世紀的中國文化。其次，社會網絡的視角有助於拓展我們對日常生活的認識，一方面士人在社會交往中傳播著高雅精緻的私人生活，譬如，家庭園林時常成爲交際的場所，妻子和女兒等的作品也刊刻成書供人閱讀；另一方面，由私人關係、日常交遊所構建起來的地域社會網絡，通過集體活動也展現出公共的一面，例如他們對社會輿論和風氣就影響較大。最後，我們也可以看到，在清代國家所主導的主流文化下，杭州地域文化在很大程度上被抑制或淹沒，而這很可能和杭州士人網絡的衰落有關。

第六節　17世紀杭州文化的社會歷史背景

在開始晚明清初杭州文化的具體研究之前，本文很有必要對其發展的宏觀背景進行簡要概括。我們選取其中影響較大者，在下文作一敘述。

首先，唐宋以來，杭州文化上的空間格局逐漸形成。前人通常將杭州的崛起和興盛，歸功於五代時吳越國的建都和後來南宋時皇帝的駐蹕，從近年

研究來看，這有些高估政治因素對杭州的影響。唐代以降，在全國經濟重心的南移的同時，京杭大運河的開通、海塘湖堤等水利設施的建設以及西湖水源的治理，促使杭州地區經濟得以充分開發，最終擺脫北方不及蘇州、南方受制於越州的地理格局。而且，在唐中葉以後，錢塘江地區出現了杭州、越州易位的結果。在文化上，晉以來越州山川秀甲東南的狀況，更是被杭州山水華媚形勝所取代〔註35〕。杭州在經濟上的飛速發展無疑是其成爲國都的重要原因。

另一方面，吳越建都、南宋駐蹕對杭州空間文化確實造成了深遠影響。杭州成爲東南的佛教中心，就與吳越國王尊崇佛教、在西湖周邊修建大量寺廟密切相關。而後來的宋室南渡，伴隨著大量的北方移民，杭州城市的規模隨之空前擴大，並在長期的生活中形成了東菜、西水、南柴、北米的格局，而城市的坊巷隨著這一空間功能分化也漸次形成。同時，隨著杭州旅遊的興盛，皇家、私人園林漸次修建，西湖周圍的景觀也相較唐代更爲繁多。此後，「西湖十景」的定名以及相關繪畫、詩歌的出現，標誌著杭州文化空間格局的大體形成，這也對 17 世紀的杭州文化影響深遠〔註36〕。

其次，唐宋以來的杭州出版業與圖書收藏的興盛，使得杭州成爲地域乃至全國的文化中心之一。唐、五代時期，杭州的印刷出版業初步形成，並在全國獲得了一定的聲譽。到北宋，杭州更是成爲全國三大刻書中心之冠。元代，官書也往往下杭州刊造〔註37〕。明代，杭州與北京、南京、蘇州並稱明代國內書籍四大聚集地，該地書店分佈於城區交通便利之處，書市還隨著歲時節令調整販賣地點，與遊覽湖山景觀相得益彰〔註38〕。

與出版事業發達相應的是，杭州的藏書事業也十分突出，並存在著皇室宮廷藏書、書院藏書、佛寺道觀藏書和私人藏書等多種類型。一般來說，私人藏書和地域文化學術、社會生活的發達關係密切，而明清時代浙江藏書樓

〔註35〕 關於杭州在唐宋時代的崛起，本段主要參考了周祝偉所著《7～10 世紀杭州的崛起與錢塘江地區結構變遷》（社會科學文獻出版社，2006 年）。

〔註36〕 有關論著請參考：謝和耐《南宋社會生活史》（中國文化大學出版，1982 年），周峰主編《杭州歷史叢編》中的《吳越首府杭州》和《南宋京城杭州》（浙江人民出版社，1988 年），程民生《宋代地域文化》（河南大學出版社，1997 年）等。

〔註37〕 周峰主編：《元明清名城杭州》，浙江人民出版社 1990 年版，第 339 頁；張秀民：《中國印刷史》，上海人民出版社 1989 年版，第 287 頁。

〔註38〕 《中國印刷史》，第 364 頁。

的數量、藏書規模均居於全國前茅，杭州也是當時私家藏書的重鎮〔註39〕。可以說，出版業和藏書事業的繁榮是杭州成爲東南人文淵藪的重要因素。

再次，杭州士人有著愛好風流和整理鄉邦文獻的傳統，這對於該地精英文化的形成和地域認同的建立至關重要。杭州文化書寫的興起，和唐宋時期白居易、蘇軾等著名文學家密不可分。白、蘇兩人放浪湖山的行爲更成爲士人著述所向往的風雅典範，《西湖遊覽志餘》就說：「白樂天之守杭州也，放浪湖山，耽昵聲妓，新詞豔曲布浹郡中」，又「子瞻守杭日，春時每遇休暇，必約客湖上。早食於山水佳處，飯畢。每客一舟，令隊長一人各領數妓任其所適。晡後，鳴鑼集之，復會望湖樓或竹閣，極歡而罷。至一二鼓，夜市猶未散，列燭以歸。城中士女夾道雲集而觀之」〔註40〕。這些描寫很有詩意又充滿傾向性，鼓勵著後人效法白、蘇兩人的行爲，這對於杭州士人建立對西湖文化的認同很有貢獻。相應地，該地士人也就容易建立其整理地方文化的傳統，譬如清人厲鶚在談及郎瑛時說：「郎瑛，字仁寶，正嘉中仁和諸生……著《七修類稿》五十五卷，行於世。其中考訂精覈，間有紕繆。然多舊聞逸事，與瞿宗吉《歸田詩話》、徐延之《蟬精雋》、吳樂閒《武林紀事》、姜叔明《蓉堂詩話》、沈懋德《兩湖塵談》、田子藝《留青日札》、陳貞亭《禪寄續談》並稱吾鄉前輩著述之傳世者」〔註41〕。

最後，由於地區內部發展的不平衡，杭州士人的地理分佈集中於錢塘、仁和、海寧等少數州縣，其中錢塘、仁和屬於一城兩縣，並位於省、府治所，尤爲人才文化匯聚之地。余新忠先生在清前期杭州、湖州兩府各州縣的社會、經濟、文化發展進行研究後認爲，杭州所屬的錢塘、仁和、海寧屬於中心地區，餘杭屬於中間地區，而臨安、新城、於潛、昌化等屬於邊緣地區，他的這一結論和我們的觀點是一致的。余先生將這一情形和當地的地理環境聯繫起來，指出中心地區處於浙西東部平原，邊緣地區大都位於山地丘陵之中，而中間地帶位於山區、平原兩者之間，頗有道理〔註42〕。鑒於此，在本文中，我們的研究更爲關注杭州城區周圍（錢塘、仁和）的士人活動。

〔註39〕 顧志興：《浙江藏書史》，杭州出版社2006年，第1～4頁。

〔註40〕 田汝成：《西湖遊覽志餘》卷10。

〔註41〕 厲鶚：《東城雜記》卷下郎仁寶，收入《杭州運河文獻》，杭州出版社2006年，第31頁。

〔註42〕 余新忠、惠清樓：《清前期浙西杭州、湖州府社會、經濟和文化發展的三個層次》，《蘇州鐵道師範學院學報》第18卷第1期，2001年3月。

第一章　明清之際的杭州士人社會網絡

在緒論中，本文已經說明將士人群體看作各種社會關係的結合體，而不僅僅是一個階層或身份，那麼不妨稱之爲士人社會網絡。在具體研究中，我們主要從群體性的士人結社和個人性的交遊兩個方面考察晚明清初的杭州士人社會多重面相。同時，我們又試圖從時間上把握該地士人網絡不同階段的表現以及總體上的歷史變遷。

第一節　晚明以降的杭州士人會社，1598～1655

士人社會網絡的存在，自先秦時期該階層出現時，即已有之，以孔子爲代表之私學和齊國稷下學宮的形成，在一定意義上造就了以知識爲紐帶並且跨越各諸侯國的士人圈子，進而對當時的政治和文化產生了巨大衝擊。秦漢時代，撇開儒法以及今古文經之爭，士人階層在官置博士爲核心的教育制度下進一步發展，東漢時代的黨錮之禍可說是士人社會網絡在早期臻於頂峰的反映〔註1〕。此後的魏晉南北朝時代，宗族門閥雖然主導著社會，《世說新語》一書卻傳達了士人在階層高低隔閡之外的交遊網絡和價值觀念。到了隋唐時代，科舉制的產生和商業經濟的繁榮逐漸增強了社會的流動性，也衝破了貴族和寒門間的界限，而晚唐時期的「牛李黨爭」正從側面顯示出科舉制孕育的士人新階層所構築之社會網絡對門閥體制的挑戰。進入宋代，「崇文抑武」

<hr>

〔註1〕　可參考余英時：《士與中國文化》，上海人民出版社，1987年版。

國策的創建和執行，使得科舉為中心的相關制度充分發展；而士人地位的提高與區域經濟的發展，更使得民間社會煥發出活力和創造力，這都對後世社會產生著深遠影響。此時期，在士人社會網絡而言，除了北宋的「元祐黨爭」和南宋的「慶元黨禁」等典型事件之外，唐代開始出現的士人會社活動在宋代逐漸成為比較普遍的現象〔註2〕。不止如此，宋代的會社活動還形成了鄉約、經濟合作、民間救濟、武裝、耆老、文藝等六大類別，大體上確立了後世會社活動的格局〔註3〕。概言之，會社活動的繁榮展示著士人社會網絡的成熟，也是我們研究宋以來士人社會變遷必不可少的途徑。

明代的士人會社活動，繼承了宋代的多樣類型，有耆老會、詩社、文社、蓮社（或禪社）學術會社等等。其會社發展歷程宏觀上可粗略分為三個階段，分別是：從洪武到景泰以「興趣」為主結成會社，從天順到萬曆以「主張」為據結成會社，最後從萬曆到崇禎以「政治」為歸結成會社〔註4〕。需要注意的是，三個階段並非彼此取代的進化關係，只是在上述各階段會社活動的形式和發展趨向不同而已。這一認識，無疑對於我們把握杭州的士人社會網絡頗具指導意義。

杭州的會社活動起於北宋，在宋元兩代也漸為興盛，可見於《武林舊事》、《清波雜志》、《錢唐遺事》等書的相關記載，明人田汝成在《西湖遊覽志餘》說：「元時豪傑不樂進取者，率託情於詩酒，其時杭州有清吟社、白雲社、孤山社、武林社、武林九友會，儒雅雲集，分曹比偶，相覷切磋，何其盛也。國初猶有餘風，故士人以詩學相尚」〔註5〕。至於明代杭州會社的變遷，何宗美將其分為三個時期（正統至弘治時期、嘉靖時期、隆慶至崇禎時期），進而

〔註2〕 周揚波：《宋代士紳結社研究》，中華書局2008年版，第128～129頁。

〔註3〕 《宋代士紳結社研究》，第10頁。該書所論的會社範圍稍顯寬泛，鄉約、民間救濟、經濟合作和武裝等結社活動更適用於探討地方社會基層組織，而非士紳。士紳雖然在宋以後的地方社會影響較大，但難以成為支配力量，地方政府、宗族、社會經濟狀況等因素的作用更大。因此，將士人結社限定於其階層內部（可擴展至參加過科舉的廣泛人群）較為合適，且主要集中於耆老、學術、文藝等方面。

〔註4〕 可參考郭紹虞：《照隅室古典文學論集》上冊，上海古籍出版社1983版，第530～533頁。另外，何宗美在《明末清初文人結社研究》（第18～22頁）中將明代會社分為四個時期，主要標準是會社的發展規模和影響，相比之下，郭先生的劃分更能把握明代會社變遷的歷史本質，故採用郭說。

〔註5〕 田汝成：《西湖遊覽志餘》卷21，上海古籍出版社1980年版，第387頁。

簡要考述了此二百餘年間會社的名目、活動和成因〔註6〕，這從宏觀上釐清了杭州的會社流變。

　　大體而言，明代萬曆以前的杭州會社，以養老性質的耆老會（或怡老會）和逸樂為內容的詩文社為主，參與者主要是鄉居的士大夫，因而對地方社會也有著較大影響，《杭州府志》就說：「碩德重望……人物皆一時之選，鄉里至今侈為美談」。萬曆時代中期以前，這種局面在杭州也並未被打破。嘉靖後期（始於1562年）方九敘、祝時泰等七人的西湖八社〔註7〕，以至後來孫枝、許岳等結成的「嘉隆十友（又稱湖山十友）」和萬曆前期（始於1575～1588年間）張翰等十餘人的怡老會，雖然在成員組成上發生一些變化（如流寓文人及山人的加入），但旨趣仍在操德勵志、優游桑榆而已，活動上也多是詩酒清談，可以認定是養老為主的會社，見下表〔註8〕。

表 1.1　明代中前期杭州會社簡表

時　　期	會社名稱成員	社事舉例
宣德——弘治　1426～1505	社集湖樓（仁和訓導晶大年等）、耆德會（孔希德、蔣廷暉、項伯臧等）、會文社、恩榮會及朋壽會（陳贄等），歸田樂會、歸榮雅會（朱鏞等）、五老歸田會（惠隆等）等	丁養浩《西軒效唐集錄》卷7有詩《歸田樂會四律》（踏青、避暑、登高、賞雪），見四庫存目集部第44冊，第569頁
正德——嘉靖　1506～1566	西湖書社（張文宿等）、西湖社（田汝成、方九敘等）、大雅堂社（茅坤等）、湖南吟社（李奎等）、西湖八社（祝時泰、方九敘、沈仕等）	祝時泰《西湖八社詩帖》，收入武林掌故叢編第5集
隆慶——萬曆　1567～1594	嘉隆十友（孫枝等）、怡老會（張瀚、陳善等）、南屏社（卓明卿等）、放生會（袾宏等）	張瀚編《武林怡老會詩集》，收入武林掌故叢編第7集

史料來源：根據郭紹虞《明代文人結社年表》和《明代文人集團》、何宗美《明代杭州西湖的詩社》等文以及民國《杭州府志》、雍正《西湖志》等書整理。

〔註6〕　何宗美：《明末清初文人結社研究》，南開大學出版社2003版，第26～27頁；《明代杭州西湖的詩社》，《續編》第93～105頁，中華書局2006年版，第110～111頁。
〔註7〕　參見何宗美，《西湖八社考論》，《續編》，第116頁。
〔註8〕　朱彭：《西湖遺事詩》，《武林掌故叢編》第22集，第12～13頁；張瀚：《武林怡老會序》，《武林怡老會詩集》，武林掌故叢編第7輯，第1～2頁。

　　然而到了萬曆後期，杭州的會社開始悄然變化，這與當時歷史背景息息相關：萬曆時代，中國社會文化正發生著深刻的變革，對於士人而言，陽明心學開始流行，佛教也漸而復興，隨後講會和書院在各地大量出現，這些因素匯合在一起，使得思想或信仰上的討論和爭鳴日益熱烈；同時，隨著知識階層的擴大和出版業的日漸發達，書籍對社會日常交流和輿論等方面的影響也愈加顯著；加之，學術上的前後七子運動（尤其是嘉靖季年王世貞、李攀龍的結社活動），使得文壇中標榜風氣、以主張為門戶的現象日益突出，這樣，在士人網絡中所謂「操文章之柄，登壇設坫」的會社領袖也開始出現〔註9〕。對於這一變遷，筆者下文將分階段展開論述。

　　晚明時期杭州會社的研究，肇始於民國時朱倓先生對晚明杭州讀書社、登樓社所作的開拓性研究，此後謝國楨、郭紹虞兩先生在研究黨爭和文人集團時對此問題也作了補充性的論述〔註10〕。當前，國內明清會社的研究以何宗美為代表，他對杭州會社的宏觀研究雖頗為深入，但對此時段的探討卻較為粗略，基本上仍然沿襲著朱氏的結論〔註11〕。然而，近年來，隨著明清文獻的大量出版和數據化，我們可以對該問題進行更為具體的考察，相比前人也已經取得了不小的突破〔註12〕。

一、萬曆時代的杭州會社

　　朱倓先生在《明季杭州讀書社考》一文開篇說：「明季盟社，以南直隸、浙江為最盛，即今所謂江、浙是也。南直隸包今江蘇、安徽兩省，應天（南京）為首，上江之安慶、太平、池州、寧國，下江之蘇州、松江、常州、鎮江次之；浙江則以杭州為首，浙東之寧波、紹興，浙西之嘉興、湖州次之。

〔註9〕　郭紹虞：《明代文人集團》，第 565～566 頁；錢謙益：《列朝詩集小傳》丁集上，第 436～437 頁。

〔註10〕　朱倓：《明季社黨研究》，商務印書館 1945 年版；謝國楨：《明清之際黨社運動考》，中華書局 1982 年版；郭氏著作見前揭《照隅室古典文學論集》。

〔註11〕　何宗美先生著作頗多，有《明末清初文人結社》正續編、《公安派結社考論》、《文人結社與明代文學的演進》等。

〔註12〕　李新在《杭州小築社考》（《暨南學報》2008 年第 5 期）一文中利用四庫禁燬書叢刊等文獻中的相關文集令人信服地對小築社的成立時間、社名由來、社團成員和社事活動進行了新的考證，全面修正了朱倓先生的既有說法。

復社之興，本於南直隸之應社，浙江之讀書社……予考明季社事，以復社爲歸宿，上溯南直隸之應社及匡社、拂水山房社，與夫浙江之讀書社及小築社。此篇以杭州讀書社爲主，不得不先考小築社，以追溯其源……至於杭州之登樓社，爲讀書社之支流」〔註13〕，這一論述很好地說明了晚明杭州會社的歷史地位與其內部的流變，也爲本文釐清晚明杭州會社的面貌提供了線索。由此，通過耙梳晚明時代的杭州文獻，我們可以看到當時紛繁複雜的士人文化景象。

（一）小築社

關於小築社，結合朱倓先生和李新等人的考證，可知其肇始於青年士子的文會，起初的成員是楊兆開（約 1577～1604）、聞子將（？～1637）、鄒孟陽（1573～1643）、鄭瑞卿（？）暨方應祥（1560～1628），見於方氏所作《楊兆開傳》，「今上戊戌，余問業武林，鄭瑞卿之煌、鄒孟陽之嶧、楊兆開啓元、聞子將啓祥偕從余遊，甫集而盟，期以古人之學，交相劘鈗」〔註14〕，此年爲萬曆二十六年（1598）；又有方氏友人董應舉所作《楊兆開小傳》說：「兆開七歲喪父，連喪母喪祖，孑然無可依，出而養於所聘者之父母家曰聞氏者，聞氏之子啓祥復幼，兆開卒自立，刻志勵學，以孤幼之童孤學無助，斐然有以自成，且引翼啓祥與孟陽輩六七生，推挽鳴其藝於一時，爲馮太史（馮夢禎）與孟旋（方應祥）、伯霖（吳之鯨）所重」〔註15〕，則從中似乎又可以推斷在方應祥遊學杭州之前，楊兆開等人已經開始集會研學。

方氏遊學杭州，與馮夢禎（1548～1605）有關，馮氏在《楊兆開墓誌銘》中說「楊生兆開與聞生子將、鄒生孟陽俱西安方孟旋高足也。余得方生於南雍，比歸西湖，益相親，三生因方生納贄，諮商文藝」〔註16〕，那麼，在方應祥來杭州與楊、鄒、聞結盟後，三人也得以成爲馮夢禎的學生。

〔註13〕　《明季社黨研究》，第 208 頁。必須指出的是，晚明杭州會社遠不止小築、讀書、登樓三社，但在地位和影響上以三者爲最。

〔註14〕　《青來閣初集》卷9，四庫禁燬書叢刊，集部第 40 冊，第 549 頁。

〔註15〕　董應舉：《崇相集》卷16《楊兆開小傳》，四庫禁燬書叢刊，集部第 103 冊，第 73 頁。

〔註16〕　馮夢禎：《快雪堂集》，四庫全書存目叢書，第 164 冊，第 236 頁。

　　馮夢禎在萬曆時代的江浙地區無疑是一位著名人物，早年就以時文知名，30 歲會試第一，更得獲譽海內，但因同情反對張居正奪情一派，仕途較為坎坷，最後以南京國子監祭酒致仕〔註17〕；他交遊頗廣，與前輩大家王世貞（1526〜1590）、汪道昆（1525〜1593）暨當時名士屠隆（1543〜1605）、湯顯祖（1550〜1616）、董其昌（1555〜1636）等皆有來往。從馮氏為方應祥等人的制藝文稿所作序，不難發現馮氏在小築社的形成發展中是不可忽視的人物，而且由這些序文也管窺到上述諸人初期會文的狀況。馮夢禎在《題聽松集》中說：「西安方孟旋，其舉子業故奉瓣香於余，群諸子之同臭味者，讀書雲居精舍，雲居有松數千章，故中峰禪師手植，靈濤細籟時時間作，坐臥聽之，於瑩神濯襟，大有助焉。昔年曾以《松籟》署其文，海內鉛槧士知有方生諸子舊矣。茲又囊其續著若干首，題曰《聽松》而印之……萬曆癸卯（1603）六月既望真實居士時臥桂舟，泊湖心三塔基荷花最盛處，晨起書」〔註18〕。無獨有偶，方應祥文集中有《聞松錄序》，可能就是在說刻行這次社稿的由來，「夏初入武林，兆開、瑞徵見余嚴氏伯仲，間各出所撰，勒互相彈射，余亦取枕上所度應之。已迺裒而政諸馮先生。於時先生方營孤山草堂，扁舟著柳陰自視堊薙，而余居小築共一衣帶水，得時過從」〔註19〕。要指出的是，僅從「聽松集」和「聞松錄」意義相近，就將其判斷為同一社稿並不穩妥，我們再檢閱馮夢禎文集中所記載的萬曆癸卯年日記時，找到了更為可靠的依據：

　　　　（五月）十一晴，方孟旋以三嚴生見，聞子將來，言韻楚楚，
　　夜月甚佳；

　　　　（五月）二十八……下湖，未至新莊，方生挈聞生相迎，已至
　　桂舟啜茶，孤山新居料理……二嚴生陪季不至；

　　　　（六月）十八，早晴……是日為方孟旋題聽松集課……孤山看
　　工〔註20〕。

　　可以獲知，在1603年，方應祥和馮夢禎得以結交三嚴兄弟（嚴調御、嚴武順、嚴敕），而此時馮氏確實在孤山修築新居——即方氏所謂的孤山草堂，從中也能夠推定，《聽松集》和《聞松錄》為同一本書。概言之，在1601〜1603

〔註17〕錢謙益：《初學集》卷51《南京國子監祭酒馮公墓誌銘》。
〔註18〕《快雪堂集》，第165冊第78頁；雲居寺是杭州城內寺廟。
〔註19〕《青來閣初集》卷1《聞松錄序》。
〔註20〕《快雪堂集》，第72頁。

年間，小築社得以發展擴大，不僅刊刻了頗為流行的社稿《松籟集》，從而獲得一定聲譽，而且還有新成員三嚴兄弟的加入。不過，在此時期，其會社地點多在雲居寺，即便方應祥曾在小築居住過，卻似乎並未命名其社團為小築社。

直到1604年前後，大概所謂小築社才名副其實，方氏在《小築近社序》中說，「甲辰（1604）之秋，余屏迹里居而伯霖亦有白下之遊，子將以文告寄余……蓋自簡書之使一再申，而東南數千里之精粹，麕而受事於壇坫矣。仲春（1605？），過武林，子將謂余春秋之義詳內而略外，先自治而後治人，所以為王者之教也。簡書之使一再申，東南數千里之國，環而受事者彬彬矣……於是伯霖至自燕，余與孟陽、無敕自留都，合延祖、瑞卿、印持、子將、忍公之業共梓之，仍係以小築者，爰所緣起也」〔註21〕。當然，又有新成員如吳伯霖（之鯨）等加入。

我們由前述認為，小築社諸人從起初的集會研習舉業學問，逐漸變化為通過頻繁刊刻社稿以獲取聲名來鞏固友誼的時文會社。這一活動形式的變化，一方面緣於各個成員行止聚散無定、難以一致的客觀形勢，另一方面，時文的商業出版甚至產業化，也使其能夠成為聯絡士人間關係的媒介。一定意義上說，小築社各成員共同刊刻社稿，事實上成為該社存在和影響的表現。

小築社的社事活動，雖然後來涉及到詩詞古文，乃至書畫等藝術活動，但在大多時間只是圍繞科舉時文的創作而已，而且其社會影響也主要來源於此。前文已說過，方應祥文集中收錄了多篇有關小築社刊刻社稿的序文，方氏在與社友的書信中也大量談及時文，這一點，李新的文章已有明述。不過，如果從小築社的文化作用來看其社事活動，我們更容易認同這一結論。明清之際的大學者錢謙益（1582～1664）在《家塾論舉業雜說》一文中談及明代八股文的文風變遷，他指出：「嘉靖以前，士習淳厚，房稿坊刻絕無僅有……萬曆之中，婁江王逸季始下操月旦之評，狀用以別流品，峻門戶而已，未及乎植交。萬曆之末，武林聞子將始建立坫壇之幟，狀用以振朋儕、廣聲氣而已，未及乎牟利；禎、啓之間，風氣益變，盟壇社坫，奔走號跳」〔註22〕，不難發現，小築社借助刊刻製舉時文，極大的提高了杭州文社的聲望，而其領袖人物聞啓祥、三嚴等也藉此成名，從而立足士林，再如黎遂球（1602～

〔註21〕《青來閣初集》卷1，第546頁。
〔註22〕 錢謙益：《牧齋有學集》第45卷，第445～446頁，續修四庫全書，集部第1391冊，上海古籍出版社。

1646）在《嚴印持先生詩集序》所說，「（嚴印持）束髮受書學古有獲，初與
聞子將先生爲小築社，於時四方諸文人多裹糧數千里至，不則亦載書而馳，
數十年來，所爲公卿宰輔當塗要津，先生固嘗拍肩相友及爾子呼之」〔註23〕。
而標榜聲氣，擴大知名度，似也出於小築社領袖的願望，方應祥在《與聞子
將》中說：「近文得十一首，看之作何語，新社徐汝孚可附之，將來此人定我
輩也。姜有源、文陟進，渠原在門下，似不得遺之，子長在子卿宅，蓋子卿
請以師其子，考事定不須過慮，一子遠我作計又易，但子遠文氣乃稍敗，奈
何今年二子無發脫者，吾不知所爲計矣。楓林選義之刻，定不可無舊社文字，
不然是示人以呼吸不相通，來書不一及之，蓋謂絳灌等難耶，東南之文頗盡
其雋於中，不甚辱大家名姓也。五月盡定布之四宇矣。唯急圖之」〔註24〕，
方氏信中籠絡人心、鼓揚聲氣之意極爲彰顯。

　　小築秉持杭州制舉文章後，與東南的文化重鎮——吳、江右也建立了深
厚關係，方應祥在《與子將論文書》中說，「房稿之盛於戊戌，天下之沐浴其
言而漸還於雅也，實崇蘊於辛丑（1601）、甲辰（1604）之交，吾輩《松籟》、
《聞松》、《近社》之刻，與子將《行卷》、《野乘》之選，實鼓吹其間……《行
卷》之後，僅有小築、拂水之合，四社之合，即四方之以文至者，甲乙而篋
之」〔註25〕，其中拂水應該是指拂水山房社。

　　拂水山房社在萬曆間有二：一個是在萬曆十二年（1584）前後出現，常
熟瞿純仁、瞿汝說、邵濂、顧雲鴻結社於純仁的別墅拂水山房，錢謙益所作
《瞿元初墓誌銘》有「君等之擅場者，獨以時文耳」的說法，又《邵茂齋墓
誌銘》有「余與茂齋讀書書山中……茂齋折輩行與交……余因以有聲諸生間」
的記載；另一個是李延昰《南吳舊話錄》所說，萬曆三十四年（1606），常熟
有范文若、許士柔、孫朝肅、馮明玠、王煥如結拂水山房社〔註26〕，從時間
來看後者和小築社合刻社稿的可能性較大。再從方應祥文集中的書信，可以
經常看到他和江右時文家艾南英、陳際泰等人的聯繫，鑒於此，我們認爲在
萬曆中後期，杭州、江右、吳中等地通過時文刊刻已經初步形成了東南的士
人網絡，這些會社的活動，也爲復社的出現揭開了序幕。

〔註23〕 《蓮須閣集》卷18。
〔註24〕 方應祥：《青來閣二集》卷8，第519～520頁，四庫禁燬書叢刊，集部第78
　　　　冊，北京出版社。
〔註25〕 《青來閣初集》卷9，第692頁。
〔註26〕 《明末清初文人結社研究》第2章，第135頁。

　　另一方面，從社團內部來看，小築社的活動有其興衰發展的過程，其鼎盛時期在萬曆末年。李新在《杭州小築社考》中考證認為，小築社創立於萬曆二十六年（1598），此後的萬曆二十九（1601）、三十二年（1604）都曾刊刻社稿。方應祥在其文集中多次言及自己經營小築，以為壇坫，如《青來閣二集》卷 9《與阮集之年兄》就說，「兄入武林，不急遍識諸君，不知弟二十年經營小築，所為壇坫，四方之名士以含吐大江之浩渺，發明兩峰二湖五雲三竺靈秀在斯之業」，李文認為此文約作於萬曆四十五（1617）年前後，也就是說萬曆末年小築社達到繁盛，這與前文錢謙益說聞子將在萬曆之末「建立坫壇之幟」的議論頗為吻合〔註27〕。

　　隨著時間推移，社員（尤其是社團領袖）的人生軌跡各有變化。楊兆開於 1604 年早卒，方應祥、吳伯霖、聞啓祥三人分別於萬曆三十四（1606）、三十七（1609）、四十（1612）中舉，而且在萬曆四十四年（1616）方氏還中了進士；聞啓祥中舉後，絕意仕途，如《龍井見聞錄》卷 4 引孫治《靈隱寺志》說，「聞子將孝廉絕志仕進，築阿西山，其言語妙天下，馮夢禎、黃汝亨一流人也」〔註 28〕；至於鄒孟陽和三嚴兄弟中的嚴印持，錢謙益的《鄒孟陽六十序》說及他們晚年之行跡，「（嚴）印持棲息山中，縛禪習觀經，時不出；（聞）子將買舟湖上，弋風釣月，與玄真、天隨為侶；而（鄒）孟陽與二三子，探禪說之味，窮山林之樂」，隨著小築社主要成員歸隱山林，隱居信佛，該社的活動不免消歇。再考鄒氏崇禎癸未（1643）七十而卒，則錢氏的壽序大約作於 1633 年，加上小築組織者之一的方應祥於 1628 年去世，那麼，天啓、崇禎間，小築社必然已經瓦解。

　　社事的變化，也由於新舊社員更替的問題。前文方應祥在《與聞子將》一信中已經談及刊刻新進社員徐汝孚等的制舉文章之事，同時，他又向舊社員徵文，以交通聲氣。而在《與嚴印持》裏，方氏又談及此事：「山中清坐僅百許日，覺小有端緒，懷人之念無刻不深，說出門二字便足縮，老態如此可笑也。今且一意埋頭作舉子事，中進士而後作佛，作佛而後中進士，此不必辨，然此正無義語之，不可不辨者，又不作佛實落工課，又不作進士本等料理，日子空放過去，弟之深病，我輩亦頗同之，痛一檢默精神自脫透矣。弟今日惟作老頭巾計耳，楓林選秋之刻必不可無大篇，不然，是示我輩呼吸不

〔註27〕《青來閣二集》卷9，第538頁。
〔註28〕汪孟鋗輯：《龍井見聞錄》卷4，四庫未收書輯刊，第2輯24冊，第653頁。

—29—

通之端於天下也，兩令弟並致之」〔註29〕。不難發現，長達數十年的社事活動在新舊成員交替過程中出現了微妙變化。

最後，謹列小築社成員如下：

表1.2 小築社成員表

出　　處	成　　員	備　　註
朱倓《明季杭州讀書社考》	嚴調御、嚴武順、嚴敕、聞啓祥、鄒孟陽、楊兆開	朱氏雖未專文考證小築社，但爲考察讀書社之源流，對之也有所論及
李新《杭州小築社考》	吳伯霖、聞子將、鄭瑞卿、楊兆開、方應祥、鄒孟陽、嚴調御、嚴武順、嚴敕、聞子興、聞子有、楊人駒、鄒方回、鄒敏士、李流芳、王季和	聞子興，又作聞子與

（二）放生會

在支持小築社創立發展的同時，由於早年開時修習佛事，馮夢禎與紫柏真可、雲棲袾宏等萬曆高僧也有交往，因此他和杭州縉紳暨當地官員積極興復佛教事業，這對當時士人社會網絡影響很大的就是放生會的經營〔註30〕。

放生會（又稱放生社），緣起於古人的放生觀念，後來與佛教因果輪迴等思想結合後逐漸暢行，唐宋時代在官方的干預下，放生活動尤其是放生池營建盛極一時，這樣，杭州一些寺廟出現了放生會活動，但也只是一種宗教儀式，並無固定的人員和組織〔註31〕，此後的元代開始衰落。晚明時期，放生思想在一代淨土宗師雲棲袾宏（即蓮池大師）的倡導下得以復蘇，最顯著的就是《戒殺放生文》的大量刊刻，這很大程度上要歸功於和雲棲關係親密的士人群體〔註32〕。鑒於最初爲此文作序的大學士嚴訥卒於1584年，以及文中

〔註29〕 《青來閣二集》卷8，第520頁。
〔註30〕 相關研究請參考戴繼誠：《紫柏大師與馮夢禎》（《唐都學刊》2006年7月）；荒木見悟：《近世中國佛教的曙光》，臺北慧明文化公司2001年版；蔡淑芳：《明末清初江南的放生活動》，臺灣師範大學歷史研究所2004年碩士論文。
〔註31〕 有關記載見灌圃耐得翁：《都城紀勝》，收入《東京夢華錄（外四種）》，古典文學出版社1956年版；夫馬進：《中國善會善堂史研究》，商務印書館2005年版，第128頁。
〔註32〕 《明末清初江南的放生活動》第1章，第16～18頁。

載有萬曆九年（1581）的事件，那麼，萬曆初年，雲棲已經形成了頗為完備的放生理論。然而，直到萬曆二十三年（1595），他應淨慈寺僧性蓮邀請，在南屏講《圓覺經》後，其放生理念才得以實踐，「西湖，古放生池也。法久而敝，實亡名存，敝之久而安焉，恆產乎水族，並迷其名若罔聞者。歲在乙未，予演圓覺於佛國山之南屏，南屏故有池，當其三門，一時主會諸名公捐資贖而出之，植蓮其中，斷漁業，人由是知放生池為武林舊事」，關於此事，主會者之一，雲棲弟子虞長孺在《雲棲蓮池祖師傳》說：「淨慈性蓮請講圓覺，寓寺五十三日，貞明，大釜日炊兩度，眾猶不給，環南屏而聽者如屏百匝。自筵間一詣餘杭，為王督撫談義，邑民觀者塞路，屋極皆滿，凡師遊行所至，瞻禮填咽每如此。回寺，募贖門外萬工池植蓮放生，因盟朝士修天聖故事」〔註33〕，時人對此記載頗多，足見該事件影響之劇，不再贅述。

　　放生思想的流行，以及放生池的鑿建，使得放生會的出現恰逢其時。關於杭州的放生會，夫馬進、陳寶良、何宗美等學者均有所探究，我們集中探討其中的上方善會和勝蓮社。上方善會，由夫馬進先生據《雲棲共住規約》所附《上方善會約》等最先提出，他認為雲棲袾宏以頌大乘佛經、念佛和放生為目的在1595～1600年間組織了上方善會，現今學者也沿襲其說〔註34〕。不過，該說多有可推敲之處，首先是上方善會的起止年限，上方善會得名於「諸上善人同會一處」，「聚於上方」，而上方指的很可能是上方寺，考該寺重修於1600年，同時開鑿放生池〔註35〕，那麼該放生組織應該不會始於1595年，而是始於1600年了；其次，上方善會的是否為放生社值得考慮，該會會約計6條，其旨趣在於通過定期的佛經講習對居士進行教化，而對放生活動採取「各各隨便具放生銀，不拘多寡，不拘有無」的態度，至於放生地點、放生內容更是缺乏說明，這對致力於規範佛教戒律的雲棲來說顯得少見，將該會歸為寺院內部事務更為恰切〔註36〕。

〔註33〕《北門長壽庵放生池記》，《蓮池大師全集》，第3390頁；《虞德園先生集》文集卷9《雲棲蓮池祖師傳》，四庫禁燬書叢刊，集部第43冊，第293頁。

〔註34〕《蓮池大師全集》，第4941～4943頁；夫馬進：《善會善堂的開端》，收入《日本中青年學者論中國史（宋元明清卷）》，上海古籍出版社1995年版，第417～418頁，又見氏著《中國善會善堂史》，第129頁。

〔註35〕《上方善會約》和《重修上方寺鑿放生池記》，收入《蓮池大師全集》，第3384～3386頁、第4941～4943頁。

〔註36〕卜正民在《為權力祈禱》中認為，袾宏在16世紀80年代成功組織了杭州居士會社，並舉上方善社（會）為例，而且說該社致力於放生活動（該書，第

　　對於勝蓮社，夫馬進、於君方等學者皆認為始於 1601 年〔註37〕，事實上，該社發起於 1594 年，虞淳熙在《勝蓮社放生十功德詩序》中說：「甲午（1594）千春節前一日，雲棲上師渺然化生，既以再撫幻世。蘆人故是弟子，為祠長壽天，殷請四樹交榮，而師回不堅者，施旃陀羅贖有命類，勅蘆人將宋化卿事蘆人與其侶倫十二眾，為買舴艋五，登唧珠遊蓮依藻，集堂商企羅之倫以落沙呼青雀一登其族，宿葭棲林藏穴生奧，拘翅羅之倫以鉢挐，縱任得所，邵汝宣自靈山來，然丹炬二枝，供寶勝設蒲筍一器，蘆人置饌，郭生佐焉，沙門廣乘以嘊代烹者鍰錢施梵網諸法，而黃白仲、陳季象、吳仁仲、張維升維光梁清言耳食不靨靨，蘆人兄弟之旨便欲證成殺生羅漢，梁氏二仲去席湯仲先入塵不聞也。於是蘆人起詠月藏十種功德，功德歸師，期師至別請迴向也」，虞氏又有詩《壽筠泉六十》說：「放生社起甲午（1594）歲，今年丙午（1606）盟還締。首事大小兩司馬，繪圖祝壽增一例。人間事事有因由，說米因禾未到頭。直須仰天更察地，雨露膏壞是等儔。雲棲大雲覆猊座，雨花散後都稱賀。賀師六十因放生，畾書滿輀牛腰大。此因蓮公種福田，竭力迎師啓法筵。乞錢先贖門前水，萬工池內湧金蓮」〔註38〕，從中可以發現，此社 1594 年由地位顯赫的高官（大小兩司馬）發起，在 1595 年袾宏講經南屏，開鑿淨慈寺萬工池後得以形成。

　　此次講經始於 1595 年正月十五，至三月四日結束，在杭州周邊引起了極大轟動〔註39〕，而以淨慈寺萬工池開始的放生活動也成為時尚，與袾宏有來往的名流士紳則構成了放生社的主要成員和倡導者，吳應賓在《蓮宗八祖杭州古雲棲寺中興尊宿蓮池大師塔銘》中說：「（雲棲袾宏）嘗講《圓覺》於淨慈寺，七眾圍繞，其數十千，香華載途，至不可措趾。一時碩德名流，若嚴閣學訥、陸大宗伯樹聲、汪少司馬道昆、陸太宰光祖、宋大司馬應昌、張宮諭元忭、汪少司馬可受、董大宗伯其昌、王大司空舜鼎、黃祭酒輝、金中丞學曾、陳方伯善、黃學憲汝亨輩，皆刳心諮決，而海內稱十戒、五戒弟子者

<hr />

104 頁）。但他未言明史料來源，可能是借鑒了於君方（Chun-fang Yu）的袾宏研究（*The Renewal of Buddhism in China: Chu-hung and the Late Ming Synthesis*, Columbia University Press, 1981）。

〔註37〕　夫馬進看法，見前揭氏著《中國善會善堂史》；於君方的觀點，轉引自卜正民前揭書，第 105 頁。

〔註38〕　《虞德園先生集》詩集卷 2；《南屏淨慈寺志》卷 8 著述。

〔註39〕　《萬曆乙未 1595 正月十五日蓮池大師受緇自請詣南屏弘演圓覺，三月四日圓滿恭送還山，成五言排律四十韻，用元和體》，見《南屏淨慈寺志》卷 8。

無慮千萬。激揚心要，住轉法輪，則虞司勳淳熙、馮司成夢禎、陶祭酒望齡、王大行爾康、葛璽卿寅亮、翁大參汝進、洪太僕瞻祖、錢臬憲養庶、羅太守大冠、王郡丞在功、謝二守與教、宋冑子守一、王文學宇春、顧文學若群，及吾家司馬用先，皆棟之隆也」〔註40〕。

　　在此背景下，勝蓮社作爲杭州放生社的代表應運而生。夫馬進認爲該社的組織者爲虞淳熙，而陳寶良、何宗美則認爲是馮夢禎，這一分歧源於他們所依據之史料，前者利用的是虞氏文集中的《勝蓮社約》等資料，後者則是萬曆《錢塘縣志》、《西湖志》的有關傳記。其實，由於所據文獻的局限，我們不容易判斷出所謂組織者，而且放生社採取輪流主會的方式也使得這一探究也顯得不甚重要。但需要指出的是，勝蓮社是在袾宏的支持和參與下開展的，「武林山水既勝，車轍不虛。先喆翰藻爲禪林雍樹者，盡唐宋以來諸公，什且八九列之尺輻，盡堪仰止。而愚嘗謂前代有其人不善其事，善而必不可廢者，王欽若、趙師□之放生是也……頃西湖勝蓮社雲棲大師建放生會，歷二十餘年不廢，自可延之永久」〔註41〕，此外前引虞淳熙《雲棲蓮池祖師傳》中記載袾宏著有《勝蓮社山堂漫稿》，那麼勝蓮社之得名必與其有關，還有待深考。鑒於《勝蓮社約》有赴上方池一事，則該社約成文於1600年後，但據前引虞淳熙詩推斷，放生會成立應早於此數年，似乎可從側面說明放生社是逐漸形成爲一個規範化組織的。

　　勝蓮社成員並無明確記載，陳、何兩位學者認爲杭州方志中記載的放生社就是西湖勝蓮社，並推斷其成員有十餘人〔註42〕。通過分析馮夢禎、虞淳熙等的交遊網絡，筆者認爲這一判斷是可靠的。譬如，馮夢禎是杭州淨慈等寺的護法，其友人僧大壑說，「嘗至淨慈與寺僧大壑輩登慧日峰，憩蓮花洞語話終日。亦時與雲棲老人、虞長孺僧孺兄弟、黃貞父、葛水鑒諸公結放生社，流風餘韻照映千載，知者皆曰公爲白太傅、蘇長公雲。是時，司理徐桂，字茂吳，餘杭人……祠部屠隆字長卿，四明人。歲歲來湖上入放生社，賦詠甚富，皆夢禎同年」〔註43〕，這一記述簡略羅列了虞淳熙在內的放生社人員，

〔註40〕　《蓮池大師全集》，第5147～5148頁。

〔註41〕　《武林梵志》卷8宰官護持。

〔註42〕　放生社成員包括了馮夢禎、邵重生、虞淳熙、虞淳貞、朱大復（長春）、徐桂、屠隆、陸振奇、鄭之惠、葛寅亮、釋袾宏等10餘人，何氏前揭書第112～113頁；陳寶良：《中國社與會》，浙江人民出版社1996年版，第350～351頁。

〔註43〕　釋大壑：《南屏淨慈寺志》卷6檀護。

不過翻檢馮氏文集中的日記後，我們發現了有關放生會成員和活動極為的詳細記載，茲繫年臚列如下：

（1）戊戌（1598）

　　十一月初二，雨畫夜不止。始赴放生會，吳伯霖作主，同赴者楊中麓、黃貞甫、虞長孺兄弟六七君子。

　　十二月初二，晴暖，風從西北來，甚大。赴放生會，鄭孔肩作主，俞羨長隨喜，晤謝大□九紫。風大不能開船，散步錢王祠……入舟嗷麵，薄暮而歸。

（2）己亥（1599）

　　（二月）二十三，晴暖，舉放生會於湖中，來集頗眾。先是，蓮池老人久不赴會，以余請特至。平旦下顧，余報之上方，上方新鑿放生曲池甚佳，惜迫於南鄰，難於恢廓耳……下午，客散，舟泊昭慶寺前。

　　（十月）二十九，五更起風，早陰寒，晚微雨。出湧金門，赴放生社，錢長人為主，至岳墳而返。

（3）庚子（1600）

　　（二月）二十七日，晴，范村上冢，欲面致放生請帖於雲棲，遇之江干，午後畢事，絕湖歸。

　　（六月）二十九日，晴，赴放生會，三陳君作首，朱大復新入會，虞長孺談宜城子仙蹤，頗悉其所憑者為孫龍城，二虞、李本寧使君俱著其前因……

　　（七月）十四日，陰雨，終日不開。先赴放生會，韓求仲作主，不受分金，俱付贖生。雲棲上人來，新入會者湯嘉賓太史應據首席，以讓餘齒坐餘下，今日可謂群賢畢集。

（4）壬寅（1602）

　　（正月）二十九，晴，赴放生會，楊蘇門主會，虞長孺以醫至，來而復歸。

　　（二月）十五，赴放生會，是日余直會，赴者二十餘人，午後歸」

（閏二月）十六早尚雨，内人天竺還願，余赴放生會。屠緯眞、朱太復、沈士安與焉。虞長孺三月十六日爲五十初度之辰，同社者繪西湖放生圖壽之，余分贖生以寓稱祝，盡日而歸……

（四月）初八，晴涼，赴放生會於湖中，吳伯霖作主。嶺南張中翰孟奇赴會，虞長孺尚未到。

（七月）十一，晴，赴放生會，蓮老作主。

（5）癸卯（1603）

（三月）二十三，早有雨，赴放生會。

（四月初八）是日，放生會，不得赴。

（六月）二十三，晴，赴放生會，葛屺瞻爲主。先往上方，侯雲棲師……晤楊蘇門，遂同至舟中。

（八月）二十三，陰雨，赴放生會，會首虞僧孺、鄭孔肩，是日，雲棲師不至。

（6）甲辰（1604）

（正月）十二，微雨，赴放生會，蓮池師廿二日七十，在會者各出二星，爲之贖生祝壽。昨因陳使者聞有達老（按：紫柏眞可）之變，斃於錦衣獄中，可歎可痛。

（二月）十五，陰晴，舉放生會。

三月初三，大晴，春來所希，赴蓮池師放生會，至六橋而別。

（五月）十四，梅雨應時，是日舉放生會，吳太寧作首，蓮池赴會。

（六月）二十六，雨甚大，赴放生社，蓮筠泉、陳孟典主社，雲棲大師來，來者不多又俱先去，惟余與鄭孔肩二人爲殿。

七月十四，晴湯，仁和吳明府、蓮池師主放生會，赴之，大師以事先入山，楊蘇門不赴，事畢還莊。

（閏九月）二十五，陰，仁和吳明府書來，乞馮宗伯彙編序。赴放生會，到莊遇雨，薄暮入城。

十二月初五，晴，放生，妙峰師來，得傅伯俊書。

（7）乙巳（1605）

（二月初一）早，赴放生會，余主。〔註44〕

可以判定，放生社成員爲二十餘人，而且還可能更多；其活動日期雖與《勝蓮社約》所說的六齋日存在一定出入，但相當規範，集會時風雨無阻，與每月一會的規定也相差不大。茲列其成員如下：

表 1.3　放生會成員表

出　處	姓　氏
《西湖志》卷 21 名賢	馮夢禎、邵重生、虞淳熙、虞淳貞、朱大復（長春？）、徐桂、屠隆、陸振奇、鄭之惠（孔肩）、葛寅亮、釋袾宏
《快雪堂集》卷 5 到卷 6	吳伯霖（吳之鯨）、楊中麓、黃貞甫、虞長孺、虞僧孺、鄭孔肩、屠緯眞（隆）、朱太復、沈士安、蓮池師（袾宏）、吳太寧、蓮筠泉、陳孟典、仁和吳明府、楊蘇門、馮夢禎、錢長人、俞羨長、謝大□、三陳君、韓求仲、湯嘉賓、張中翰、葛寅亮（屺瞻）

在放生會之外，放生社的一些成員還結成澹社、香嚴社等會社組織，同樣值得注意。澹社，吳之鯨作於 1602 年的《澹社序》說：「余每與佛石踞坐池上竟日無一言，神氣淒肅，不復知在塵世，亦不願塵世人聞聲雜至。會明殊鑒舊從余遊，文弱有志，頗習韻語，客子爲築白舫，與佛石鄰。而余亦有曲溪小閣在湖上，近不越五里，因共訂澹社，爲無言清坐之會。友人胡休仲、卓去病聞而樂之，趣來同事，並集有韻衲子，每月一會，茗供寂寞，隨意談楞嚴、老莊，間拈一題爲詩，後期薄罰以督之，每會必選湖山最勝處及佳風日。而馮開之太史實來主席。溪光山翠俱赴杖履，此社遂幾與廬山爭勝」〔註45〕，正如陳寶良先生所言，這是個賦詩與談禪合二爲一的社團〔註46〕；而其成員和領袖也並未超出放生社所在的社會網絡。

1605 年，馮夢禎、徐桂、屠隆等人故去，馮氏友人虞淳熙、黃汝亨逐漸成爲會社活動的主盟者。虞氏繼續參加放生社活動，並和同道促成西湖三潭放生池的修建等等〔註47〕，這一點容待以後章節詳述。而黃氏則開始了仕宦生涯，在官場沉浮之間，他倡導建造了淨慈寺附近的香嚴社，並在 1611 年寫

<hr>

〔註44〕《快雪堂集》卷 56 至卷 62，第 164 冊第 771 頁，第 165 冊第 4、24、29、34～35、47～52、70～75、79～88 頁。

〔註45〕吳本泰：《武林梵志》卷 3 理安禪寺，杭州出版社 2006 年版，第 64 頁。

〔註46〕《中國社與會》，第 351 頁。

〔註47〕《南屏淨慈寺志》卷 1 形勝「三潭放生池」。

下《香嚴社記》:「西湖兩山無地不佳秀,獨湖南淨慈寺最勝,淨慈亦有精舍,然多爲遊僧行腳、酒客坐沸之場。所稱萬峰舍,西隱慈雲南枕慧日,東望蓮洞北接藕洲,湖光在案,岩石作供,爲南屏最勝處,而隱於寺林之西,眾目不盡覬然……余嘗過淨慈訪鏧法師,顧而樂之,歎此名流勝境不應荒蔓林叢中,鏧公頃又應法華講席於勝果山,嚴立懺期,期於悟入三昧,則何不就此勝地創爲堂,曰法華懺堂……吾輩同調人於焉結社,於焉偃息,嗣太初高士之風,彼凡僧俗士不與焉,豈非西湖南山千載盛事耶。友人汪孟樸然明輩聞斯語,欣然以聚材締構爲己任。方伯本如吳公、大參岵雲王公、司理子嗇孫公咸捐俸來助,友人項凮盧、黃長吉、汪季玄、李玄白,門人方若淵、方美徵俱歡喜相勸而成……與吳公立爲約法三章曰:不殺生、不演戲、不借人寓」〔註48〕,看來香嚴社是這些精英士人修佛和休閒之處。這一結社雖涉及到淨慈寺僧大鏧,卻和袾宏影響下的勝蓮社有所分別,無疑與放生社有關的杭州社會網絡也在 1610 年代發生著變化。

(三)小築和放生合流

小築社和放生社皆產生於 16 世紀末,兩者成員間也有著一定的師友關係,甚至還有人如吳之鯨(伯霖)是其共同的成員。隨著時間推移,進入 1610 年代後,它們各自都發生著變化,而其走向自然也引人關注。

前文說過,小築社領袖和成員由於各自人生軌跡不同而發生著變化,有的英年早逝,也有的獲得功名,但聚少離多,逐漸把刊刻時文作爲維繫其網絡存在的方式。而當時文不再成爲小築社諸人的生活重心後,他們又組織了月會。關於月會,郭紹虞、陳寶良等學者都有所研究。郭先生推測《月會約》就是小築社的社約,還將其作爲考證小築社成員的依據,其說影響頗大,今人仍沿襲之〔註49〕;陳先生則從社團性質角度認爲月會是儒佛兩家的結合體〔註50〕。

通過細讀《月會約》,筆者認爲陳先生對月會的論斷頗爲中肯,約文中說,「垂老可遵,竊比眞率之會,而持齋不破,猶在蓮社之風」,又對言行犯禁者

〔註48〕 黃汝亨:《寓林集》卷8,四庫禁燬書叢刊,集部第42冊。
〔註49〕 《明代文人集團》,收入《照隅室古典文學論集》,第 598 頁;前引李新《杭州小築社考》、李柯《李流芳論考》(上海社會科學院碩士論文,2009 年)等都將《月會約》作爲小築社活動的依據。
〔註50〕 陳寶良:《中國社與會》,第 351 頁。

「隨納放生銀五分」〔註51〕，由中可見，月會追求眞率會的怡老之風，同時在集會時又戒殺放生，這顯示出小築社諸人思想的變化和趨向。至於，判斷《月會約》是否爲小築社約，關鍵在於考證月會成立的原委。考月會的發起，緣於小築社領袖楊兆開早卒之後，小築成員關係上疏遠，「憶昔兆開（原文「兆聞」，誤）兄……惜乎喪吾儕之領袖、後輩之典刑也。比者各按起居，不免離索，晤因冗斂、集以貧稀，必公聚始俱，而私歡不再，每相視而散」，而意在通過雅集達到「無應酬之態」、「極家人之歡」〔註52〕，這與小築社的宗旨和活動大爲不同，我們認爲這應是小築社要員齒界中年後的寫照，而月會又限於小規模的家庭與朋友聚會，那麼《月會約》不太可能是小築社的社約〔註53〕。

月會是由聞子與、聞子將倡議提出的，但初時並未得到施行，在文似堂的一次集會後嚴武順主張實施聞氏兄弟的建議，其間曾有數年的輝煌，在成員上也超出了嚴、鄒、聞、楊四姓家庭的範圍，後人有詩記其事，「八社聯吟已久虛，湖山管領有誰如。三嚴十友成佳話，月會猶傳一卷書」，而詩下小注說，「餘杭三嚴，嚴調御印持、嚴武順忍公、嚴敕無敕，與仁和鄒之嶧、聞啓祥五人觴詠湖曲，作月會之遊。後嘉定李流芳（1575～1629）、景（竟）陵譚元春（1586～1637）、江陰黃毓祺（黃介子）、西安方應祥（1560～1628）、虞山王宇春（？～1625，季和）、江陰黃毓礽、莆陽宋珏、嘉定汪明際俱來會焉，時號三嚴十友」〔註54〕。然而，此會因成員個人問題屢有停頓，再考譚元春1619年9月謁老師葛寅亮於杭州，停留三十五天，並作《湖霜草》〔註55〕，則月會主要活動時間在此前後數年。

與小築社同人以諸生借時文獲取聲名爲主不同，放生社成員中仕宦者較多，而馮夢禎、黃汝亨、虞淳熙等人更是杭州乃至東南的文壇宗主。不過，隨著小築社成員生活上趨於居士化，以及兩者間師友關係的加強，他們逐漸

〔註51〕 嚴武順等：《月會約》，武林掌故叢編第10集。
〔註52〕 見參考前揭文《月會約》。
〔註53〕 約文說「人共四姓，會作三班。三鄒三會，三嚴三會，三聞並識西共三會」，其中楊識西是楊兆開之子人駒的字。郭紹虞等學者誤作兆開之號，從而推論月會即是小築社。「三聞」中的聞子與在1618年亡故，則《月會約》的出現時間必早於此數年。
〔註54〕 朱彭：《西湖遺事詩》，第15面。
〔註55〕 聞啓祥：《重訂啓》，收入前引《月會約》；祝誠：《譚元春年表》，《鎮江師專學報》，1988年第4期，

歸於合流，其結果便是讀書社的產生。黃宗羲在《張仁菴先生墓誌銘》說，「君諱岐然，字秀初，叢林稱為仁菴禪師。元末有元善者，隱居杭之西湖，是為始遷之祖，曾祖巽山，祖湘，太倉州判考戀官。妣黃氏，副使寓庸汝亨之女，仁菴起孤童，便能力學，虞德園淳熙嗟歎，以女字之。是時，寓庸、德園皆有文名鄉邑，後來之秀如聞子將、嚴印持忍公、丁夢佳、馮儼公、邵玄挾多出其門，仁菴以外孫館甥相與為友，聞見既非流俗，更廣之而為讀書社，則江道闇、道信、嚴子岸、顧斐公、虞大赤、仲崅、卓珂月、鄒孝直、叔夏、嚴子餐、鄭玄子，幾盡一鄉之善」〔註56〕，可以說，放生社與小築社所存在的師生之誼，使得兩社子弟在開始研究學問時，能夠聚在一起，通過創立社團繼續掌握當地的文章聲氣。而在虞淳熙的《虞德園先生集》中，我們仍可找到這一社會網絡存在的證據，見下表〔註57〕：

表1.4　虞淳熙文集校閱名單

虞德園先生集	姓　氏
刊刻校閱者	黃汝亨貞父甫、吳大山仁仲甫、嚴武順忍公甫、胡寧君寧甫、徐騰以息甫、丁奇遇夢佳甫、邵洽玄挾甫、朱灝宗遠甫、馮悰儼公甫、楊人駒譏西甫、邵質士孝直甫、張岐然秀初甫、江浩道闇甫、大壑玄津甫、海眼玄箸甫、弟淳貞僧孺甫，男宗玫、宗瑤

從上表，我們還看到有大壑玄津甫、海眼玄箸甫兩位僧人，那麼該網絡還有著儒佛合一的特徵。

實際上，在時文方面，兩社間的交往早已有之。黃汝亨科舉及第較晚，也有著長期的時文生涯，他選編有《素業》，續至六編，當時選文名家太倉王逸季、長洲張異度等都是其摯友。可以說，在時文選政上，黃汝亨及其門人是小築社之外的另一大門戶，這有待專文論述。進入仕途後，黃氏在參加放生活動之外，仍然繼續著時文編選事業，而且得到了小築領袖方應祥的支持，他在《與方孟旋》一信中說：「不佞西行，政逢吾丈北征之良辰，道途草草有懷未宣。此後束身一闈，勞心兩扇，徒爾勞思，未遑通訊。竊念吾丈以登壇之名宿，擅斯文之操柄，風會之流諒有同慨。不佞弟篤於故業，痛茲新聲，迂執繩墨之論，嚴杜請託之竇，即高才之掛漏者少，而流俗人之不合者多。

〔註56〕黃宗羲：《南雷文定》後集卷4，續修四庫全書，第1397冊。
〔註57〕虞淳熙：《虞德園先生集》，四庫禁燬第43冊，第127～128頁。

非非譽譽，固所不免。聞吾丈爲弟明目張膽，矢口舒臂，明其不然，而士大夫賢者隨而理其說」〔註58〕，而黃汝亨又曾爲方氏的時文集《方孟旋全稿》作序，不難推斷，小築、放生兩社在科舉文章上有著相當的默契，只不過小築社名聲更著而已。

另一方面，在月會之前，小築社諸人已經和雲棲大師有所來往〔註59〕，但由於資望年輩的不足，他們不可能成爲放生會的核心成員。然而隨著時間推移，尤其是1615年雲棲袾宏死後，這一局面發生了變化，黃汝亨弟子唐時在《武林西湖湖心寺淨業放生疏》裏說：「國朝蓮池大師欲繼永明之志，而方伯吳用先、鄉先生虞德園、黃貞甫、葛水鑒、羅元甫諸先生，築三潭於西湖之上，則永明之再生也。大師雖示寂，而其大弟子聞谷古德，同聞子將、嚴印持諸居士，每月一集，放生於茲地，則云棲之未墜也」〔註60〕，從中可知，聞子將、嚴印持等小築領袖後來成爲杭州放生活動的組織者。不止如此，和馮夢禎、虞淳熙等前輩一樣，聞、嚴等人也都成爲了居士和杭州寺院的護法。這對讀書社的影響也不言而喻，黃宗羲就批評說：「武林之讀書社，徒爲釋氏之所網羅」〔註61〕。

簡言之，以小築社和放生會形成的兩大杭州士人組織，由於現實利益和思想旨趣的趨同，以及早就存在的師生關係，最終匯合爲一個更大的社會網絡，其表現之一就是讀書社的出現。

需要說明的是，小築和放生兩社只是杭州萬曆至天啓間會社活動的代表，其社會網絡也難以籠絡所有杭州士人〔註62〕。不過，從兩社的變遷，我

〔註58〕 《寓林集》卷28《與方孟旋》。

〔註59〕 三嚴、聞子將、鄒氏兄弟皆受到袾宏的影響，事蹟可見於黎遂求《蓮須閣集》卷18《嚴印持先生詩集序》，錢謙益《初學集》第54卷《聞子將墓誌銘》、第37卷《鄒孟陽六十序》等。近人朱倓先生認爲，黃宗羲關於小築社多屬佛教信徒的說法未免誇大，本文考述後認爲黃氏的說法是可信的，而且杭州士人與當時雲棲袾宏爲核心之一的佛教復興運動關係頗深，自然很少有人能脫離這一時代風尚。

〔註60〕 唐時：《如來香》卷14《武林西湖湖心寺淨業放生疏》。

〔註61〕 請參閱《明季杭州讀書社考》，收入《明季社黨研究》，第231頁。

〔註62〕 何宗美考得文社有二：芝雲社（潘之恒，字景升，歙人）「讀書武林，武林之才士，聞景升名，招入其社，以文學行誼相切劘，社在湖社之南，若有石曰芝雲，因以名社」，社友10人，史料依據是李維楨《大泌山房集》卷26《芝雲社稿序》；攻玉堂社，乾隆《杭州府志》卷144潘陳忠，「與葛微奇、張次仲諸人結攻玉堂社…天啓二年成進士」，前揭何氏書第137頁。又考得禪社二：錢立結社，據《西湖志》卷21名賢錢立傳；竹閣社，吳之龍（字雪門，從葛

們看到時文和佛教等因素不斷整合著杭州的士人文化，而互通聲氣、標榜門戶的行爲也使得家族和師友基礎上的小規模會社逐漸擴大爲能夠影響東南區域的大型社會網絡。值得注意的是，杭州的社會網絡並未在政治領域有突出表現，萬曆中期開始出現的所謂東林黨，其中杭州人很少，放生社員葛寅亮甚至規勸東林領袖之一的鄒元標迴避朋黨之名，「頃從邸報中伏讀大疏，薦舉先後被察諸臣。云皆門戶中人，以門戶受錮，欲加起用而亮名濫廁焉。此台臺振幽拔滯矜恤人才甚盛心也。切念台臺望隆朝野，一言一話當世奉爲楷模，而獨於門戶名號，亮覺有惕然……仰窺臺旨，殆欲收門戶以爲化町畦之地，曷若並門戶之名不立而町畦愈以化也。無論門內門外，惟忠誠任職者一體搜羅，而門戶二字消歸烏有，庶幾三代之英大道爲公之世」〔註63〕，這一主張反映著杭州會社與蘇州、松江會社的差別，而當崇禎時會社和政治結合後，杭州會社區域影響力的下降與此不無關係。此外，杭州士人網絡的發展，尤其是放生社及士人間的詩酒雅集，也受到了當地官員（如吳用先）和鄉宦家族（仁和卓氏），以及徽商（如汪然明）等的支持和資助，這一點將另文探討。

二、天啓到順治的士人會社

清人黃宗羲（1610～1695）在《查逸遠墓誌銘》中談到天啓至順治間杭州的社事變遷，「自余束髮出遊，所交於杭郡之諸子，凡三換焉：始聞子將、嚴印持主持聲氣，其所謂讀書社者，余皆得而友之，於中獨知之契，馮儼公、江道闇、張秀初其最也；繼讀書而起者爲登樓，余時就學於兩京，不能徧交，於中則親陸鯤庭、麗京，於外則交朱近修；逮桑海之後，十有餘年，余復至杭，則子將、印持、儼公、道闇、鯤庭已登鬼錄，秀初去爲浮屠，麗京隱於醫肆，近修出而索遊，其餘亦零落略盡，一時被綺繡戴朱纓寶飾之帽，燁然若神人之少年，蔑視老生，不容託末契於其間」〔註64〕，這段文字前人多有引用，據《黃宗羲年譜》，黃氏相關行跡，繫年如下〔註65〕：

寅亮講學湖南）「歸隱西湖，結竹閣社，西方詞人，無不歸之」（見《西湖志》吳之龍傳），前揭何氏書第114頁。

〔註63〕　葉鈐：《明紀編遺》卷3門戶雜錄；查閱小野和子《明季黨社考》（上海古籍出版社，2006年）所附錄《東林黨關係者一覽》後，可發現杭州被列入東林者僅數人，可見東林黨對杭州精英的影響並不大。

〔註64〕　黃宗羲：《南雷文定前後三四集》南雷文定四集卷之三《查逸遠墓誌銘》。

〔註65〕　黃炳垕：《黃宗羲年譜》，中華書局1993年版，第11～30頁。

表 1.5 明清之際黃宗羲杭州事蹟簡表

年　份	事　蹟
天啓三年 1623	14歲，補仁和博士弟子員
崇禎六年 1633	讀書南屏山下，與江道闇、張秀初同學。秋，寓孤山讀書社
七年 1634	與讀書社諸子讀書武陵
九年 1636	赴杭，偕仲弟、叔弟應解試
十一 1638	南京，周仲馭與陳定生等出《留都防亂揭》，以顧子方與公爲首
十二 1639	赴南京，應解試。與金陵國門廣業社梅朗三、顧子方等相征逐
順治十四年 1657	至杭，訪汪孝廉魏美濶，即寓孤山
十五年 1658	之杭，寓昭慶寺

那麼，由上表不難推斷，杭州社事的具體變動時間：1633年前後，是讀書社興盛之時；登樓社的聲名鵲起約在1638年；而到1657年左右，杭州社事已是大爲衰落。結合前人研究和相關史料，下文試圖對這一變遷過程作出更深入的探討。

（一）讀書社和登樓社

前人有關讀書社和登樓社的研究，以朱倓先生最爲突出，通過整理方志等史料，他大體上釐清了兩社成員及其生平的狀況，也對社團活動的一些問題提出了很有啓迪性的觀點，不過，由於文獻和分析方法上的局限，其研究還有許多有待繼續的地方〔註66〕。

上文業已言明，讀書社是萬曆末杭州小築社和放生會合流後的產物。不止如此，天啓、崇禎間，它也是江南地區影響最大的社團之一，清初計東（1625～1676）曾與吳偉業（1609～1672）辯論明末社事，他在《上太倉吳祭酒書一》中說：「應社之本於拂水山房，浙中讀書社之本於小築，各二十餘年矣，時西冷嚴氏與金沙、婁東、吳門及江右之艾氏，皆鼎立不相下，迨戊辰（1628）西銘先生至京師，始與嚴子岸定交最懽，子岸歸，始大合兩浙同社於吳門」〔註67〕，那麼，復社成立前，讀書社無疑是可以與應社相抗衡的大會社，而且其社員也遍及兩浙。

〔註66〕 朱倓：《明季社黨研究》，商務印書館1945年鉛印本。
〔註67〕 計東：《改亭詩文集》卷10，續修四庫全書，集部1408冊，第196頁。

　　讀書社和小築社本爲一體，可以說甚爲明朗；前引中朱倓先生又說登樓社爲讀書社之支流，那麼似乎三者是一脈相承的。既然如此，我們不妨錄讀書、登樓二社成員如下，然後通過分析其成員所處的社會網絡，來探究明末杭州士人社會的內部變化〔註68〕：

表 1.6　讀書社、登樓社成員表

社　　名	成　　員	備　　註
讀書社	22 人（附 4 人）：聞啓祥（附弟啓禎）、張元、馮延年（附子融）、嚴調御、嚴武順、嚴敕（附子津）、嚴渡、嚴沆（附弟渤）、張岐然、張芬、虞宗玫、虞宗瑤、丁奇遇、馮悰、邵洽、江浩、江道信、顧有棻、卓人月、鄒質士、鄒叔夏、鄭鉉；（另附）高克臨	據陳豪楚《兩浙結社考》成員可補入沈蘭先、錢謙之，見《越風》第 1 卷第 18 期，第 26 頁。
登樓社	22 人：嚴渡、嚴津、嚴沆、吳百朋、陸圻、陸堦、陸培、陳朱明（即陳潛夫）、吳山濤、張溥、張祐民、沈蘭先（後改名昀）、朱一是、柴紹炳、陳廷會、孫治、張綱孫、沈謙、毛先舒、丁澎、虞黃昊	據陳豪楚《兩浙結社考》第 27 頁，著錄有登樓社、碾祿社、海昌萍社（崇禎丁丑 1637 刊社詩）、觀社、曉社、旦社，成員可補入徐世臣、丁文策。

　　讀書社和登樓社，其主持者皆有數種說法，朱倓先生認爲讀書社的盟主爲聞啓祥、嚴調御，登樓社的主持者是嚴渡，卻未對該觀點作充分論證〔註69〕。朱氏在考證兩社時，採用資料頗多，引文中同說一事而彼此矛盾者不少，未能辨明其中緣由，甚是可惜。關於讀書社的組織者，可考有張岐然、張元、張芬、丁奇遇、虞宗瑤、馮悰、江浩等不同說法，且嚴渡本人傳記未言及此事，又從黃宗羲親身參加讀書社的經歷來看，嚴氏似未涉入其中。前文說過，聞啓祥、嚴調御等小築領袖中年後對仕進漸趨冷淡，那麼，他們主持這種科舉爲主的社團已不太可能，作爲後輩的張岐然、丁奇遇、江浩等人，應該才是讀書社的主將。而聞、嚴等人的作用應該和小築社時代馮夢禎、方應祥的

〔註68〕　《明季社黨研究》，第 213～216、234 頁。
〔註69〕　《明季杭州登樓社考》，收入《明季社黨研究》，第 234 頁。

作用相似，爲後輩們評點文章，以便擴大該社聲名，當時名士蕭士緯在《讀書社文序》中就談到聞子將向他展示讀書社文章的事情〔註70〕。另外從上表，也可以看到小築社後進成員鄒質士、鄒叔夏加入到了讀書社中，無疑通過士人的代際變化，杭州社團也進行了更替。進而言之，讀書社的成員大都屬於小築社和放社會成員的子弟、門生，這正反映出當時杭州士人網絡的存在狀況。

登樓社的主盟者，同樣存在者幾種說法，但與讀書社的最大不同卻在於大量新進士人的加入，這些成員超出了上述萬曆中期到崇禎初杭州士人的原有網絡範圍。該社的主持者有陸圻兄弟、張祐民、丁文策、徐世臣等不同記載〔註71〕，除張祐民爲葛寅亮弟子外，其他人與讀書社所屬網絡似乎都關係較淺。其中，最引人注意的是，陸圻兄弟所在的錢塘陸氏之崛起。陸圻家族並非杭州土著，其父陸運昌爲浙江錢塘民籍，原本是蘭溪人〔註72〕，與弟陸鳴煃、陸鳴時有「三龍門」之稱，而且陸運昌曾從學於紹興名儒陶奭齡〔註73〕。陶氏與其兄陶望齡是當時浙東名士，主持講會多年，雖與杭州放生社等成員多有交往，但各有門戶。不難想像的是，遷居錢塘的陸氏，必然會給杭州士壇帶來相當變化。雖然有關登樓社主持者的記載頗有差異，但都說到陸圻兄弟是登樓社的重要組織者，這說明陸氏作爲新興勢力，改變著杭州士人的原有格局。如此看來，即便嚴渡等讀書社成員後來與登樓社合流，有時出現分歧似乎也就難以避免；而把登樓社簡單地認爲是讀書社的支流，更存在著極大的誤解。

曾經身歷晚明浙江社事，後來著有《罪惟錄》的史學家查繼佐（1601～1676）在《東山國語》中記載了此時期杭州會社成員間的一次衝突事件，「漳浦黃石齋言事戍浙，講學大滌山中，杭紳陸鯤庭培負文望，謁石齋乞爲先人誌墓，才通刺，（陳）玄倩以陸子初不與東林之席，笑曰，石齋先生座，豈有

〔註70〕 蕭士緯：《春浮園集》卷上。
〔註71〕 陸圻兄弟、張祐民，見《明季社黨研究》，第235頁；丁文策，見《兩浙輶軒錄補遺》卷2；徐世臣，見毛奇齡：《洞宗二十九世傳法五雲俍亭挺禪師塔誌銘》，《西河集》卷109第205頁，文淵閣四庫全書，集部第1321冊，臺灣商務印書館。
〔註72〕 參見朱保炯等《明清進士題名碑錄索引》，轉引自何齡修先生《陸圻及其在清初地遭遇和抗爭》，《清史論叢》2007年號。
〔註73〕 陶氏所著《今是堂集》卷4有《秋日偕門人俞汝欽、陸夢鶴遊弁山白雀寺》等詩。

鯤庭稄跡哉？復微詞其父，石齋由是以疾辭，未之見。培聞之，怒。壬午（1642）秋，登樓社中友有得雋者，玄倩輒譏切其閶瀆。培固登樓社中人也，益怒，偕其黨檄攻玄倩，杭士多忌玄倩，群樔臂起，海昌范文白、朱近修諸子咸應之……於是，陳與陸兩社賓客子弟各數十百人，列舟爲陣，口鬨於禾之東門，積三日觀者數千人，玄倩與鯤庭固未嘗知之也」〔註74〕。這次由陳玄倩和陸培個人恩怨引發的大規模衝突，影響頗大，黃宗羲等人也有記載，浙東地區的士人亦有相應，最終陳氏被迫避居松江地區的華亭縣〔註75〕。從這次衝突中一方是新興的登樓社，另一方是早就加入東林的陳氏，當時雖然都已歸入復社，但在杭州士人看來仍然分屬兩社，而衝突的焦點──是否早就加入東林──也似乎成爲衡量會社權威的標準。我們不得不推測，登樓社的陸氏之所以對陳氏的做法起初一再隱忍，源於其作爲新進勢力的威望不足。此外，陳氏所屬杭州社團有待進一步考證，但應該並非登樓社。

　　從讀書、登樓兩社的活動，我們也可進一步考察此時期杭州士人網絡的詳細情形。朱倓先生推斷天啓末小築社改爲讀書社，崇禎二年（1629）加入復社，崇禎十年（1637）聞啓祥、嚴調御卒後似由嚴渡主持該社；而讀書社改爲登樓社在崇禎十年至崇禎十七年之間，登樓社亦加入復社〔註76〕。關於讀書社的具體活動，由於當今學者關注不夠，對相關史料的發掘也頗爲不足，我們僅能以讀書社個別人物的活動來作一揣測，比如卓人月（1606～1636）的生平事蹟中就有一些涉及該社的記載。卓氏活躍於天啓和崇禎初，他在天啓四年（1624）的《辛壬癸甲集序》中談及和江道闇（即江浩）的友誼，在天啓六年（1626）和七年分別編選了時文集《無可奈何集》和《桐風集》，崇禎四年（1631）五月舉行了同社14人的社集，有金時觀、嚴津、徐士俊等人，同年八月在西湖又舉行集會有吳次尾（應箕）、張幼青（埼）等人，此外卓氏還爲張岐然作有《張秀初稿序》一文，言及同社19人，其居於末席〔註77〕。我們雖然不能斷定卓氏所屬社團就是讀書社，但從他和江浩、張岐然的交往，似乎可以判定讀書社仍然以時文爲主業。但需要注意的是，崇禎前後，杭州時文操「選政」者已經發生變化，有「武林宋羽皇鳳翔」被稱爲當時文章宗

〔註74〕　查繼佐：《東山國語》浙語五陳函輝、陳潛夫。
〔註75〕　見何齡修前揭文，第204頁。
〔註76〕　朱氏前揭書《明季杭州讀書社考》，第230頁。
〔註77〕　郎淨：《卓人月年譜》，《古籍整理研究學刊》，2011年第4期。

匠，聞人艾南英更是經常到杭州主持評選，而讀書社卻再不能以此著名，其借助的似乎還是聞、嚴等人萬曆末小築社的影響〔註78〕。

登樓社出現較晚，其活動主要在崇禎朝，就不得不說明其背景。天啓、崇禎之時，全國會社日益繁盛，而以張溥等人爲代表的蘇松會社逐漸取得了盟主地位。據前引計東文，崇禎初，杭州會社受張溥之影響，讀書社等在蘇州與其結盟。這樣，從小築社到讀書社以來自成體系的杭州會社，越來越受到外部力量之作用。隨後，張溥、陳子龍等人往來湖上，浙江地區的後進士人更多受過其教誨。浙江蕭山的毛奇齡（1623～1716）身歷其中諸多變遷，且其與杭州士人外來頻繁，故其著作《西河集》留下了很多寶貴資料。登樓社的由來，毛氏在《洞宗二十九世傳法五雲倈亭挺禪師塔誌銘》即有記載：「公名淨挺，號倈亭，即仁和徐世臣也。世臣諱繼恩，別字逸亭，十歲能文。天啓中，魏監亂政，惡之，作《宦者論》。稍長，補諸生，擢茂才異等，壬午（1642）副榜，福王時舉明經首，公爲文刺馬士英，士英怒趣官旗逮公，大行陸培爭止之。當是時，公聲稱藉甚，四方士過杭者，爭造公，巷爲之滿。先是文社大起，婁東張溥、漳浦黃道周並屬公領袖，公爲社名登樓，又名攬雲，聚臨安名士於其中，主東南壇坫凡三十年」〔註79〕。如此看來，徐繼恩在張溥等人的支持下組織了登樓社，這一過程再次表明，該社與讀書社關係不大，兩者可能不是同一個社團。

徐繼恩和陸圻等人交誼極深，其後輩王晫所著《今世說》記載，「吳錦雯博物洽聞，貫串經史，嘗與徐世臣輩創爲恢麗璝瑋之文，天下誦之，號爲西陵體。陸麗京目之日，天下經綸徐世臣，天下青雲吳錦雯」，又載「陸麗京目徐世臣勵志箕山，斐然述作，方之西園、偉長非特不愧」〔註80〕，不過，登樓社的領袖屬誰卻難以斷定，毛奇齡在《柴徵君墓狀》又說：「入國朝，君集同社生更相砥礪，其社名登樓，君與陸行人（培）兄弟主之，方行人通籍時，君爲序其文，各以氣節相矜高……君贍古今學，自九經諸史以及秦漢魏晉六朝諸家，文不及唐以後，故其所著書亦往往以秦漢六朝爲指歸，而宋元以後不及。時同社吳君錦雯、丁君飛濤、張君用霖、孫君宇臺、陸君麗京、陳君

〔註78〕 陸世儀《復社紀略》卷1記載，宋鳳翔曾中鄉試解元，其詳細事蹟需要另作考證。

〔註79〕 毛奇齡：《西河集》卷109，文淵閣四庫全書，集部第1321冊，第205頁。

〔註80〕 王晫：《今世說》卷3、卷5，續修四庫全書，子部第1175冊，第503頁、第518～519頁。

際叔皆以古文詞名世，而君爲倡始，自前朝啓禎以迄今順康之間，別有體裁，爲遠近所稱，名西泠體，故終君之世，不敢以宋元詩文入西泠界者，君之力也」〔註81〕。可以發現，毛奇齡對登樓社的記載由於傳主的不同而有著一定出入，但內容上卻可以互補，大體而言，登樓社的活動以其古文辭的創作而聞名於世，且影響深遠。

需要補充的是，登樓社起初也以時文得名，毛奇齡又作有《陸三先生墓誌銘》，「崇禎己卯（1639）舉兩浙鄉試，先生（陸堦）偕兩兄合梓其社業行世，而鯤庭君於是年中式，一時購鯤庭行書，並兩人社業並行之，號三陸體。當是時，先生有兩弟曰紫躔、曰左城，皆名士而年未成也，人第指三君繼三龍門後，遂以三陸豔稱之。予是年初赴試場，從祁君奕遠舉蘭里文社於湧金門外，杭之名士唯徐君世臣、張君用霖、吳君錦雯先後至。曰：三陸君何在？既而麗京、鯤庭來」〔註82〕，不難看出，陸氏兄弟及其社團也曾致力於時文，陸培中舉後該社開始知名。

最後，需要說明的是，晚明杭州會社，除了讀書、登樓等社外，還有仁和應撝謙的狷社，「應先生諱撝謙，字嗣寅，學者稱爲潛齋先生……偕其同志之士曰虞畯民、曰張伏生、曰蔣與恆爲狷社，取有所不爲也」〔註83〕；海寧觀社、且社等。這些社團和前述兩社均有著聯繫，有些社員如朱一是，還同屬於多個社團，如此，杭州府整個地區的士人也就通過會社的方式構建出一個廣闊的社會網絡，而該網絡因爲聚集了杭州士人的大部份精英，所以很大程度上塑造著當時的文化。

（二）崇禎到順治初：大社時代

萬曆前後的會社通常是以鄉里爲單位的數十人組織，天啓時漸有變化，形成了跨地區乃至幾乎遍及全國的大社，清人顧景星（1621～1687）在《周鐘遺集序》就說：「有明以經藝取士，世廟前，文體正，士交遊不出於鄉。神廟後，文體駁，海內俊傑合梓其文，稱大社」〔註84〕，因此，對於杭州會社來說，研究其與大社的關係顯然也十分必要。

前文說過，東林黨與杭州士人關係較淺，那麼，我們首先要考察的便是

〔註81〕　《西河集》卷113《柴徵君墓狀》。
〔註82〕　《西河集》卷105《陸三先生墓誌銘》。
〔註83〕　《鮚埼亭集》卷12《應潛齋先生神道碑》。
〔註84〕　顧景星：《白茅堂集》卷33。

復社與杭州會社的關係。考復社創設於崇禎二年（1629），此前一年張溥以恩貢赴京，並與嚴調御之子嚴渡訂交，這爲後來杭州讀書社加入復社做好了鋪墊；1628 年冬，張溥因送張采赴任江西臨川，至錢塘，次年春方歸，在遊覽杭州勝景之外，很可能與當地名士有所交往〔註85〕。

復社成立時，在 1629 年舉行尹山大會，匯合四方會社，刊刻時文集《國表》，集中詳列各社姓氏，浙人亦在其中，不過在文獻記載上，卻存在差異之處。清人陸世儀（1611～1672）記載復社所合併的浙江社團爲浙東超社、浙西莊社，而朱彝尊（1629～1709）所述則爲浙西聞社、武林讀書社，因爲兩者都與復社人物頗有淵源，我們推測他們的說法很可能指的是復社不同時間的情況〔註86〕。復社自身是一個不斷發展變化的組織，主盟者前後數易，成員由數百人擴大至數千人，因而關於復社成員姓氏的記載也多寡不一，現有吳江吳扶九、太倉陸世儀、貴池吳應箕等多個版本，其中所著錄的杭州士人同樣存在不一致的情況，見下表：

表 1.7　復社杭州人物表

史料出處	著錄杭人姓氏	備註
陸世儀 1611～1672《復社紀略》卷一說有《國表》所列十五國，首列七郡）1628～1629（續修四庫全書本第 438 冊，第 488～489 頁）	浙江杭州：張玄、虞宗瑤、鄭塤、沈受震、徐邦佐、錢可、聞啓祥 錢塘：陸運昌、吳思穆、吳太沖、馮延年、趙德遴、陸鳴奎、陸鳴時、俞時篤、蔣庸、嚴季榮、魏介 仁和：沈澹思、林泰業、孟應春　卓人月、陳濬、徐翮、卓霜回、潘曾綬 海寧：徐元槃、徐永平 餘杭：顧有棐	「張玄」又有作「張元」，字天生；此版本蕪湖下僅有「沈國柱」1人
陸世儀《復社紀略》卷一（《東林與復社》，第58頁）	蕪湖縣：卓人月、陳濬、徐翮、卓霜回、潘曾綬 海寧縣：徐元燦、徐永平 餘杭縣：顧有棐	臺灣文獻叢刊本第 259 種；上海書店 1982 年出版中國歷史研究資料叢書中《東林始末》第 189 頁所載內容與此相同。應該用的都是神州國光社本。

〔註85〕　蔣逸雪：《張溥年譜》，齊魯書社1982年版，第18～21頁。
〔註86〕　《張溥年譜》，第23頁。

| 吳翩扶九《復社姓氏錄》吳山嘉《復社姓氏傳略》卷五浙江（中國書店1990年版） | 浙江杭州府：張元、趙德遴、虞宗瑤、鄭塤、徐邦佐、沈繼震、嚴調御、聞啓祥、查繼佐、陸圻、邵洽、虞宗玖、聞啓禎、淩元徵、徐林祥、范驤、朱廷策、盧應熊、屠以寧
錢塘：陸銘勳（即運昌）、吳思穆、吳太沖、錢朝宗、馮延年、陸鳴煒、金時觀、陸鳴時、俞時篤、蔣庸、嚴李榮、魏介、吳百朋、繆沅、曹從龍、鄒質士、張坅、金驊、翁與立、謝森、俞龍見、張綱孫、沈堯章、朱大典、馮融、朱錫元、丁元毓、潘廷章、趙明鑣
仁和：孟應春、林泰業、陳濬、李宗、李寰、沈澹思、徐翮（字野君）、卓霜回、嚴津、張岐然、江浩、江之浙、馮悰、淩萃徵、黃光壽、聞焲、陸燾、沈獅、周養健、錢泮、郭子平、沈僑如、陳家珍、胡萬鉉、沈堯年、郭琯
海寧：徐元粲、徐永平、陳許廷、沈兆昌、許丕煒、袁袾、曹元方、朱一是、祝文襄、徐元圻、徐林宗、葛定遠、查詩繼、張華（結觀社）、查嗣馨、葛定辰、查繼甲、朱昇、張如龍、祝洵（千齡社）、徐元鑣、徐元鑛
富陽：邵光允（胤）
於潛：張允修
餘杭：顧有棐、嚴渡、嚴沆、王祺、顧默 | 又可參考井上進：《復社姓氏校錄附復社紀略》，《東方學報》京都第65冊（1993年）第570～572頁「虞宗玖」當作「虞宗玫」，江之浙當作「江之淛？」（民國《杭州府志》卷142）

蔣逸雪有《復社姓氏考訂》，附入《張溥年譜》，第89～91頁，為杭州士人姓氏。 |

吳騫《尖陽叢筆》卷7復社姓氏（續修四庫全書第1139冊，第495～496頁）	杭州：張玄、宋瑤、鄭塤、沈受震、徐郭佐、錢可、聞啓祥 錢塘：陸運昌、吳思穆、吳太沖、馮延年、趙往麟、陸鳴鑾、陸鳴時、俞時篤、蔣庸、嚴季榮、魏介 海寧：沈澹思、林泰業、孟應春、卓人月、陳濬、徐翽、卓霜回、潘魯綏、徐元燦、徐永平 餘杭：顧有棐	該書爲抄本，對照其他姓氏錄，可發現其中人物、籍貫錯誤者較多，如陸鳴烜誤爲陸鳴鑾；籍貫仁和而誤入海寧，如林泰業。

對於復社姓氏記載上的顯著差異，吳騫（1733～1813）的解釋頗爲精到，「右（見上表）張愼旃原本，計之得七百人，沈懋華云此當是崇正己巳（1629）復社初成，尹山大會名藉。次年金陵再會，越二年（1632）壬申有《國表》之刻，同社姓氏有上下二卷，則皆孝廉諸生，較此多數倍，且皆著其表字，蓋復社姓氏至是始備，此特其略也」〔註87〕。通過比較吳氏《尖陽叢筆》和陸世儀的記載，我們認爲此兩者史源相近，應該就是1629年復社成立時所加入的杭州人名單，這29人中讀書社人物很少，也不見嚴調御、嚴渡等餘杭嚴氏的名字，但其中卻有陸圻的父親叔叔，那麼此時讀書社很可能並未併入復社，大概到1632年杭州會社人物才多爲復社所籠絡。

復社姓氏往往與其社稿《國表》同時刊刻發行，吳偉業在《復社紀事》中說張溥在送張采出仕臨川歸來後，對時文刪定後加以刊刻，「顏曰《表經》、曰《國表》」〔註88〕，再檢張溥《七錄齋詩文合集》中有《國表序》、《國表小品序》、《國表四選序》等，可見復社也將時文刊刻作爲維護其與各地會社的重要聯繫手段，其社稿刊刻至少有5次，那麼其中著錄的姓氏自然會有變化。然而，因爲《國表》已經亡佚，我們很難更深入地探討杭州會社加入復社的具體歷程了。不過，讀書社的加入應該在崇禎十一年（1638）前，因爲吳應箕等人作《留都防亂揭》聲討阮大鋮時，馮悰、江浩、鄭鉉、虞宗玫、嚴渡、張岐然等人已經列名其中〔註89〕。至於登樓社，既然其成立和張溥、陳子龍

〔註87〕吳騫：《尖陽叢筆》卷7，續修四庫全書，第501頁。

〔註88〕吳偉業：《復社紀事》，收入《東林始末》，上海書店1982年，第158頁。

〔註89〕柴德賡：《明季留都防亂諸人事蹟考上》，《史學叢考》，中華書局1982年，第4～5頁。

等有關，則可從兩人年譜中所載事蹟作一窺測。據《陳子龍年譜》崇禎十三年（1640），陳子龍六月得選紹興推官，八月抵杭州。任職期間，陳氏對兩浙後進士人大力提攜，更有記載說西陵十子皆出於雲間陳子龍之門〔註90〕，如此，則陸圻等人，可能在1640年左右加入復社。崇禎十四年（1641）五月張溥卒，復社士人大集，陸圻「束芻絮酒往，會葬，賦五言長律，一時傳鈔，以爲傑作」，則登樓社聲名在此次聚會上，很可能也隨之傳揚〔註91〕，前文朱彝俶先生推斷登樓社活動在崇禎十年後，從以上來看應該是適宜的。

　　其次，崇禎時代杭州周圍的講會活動有所復蘇，當地士人自然會受到其影響。此時講會的代表人物爲劉宗周和黃道周，雖然不同於時文大社，但因爲主持者爲東林名宿，所以從遊者頗多，並且也形成了跨地域的網絡。劉宗周在崇禎四年（1631）與會稽陶奭齡大會同志，開始講學，並結證人社，此會吸引了很多青年士子。與杭州有關者，據《劉子全書》前附的《蕺山弟子籍》，其中有馮悰、江浩、張岐然等讀書社成員，又有仁和沈蘭先，「蕺山劉忠正公講學越中，先生渡江往聽講，向來杭士有讀書社、小築社、登樓社皆以詞章之業爲尚，先生亦與焉，至是始爲正學」〔註92〕。至於黃道周，雖是福建人，但其與杭州關係不淺，崇禎三年（1630）出典試浙江，崇禎五年（1632）秋，諸門人畢集於餘杭，因築書院於大滌山，他因爲身居官場，所以呆在杭州時間並不長，曾從其遊學的杭人有朱朝瑛、何瑞圖、孟長春等，陳子龍也曾隨其講學。雖然文獻上沒有杭州讀書、登樓等社稱其弟子的明確記載，不過從前引陸培和陳潛夫衝突一事來看，黃道周道高望重，杭州諸社必受其感召〔註93〕。

　　明清易代，對士人會社活動的影響雖顯而易見，但也無需誇大。一方面，會社活動繼續著崇禎時代的干預政治路線，不少士人積極從事抗清活動，這借助了東林、復社原有的網絡，卻因爲日益遭受挫敗而開始被破壞；另一方面，通過代際變化，新進士人營建著自身的網絡。這兩者間的互動和消長，成爲此時期大社的焦點。

〔註90〕　陳子龍自撰《年譜》崇禎十四年辛巳附錄，引《白榆集小傳》，轉引自何宗美前揭書，第217頁。

〔註91〕　朱彝尊：《靜志居詩話》卷21陸圻，第666頁。

〔註92〕　吳光編：《劉宗周全集》第6冊，浙江古籍出版社2007年，第100～101頁；《劉子全書》，道光四年重刊刊本；全祖望：《沈甸華先生墓碣銘》，《鮚埼亭集》卷13。

〔註93〕　可參考《黃石齋先生文集》卷9中有關大滌書院的記述。

　　從復社來看，明亡後，社中領袖或者死節，或者高隱，其他成員在清政權開科取士之初，也是大半伏處，王朝更替後，一時門戶煙消木脫，可以說晚明建立起來的全國性士人網絡，被嚴重破壞；然而，會社在蘇松地區的重建開始復蘇，「至戊子科始盡出而應秋試」，並且「於秦淮河上訂言社事」，從而在1649年出現了同聲、愼交二社〔註94〕。兩社因爲主盟者的個人問題而矛盾日深，最終在復社舊人吳偉業的調和下以此兩社爲中心，促成了七郡大社，「吳梅村出山就道，次虎丘，求愼、同合局。癸巳（1653）中秋，乃集七郡人才犬會於梅花觀，孫子扶桑聞之星馳南下，先期至吳門商榷收羅，一時遺逸盡赴斯文之坫，仕宦者困於家食出而應召登朝，阨窮者局於聞見出而尋盟入社」〔註95〕，這次大社雖意在處理蘇松地區的內部份歧，但卻彙集了東南地區遺民、官員和隱者等不同士人，是明末全國性士人社會網絡的迴光返照。此後蘇松地區會社矛盾依舊，加上各地士人由於清初的社會重建而聯絡減少，大社也難以舉行。

　　對杭州而言，清興後，該地會社領袖，除明亡前去世的馮悰、虞宗瑤兄弟外，死節隱逸者不少，如讀書社、登樓社的張岐然、江浩、徐世臣出家爲僧，陸培、陳朱明等死節以及陸圻、張天生、朱一是等人不仕，這使得該地會社急劇衰落。另一方面，毛先舒、柴紹炳、張祖望等人，雖然也不降清，但卻繼續著明末的會社活動，其突出表現就是順治七年（1650）《西陵十子詩選》的刊刻，該書流行後，「西陵十子」之名開始聞名於世，這成爲清初杭州會社活動的開端。而當時浙江會社開始復蘇，在順治間爲平息同聲、愼交糾紛所舉行的十郡大社，也有杭州士人領袖陸圻參加，毛奇齡《駱明府倪孺人合葬墓誌銘》說，「越中當順治初年，好爲文社，每會集八縣，合百餘人……嘗同會稽姜承烈、徐允定、蕭山毛甡赴十郡大社，連舟數百艘集於嘉興之南湖，太倉吳偉業、長洲宋德宜實穎、吳縣沈世奕、彭瓏、尤侗、華亭徐致遠、吳江計東、宜興黃永、鄒祗謨、無錫顧宸、崑山徐乾學、嘉興朱茂暉、彝尊、嘉善曹爾堪、德清章金牧、金範、杭州陸圻爭於稠人中覓叔夜，既得叔夜則環而拜之，越三日，乃歃血定交去」〔註96〕。這次大社應是，清初杭州會社

〔註94〕 杜登春：《社事始末》，《叢書集成新編》，第26冊，臺灣新豐文出版公司，第461～462頁。
〔註95〕《社事始末》，第463頁。
〔註96〕《西河集》卷98。

和東南地區其他會社的最後一次聯繫，隨著此後新舊士人對科舉事業的熱衷，以及清政府對士人控制的加強，大社現象基本消失。

　　進入清代，杭州社事的衰落，也使其在東南地區會社的地位趨於邊緣化。前文計東對吳偉業復社記載的批評，從某種意義上說明，此時蘇松地區不少文人很可能認爲杭州會社在全國影響不大，而且在舉行十郡大社時，陸圻等浙人也未能成爲社盟的主角。如是，晚明以來杭州會社發展的歷程，在清人的記載中也日漸模糊，早期朱彝尊、毛奇齡等人尚能說出小築、讀書、登樓等社的脈絡，到晚清，杭州社事已經難以明瞭，吳慶坻（1848～1924）《蕉廊脞錄》說杭州會社，「吾杭自明季張右民與龍門諸子創登樓社，而西湖八社、西泠十子繼之，其後有孤山五老會則汪然明、李太虛、馮雲將、張卿子、顧林調也，北門四子則陸蓋思、王仲昭、陸升鶯、王丹麓也，鷲山盟十六子則徐元文、毛馳黃諸人也，南屏吟社則杭、厲諸人也」〔註97〕，吳氏對清代社事記載雖略爲詳細，但將明末登樓社作爲近代社事的起始則有失考究了。進而言之，對杭州會社本來面貌的認知缺失，卻又在於清初杭州新進士人對前輩傳統的摒棄，馮景（1652～1715）在《示金陵後生》中說，「鄞下七子之後，不知幾許七子。平心而論，定不如前，阿誰優劣耶？西泠前十子，大半妄有名，今復欲湊足後十子，此何異兗州八伯本擬八儁，而不知四凶續其後也。去矣無污我」〔註98〕，這也就無怪乎前文黃宗羲以老儒生被杭州後輩嘲笑。

第二節　《尺牘初徵》和杭州士人社會網絡，1573～1660

　　晚明以降，伴隨著市鎮經濟的繁榮和地方社會的崛起，杭州社會也在發生著深刻變化〔註99〕。對於杭州士人而言，會社等組織逐漸興起，社會交往

〔註97〕吳慶坻：《蕉廊脞錄》卷3。
〔註98〕馮景：《解春集文鈔》卷11，叢書集成初編本，第154～155頁。
〔註99〕關於杭州的經濟發展，可參考陳學文著《明清時期杭嘉湖市鎮史研究》（群言出版社，1993年）和蔣兆成著《明清杭嘉湖社會經濟史研究》（杭州大學出版社，1994年）等書；杭州會社問題可參考，謝國楨《明清之際黨社運動考》（中華書局，1982年）、何宗美《明末清初文人結社研究》（南開大學出版社，2003年）及《明末清初文人結社研究續編》（中華書局，2006年）和谷輝之的博士論文《西陵詞派研究》（杭州大學1997年）等。

日益頻繁，日常生活也變得更爲豐富和複雜〔註 100〕。清王朝建立後，對杭州的征服相對緩和，士人生活經過短暫的動盪，很快就恢復過來，仍舊繼續著與晚明類似的生活，直到康熙中葉，國家對江浙地區社會和文化展開有效地控制爲止。爲了考察這一歷史過程中士人的生活狀況，筆者以順治末年李漁所編《尺牘初徵》爲個案來進行探討。

在研究方法上，與以往的士人研究大多強調縱向社會結構（主要是階級與等級）和宏觀歷史結合的視角不同，我們利用地域史和社會網絡相結合的方式來考察明清交替時期的杭州士人群體。社會網絡的方法，主要是從橫向的角度觀察不同的社會關係與個體以及社會各系統間的互動，這與梁漱溟所指傳統中國社會「倫理本位」的特徵頗爲吻合，合理地使用該方法，有助於我們展現明末清初杭州士人社會的面貌。

一、《尺牘初徵》的編撰背景和文本特徵

順治十七（1660 年）刊刻的《尺牘初徵》，是清初最早的尺牘選集之一，其編纂動機，據編者李漁所言大概有兩點，其一是保存名人文獻，李漁在該書的《徵尺牘啓》中說，「三十年間，兵燹以來，金石鴻編，遺棄殆盡，而況名賢手跡耶？」〔註 101〕其二是倡導尺牘文學，「文章自鼎革以來，無論詩賦古文，新奇錯出。即傳奇野史，亦復疊架盈車，唯尺牘絕無新刻，四方流佈，盡屬陳言」〔註 102〕。這一點，前人已有所探究，但對此書編纂背景的討論多有可商榷之處。沈新林在李漁《〈尺牘初徵〉述略》一文中認爲該書是李漁寓居南京時所編，並且此書的收輯始於杭州、終於南京，持續時間達十年，其依據是李漁遷居南京和創建芥子園書鋪的時間〔註 103〕。沈氏說李漁在順治十四年（1657）即移家南京，而事實上，據單錦珩考證，這只是李笠翁在南京的短期客居，李氏從杭州舉家遷往南京，並開始長期居住可能是在康熙元年（1662）；另外，黃強先生雖然在《李漁移家金陵考》一文中認爲移家金陵時間是順治十八年（1661），但也否定了李氏順治中就寓居杭州的可能

〔註100〕可參考：陳寶良：《明代社會生活史》，中國社會科學出版社 2004 年版；巫仁恕：《品味奢華：晚明的消費社會與士大夫》，中華書局 2008 年版。
〔註101〕李漁：《徵尺牘啓》，《尺牘初徵》，四庫禁燬書叢刊集部第 153 冊，第 502 頁。
〔註102〕李漁：《凡例五條》，《尺牘初徵》，第 503 頁。
〔註103〕沈新林：《李漁《尺牘初徵》述略》，《文教資料》，1994 年第 3 期。

〔註104〕。那麼，從時間來看，《尺牘初徵》一書的編輯過程中，雖然李漁曾在南京有過數次停留，但主要是他在杭州寓居時所纂，並且極可能完成於杭州。筆者的這一判斷，也可以在當時人的議論中得到佐證，黃容、王維翰在康熙二十年（1682）刊行的《尺牘蘭言・凡例》中就說，「《藏弄》、《新鈔》諸種刻於白下，《初徵》、《新語》諸集刻於武林，膾炙宇內，不脛而馳，金閶獨無刊本行世」，其中的《初徵》所指即是李漁所編的《尺牘初徵》，而《藏弄》、《新鈔》指的是周亮工分別於康熙元年（1662）、六年（1667）在南京刊行的《尺牘新鈔》、《藏弄集》，至於《新語》，則指的是徐士俊、汪淇於康熙二年（1663）在杭州刊刻的《尺牘新語》〔註105〕。進而言之，黃、王兩人不僅對順治、康熙兩朝之交的尺牘文學流變作出精練概括，也指出了杭州在尺牘文體刊刻上的重要地位，鑒於此，《尺牘初徵》一書，可以確定爲李漁寓居杭州時代的作品。

《尺牘初徵》共分 12 卷，粗略統計，所選人物有姓名者 203 人，所選尺牘計 677 篇，其中可以考證籍貫爲杭州者計 61 人，共選尺牘 223 篇。在全書比重上，杭州士人數目和尺牘總量，大體皆占 1／3，如果加上那些移居、寓居及宦居杭州的外地士人，與杭州相關的作者、作品在全書的比重會更大。進而言之，倘使再加上杭嘉湖地區乃至浙江全省的話，該書中全國其他地區作者、作品的比重，恐怕將不及全書的 1／5。據此，筆者認爲《尺牘初徵》一書是研究明清之際浙江士人，尤其是杭州士人生活網絡的珍貴文本。

從內容上看，一方面，該書所選作者不拘階層、性別、信仰，明清交替時期的兩代朝中大臣，如晚明的王錫爵、倪元璐、錢謙益，清初的王永吉、呂宮、魏裔介等，在野文人如晚明的艾南英、陸雲龍，清初的陸圻、胡介，不分政見立場並有收錄，閨秀有吳栢、俞桂，僧人有釋道忞、釋通琇（即順治帝師玉林）、釋正嵒等，可以說搜羅人群相當廣泛。另一方面，從實用角度出發，李漁將所選作品分爲慶賀、慰唁、饋遺、飲宴等 33 類，每類下又細分爲若干條目（有的多達十數條），對此，該書凡例中說：「查類之法有綱有條。先閱綱目，看所查之事在何類之中，次閱條目，認定所查之事在某類某條之

〔註104〕單錦珩：《李漁杭州交遊考略》，《杭州師範學院學報》1991 年第 5 期；黃強：《李漁移家金陵考》，《李漁全集》第 20 卷，浙江古籍出版社 1991 年版，第 415 頁。
〔註105〕黃容等：《尺牘蘭言》，四庫禁燬書叢刊，集部第 35 冊，第 165 頁。

下。每查一首，但取書中心縫一揭，便在目前，不煩再撿第二葉矣……然此皆爲淺學者設，若夫名通弘博之士，焉用稽查，並總目而去之可也」〔註106〕，這一體例的存在，目的在於便利文化程度較低的購買者使用，具有明顯的商業營銷意圖。但同時代周亮工的《尺牘新鈔》，以及後來徐士俊等的《尺牘蘭言》等書都沒有採用這種的分門別類之法，《尺牘新鈔・選例》對此做法更明確批評說，「倘欲借文淺陋，自有合俗簡編」〔註107〕。無疑，李漁的這種商業化做法，和一般士人的尚雅傾向頗有牴觸。不僅如此，李漁還在該書中收錄了和尺牘有關的評點以及自己的大量尺牘，這種做法，在晚明書坊頗爲流行，意在通過品評來擴大編者和作品的影響。李漁敢於採用這些士人圈內頗有爭議的編纂方法，既在於商業利益的驅動，更因爲其本人有著不拘雅俗的文化觀念。

需要注意的是，該書在編纂上略顯粗疏，有時目錄、正文不相符合，如卷 7 目錄裏沒有汪煉南、周損、韓敬等 3 人，正文裏卻收入了他們的尺牘；有時同一卷中某個作者多次出現，如卷 11 陸運龍先後 4 次出現，但他的尺牘卻沒有放在一起，這一問題的出現和李漁的編輯方式有關，「若是編徵到名稿，隨錄隨刊，不分次第……總以所得之先後爲序，初無殿最於其間也」〔註108〕。不得不說，這種以稿源爲中心的粗放編纂方式，雖然使得該書編輯水平有所下降，但卻恰恰有利於我們觀察文本的最初形態和編者所處的社會環境。

還要說明的是，《尺牘初徵》一書雖然在內容上重今略古，所選書信多爲當時的名流顯宦，沿用了晚明以來出版人的慣用做法；但同時，又有著明顯的地域特徵，有學者業已指出此書「贈答者，杭人特多」〔註109〕。該書的這種地域特徵，與李漁長期流寓杭州有著直接關係，前人對李漁生平的研究，成果頗多，其中以單錦珩、黃強等人的考證較爲突出，他們的《李漁年譜》、《李漁交遊考》、《李漁交遊考辨》和《李漁交遊再考辨》等文章基本釐清了李漁在杭州的生活史，正可說明這一問題。李漁在杭州先後寓居兩次，一次是順治七年（1650）至康熙元年（1662）左右，另一次是康熙十六年（1677）

〔註106〕 《尺牘初徵》，第 503 頁。

〔註107〕 周亮工：《尺牘新鈔・選例》，中國文學珍本叢書第 1 輯第 6 種，上海雜誌公司 1935 年版，第 3 頁。

〔註108〕 《尺牘初徵》，第 503 頁。

〔註109〕 黃強：《李漁《古今史略》、《尺牘初徵》與《一家言》述考》，《文獻》1988 年第 2 期。

至康熙十九年（1680）病逝，此外，在其遊歷四方的過程中也多次到過杭州，以至於當時名流吳偉業贈詩時稱他「武林李笠翁」，甚至後來李垣所編《國朝耆獻類徵》中的李漁傳記誤以其爲「錢塘人」，更值得一提的是，入贅李氏之婿沈因伯也是杭州人。在這多年的杭州生活裏，他和當地士人交往頗多，譬如陸圻、毛先舒、孫治等「西泠十子（又作西陵十子）」，大多與其成爲好友，而且宦居杭州的官員，如張安茂、王元曦等也多對其頗爲賞識，可以說，杭州對李漁一生影響甚大，而他在該地自然也有著深厚的人際網絡。

二、杭州士人網絡的構成

前文說過，《尺牘初徵》一書有著明顯的杭州地域特徵。通過考察與杭州有關的這些作者，並閱讀他們的尺牘，我們可以發現，這些人在日常生活中交往密切，相互間有著縱橫交錯的聯繫，從而構成一個龐大的社會網絡。爲了認識和把握這個網絡，本文有必要對其內部構成進行分析。

（一）官宦世家和功名士人

杭州的士人網絡中存在著不少官宦世家和有科舉功名的士人。海寧陳家，稱得上是這類人的代表，雖然在清代康、雍年間達到鼎盛，晚明時代陳氏已經成爲官宦世家，其奠基人即是陳與郊〔註110〕，《尺牘初徵》共 2 次選入其尺牘，計 18 通，數量頗大。陳與郊在萬曆年間歷任多科給事中，官至太常少卿，不過官聲不佳，與東林黨人嫌隙頗多，《萬曆野獲編》更記載其爲「八狗」之一〔註111〕；然而，另一方面，他著述豐富，經史子集皆有作品行世，更是較有實力的戲劇家，《曲品》評價其劇作爲「中之中」〔註112〕。不難發現，陳與郊在晚明士林是個較有爭議的人物，即便如此，該書又選入了陳氏孫輩陳之遴尺牘 1 通，可以推測，《尺牘初徵》一書得到了陳氏家族的有力支持。海寧陳家以外，被錄入《尺牘初徵》中的還有海寧的查氏（選入查繼佐）、仁和的柴氏（選入柴紹勳、柴世基）、餘杭的嚴氏（選入嚴沆）等，這些家族在

〔註110〕 孟森：《海寧陳家》，《明清史論著集刊正續編》，河北教育出版社 2000 年版，第 486 頁。

〔註111〕 沈德符：《萬曆野獲編》補遺卷 3「山人蜚語」條，中華書局 1959 年版，第 973 頁。

〔註112〕 吳書蔭：《曲品校注》卷上「陳與郊」，中華書局 1990 年版，第 94～99 頁；按：《欽定續文獻通考》卷 152、160、162、187、194、197、198 著錄了陳氏的各類著作。

明末清初變革中雖然頗有沉浮，但或主持士人結社，或倡導詩歌文藝，在杭州士人中都產生了很大影響，不再詳述。

與官宦家族相比，有科舉功名的士人顯得更爲普遍。既存在像錢塘人黃澍這樣，歷仕明清兩代，官至湖北巡撫的達官顯貴，然而更多的是科舉獲雋，仕途平平的一般士人，譬如繆沅（錢塘人，吏部主事，崇禎十年進士）、姚玄瑛（錢塘人，戶部主事，順治四年進士）和朱京琦（仁和人，順治十五年進士）。粗計之，《尺牘初徵》一書中可考爲杭人者 61 位，有科舉仕途經歷者 20 餘人，達 1／3。這一局面的出現，既可能是李漁出於現實利益需要對這些士人的刻意迎合，也可能是他們在當地社會影響較大所致。

（二）書香門第和名士群

書香門第和名士群，是杭州士人網絡的另一個重要組成部份，數量也相當可觀。錢塘陸氏、仁和卓氏，可謂杭州書香門第的代表，《尺牘初徵》一書就收入了兩者的不少尺牘。錢塘陸氏選入陸運昌（父），陸圻、陸堦、陸堦（子），共 4 人，計選入尺牘 20 通，其中陸圻 16 通；仁和卓氏則選入了卓發之、卓回、卓天寅 3 人尺牘 4 通，其中卓發之和卓天寅是直系祖孫，卓回是發之從子〔註113〕。明清之際，陸氏在杭州頗負盛名，「陸堦字梯霞，父運昌與叔鳴時、鳴煒有名當世，號龍門三陸；而堦兄圻及培，並以文章領袖一時，復號三陸」，而陸堦，「字左城，錢塘人運昌子，爲文沉博絕麗諸兄，餼於庠，是時文社飆舉，堦繼起爲諸生祭酒」〔註114〕。不止於此，陸氏父子在當時日漸興盛的士人會社中也發揮了很大作用，《復社紀略》的浙江錢塘條中就有陸運昌、陸鳴時、陸鳴煒兄弟三人，而陸圻兄弟更是杭州登樓社的領袖和重要成員〔註115〕。和錢塘陸氏相仿，仁和卓氏中，卓天寅之父卓人月和堂兄弟卓發之也都參加了復社，卓氏爲宦門之後，頗有資財，家有園林：「方水（卓回）家唐棲，爲明月波光祿之孫，光祿有別墅曰東園，中構樓曰大空、曰梅花軒、曰茶癖堂、曰眾白，其堂顏壁畫，皆董思翁（董其昌）手筆，左右花木交蔭，闌楯周接，

〔註113〕潘承玉：《清初詩壇：卓爾堪與遺民詩研究》，中華書局 2004 年版，第 1 章第 8 頁。
〔註114〕雍正《浙江通志》卷 178，《文淵閣四庫全書》，第 524 冊，第 13、15 頁。
〔註115〕陸世儀：《復社紀略》卷 1，續修四庫全書，第 438 冊，第 488 頁；朱倓：《明季杭州登樓社考》，《明季社黨研究》，商務印書館 1945 年鉛印本，第 234～259 頁。

無不妍巧」；這些園林成為士人的聚會之地，也為卓氏帶來了美好聲名，「卓天寅字火傳，仁和人。順治十一年副貢，家有傳經堂、月波樓、杜若舟，藏書數萬卷，四方士至，皆館穀讀書其中。領袖風雅，詩宗盛唐，著述等身，名滿天下，家於唐棲，里中清流寺、升元觀亦天寅所建」〔註 116〕。此外，卓氏還是杭州詞學的倡導者，卓人月輯有《古今詞統》16 卷，卓回則輯有《古今詞匯》12 卷，這對清初詞的興盛頗有助益。需要說明的是，官宦世家和書香門第並不是涇渭分明的，兩者的差異可能只在於科舉和仕途上所獲成功之高低，對地方社會而言，兩者還會相互轉化，例如上文提到過的仁和柴氏在明代中後期科舉興盛，達官亦多，在杭州可謂官宦世家，入清後式微，成為只是詩書傳家的書香門第了，餘杭嚴氏則恰好與之相反。

　　名士群的形成，既受晚明思想變化的影響，更和晚明杭州會社的繁盛關係密切。《尺牘初徵》一書裏與當地讀書社、登樓社，以及復社存在關係的杭人很多，而不是僅限於陸氏、卓氏這類書香門第，譬如，該書選入了「西泠十子」中孫治、毛先舒等人的尺牘，他們參加了明末杭州的登樓社〔註 117〕。這樣，從明末直到清初，以登樓社成員為中心形成了人數眾多的杭州名士群，書中所選入的徐士俊、范驤、胡介、李式玉、陸進、陸雋、關鍵、諸九鼎等等都可歸屬於這個群體，而此種狀況的產生正與登樓社的歷史地位密切相關。登樓社在明清交替時期的杭州會社中，一方面承接當地小築社、讀書社之衣缽〔註 118〕，另一方面又與復社以及後來的十郡大社等互通聲氣，所以杭州士人多不能不與其發生一定聯繫，例如書中所選的陳參，即是讀書社重要成員江浩的門人。顯然，我們也不能過於強調會社的功能，士人組織本身相當鬆散，個人私誼在社會網絡中發揮的作用時常會更大，比如陸圻和孫治，他們的姻親關係使得兩人間的情誼相比西陵十子其他成員也更為深摯。

（三）商業化文人

　　存在一些從事書籍出版的商業化文人，是晚明士人網絡區別於其他社會網絡的顯著特徵，杭州也是如此，《尺牘初徵》一書就選入了何偉然、陸運龍、

〔註 116〕　《復社紀略》卷 1，第 489 頁；《兩浙輶軒續錄》補遺卷 1，續四庫第 1687
　　　　　冊第 262 頁，民國《杭州府志》卷 145，中國方志叢書，臺北成文出版社華
　　　　　中 199 號，第 2753 頁。
〔註 117〕　《明季杭州登樓社考》，《明季社黨研究》，第 234～259 頁。
〔註 118〕　《明季杭州讀書社考》，《明季社黨研究》，第 208 頁；謝國楨：《明清之際黨
　　　　　社運動考》，中華書局 1982 版，第 177 頁～183 頁。

李漁等參與出版業的文人之尺牘。陸雲龍，錢塘人，是明清之際杭州頗爲著名的出版商，近年學者對其已有相當研究，陸氏在天啓年間創辦翠娛閣書坊（字號爲「崢霄館」），其代表作有《十六名家小品》、《型世言》、《明文歸》等〔註119〕。陸雲龍被選入尺牘17通，其子陸敏樹則有9通，而陸氏子也是翠娛閣評選工作之成員，可見陸氏家族與出版業關係之深。另一位出版家何偉然，仁和人，被選入尺牘10通，據今人考證，曾居於金陵，設書坊梨雲館，代表作有《快書》（與閔景賢合作）、《廣快書》（與吳從先合作）、《四六霞肆》等，何偉然和陸雲龍關係密切，是同社友人，何氏爲《十六名家小品》作序並稱陸雲龍爲「余社伯陸雨侯（陸雲龍字）」〔註120〕，而且兩人所刊刻作品風格相似，四庫館臣對此批評甚屬，「（《十六名家小品》）每篇皆有評語，大抵輕佻猥薄，不出當時之習，前有何偉然序，偉然即嘗刻廣、快書者，宜其氣類相近矣」，「（《快書》）是編割裂諸家小品五十種，匯爲一集，大抵儇薄纖佻之言，又多竄易名目」，又「（《廣快書》）初刻快書五十種，與閔景賢同訂，茲又以五十種廣之，同訂者吳從先也。所採皆取明人說部，每一書爲一卷，卷帙多者則刪剟其文，立名詭異……而快書百種最下最傳，蓋其輕儇佻薄，與當時士習相宜耳」〔註121〕。既然出版業的作爲可以影響士風，這些商業化的文人在杭州士人中的作用就難以低估了。李漁對他們的尺牘選入如此之多，對其編纂風格自然也有所沿襲，前文已有探究，不再贅言。值得注意的是，開設書坊、刊刻書籍的士人雖然不多，涉入其中，參與點校、評定等工作的卻很多，譬如《尺牘初徵》中沈宜民，「仁和人，富陽諸生」，就曾參與點校了《籌時要略》一書，類似的情形在當時還相當普遍。

〔註119〕 胡玉蓮：《陸雲龍生平考述》，《明清小說研究》2001年第3期。近年相關論著頗多：顧克勇：《書坊主作家陸雲龍兄弟研究》，中國社會科學出版社2010年；雷慶銳：《晚明文人思想探析——型世言評點與陸雲龍思想研究》，中國社會科學出版社2006年；井玉貴：《陸人龍、陸雲龍小說創作研究》，中國社會科學出版社2008年。

〔註120〕 《陸雲龍生平考述》，《明清小說研究》2001年第3期；雷慶銳：《晚明文人思想探析——型世言評點與陸雲龍思想研究》，中國社會科學出版社2006年版，第1章第10頁。

〔註121〕 永瑢等：《四庫全書總目》卷193集部46總集類存目3，中華書局1965年版第1765頁；《四庫全書總目》卷134子部44雜家類存目11，第1138頁。

（四）方外和士女

晚明士人對方外的僧人和身爲女性的閨秀，頗爲關注和包容，李漁也繼承了這一點，雖然《尺牘初徵》選入的不多，卻很有探究的必要。該書選入方外僧人共 6 人，我們擇要予以考察，先是釋道忞，據載，「字木陳，潮陽林氏子。甫冠棄弟子員，爲天童密雲悟和尚嗣，悟示寂，遂繼席天童。順治己亥（1659），世祖章皇帝遣官徵至京，住齋宮萬善殿，結冬開堂，勅封弘覺禪師」，又「道忞字木陳，號山翁，廣東潮州人，本姓林，海鹽金粟寺僧，著《布水臺集》」〔註122〕。前引寧波天童寺爲江南著名禪院，晚明時的住持圓悟，「號密雲，宜興蔣氏子，受衣拂於龍池，說法金粟、天童最久，大闡宗旨，爲緇流領袖，崇禎中賜紫衣」；而道忞生於明末，爲圓悟法嗣，與當時名士如錢謙益、胡介等交往頗多，更在順治末被召入宮廷，可說是明清交替時期的重要人物，再從其文集《布水臺集》來看，他和杭州僧人及士人均有一定交流〔註123〕。

與道忞經歷類似的釋通琇，即玉林，順治末被封國師，在後世聲名遠著，曾住杭州天目獅子正宗禪寺，其徒行森更長居杭州龍溪庵，和杭州士人產生關係也在所難免。尤需注意的是，《尺牘初徵》還選入了杭州籍僧人釋正嵒的尺牘，計 2 次 11 通，而前述道忞、通琇兩人合計不過收入 9 通。據今人研究，正嵒（1597～1670 年），本姓郭，字豁堂，號隨山，又號菽庵、藕漁（又作耦餘）等，晚稱南屛隱叟，浙江仁和人，幼入靈隱寺爲行童，先後主橫山、靈隱、淨慈等寺。詩畫俱優，山水師元四家。卒年七十四，兼通釋儒，有詩文、語錄、偈頌等行世〔註124〕。正嵒入清時年已近半百，所交士人亦多，《續修雲林寺志》中既收錄其語錄《豁堂法語》，又有《書冷泉送別詩後》、《與許借庵居士》等文涉及他和世俗友人的交誼，而近人趙尊嶽所編《明詞彙刊》還輯有《豁堂老人詩餘》一卷，評價其詞作清新有致，不遜古人。至於釋明方、

〔註122〕雍正《浙江通志》卷 200，第 524 冊，第 411 頁；《兩浙輶軒續錄》卷 51，《續修四庫全書》，集部第 1687 冊，第 130 頁。

〔註123〕嘉慶《重修大清一統志》卷 89，影印四部叢刊續編本第 4 冊，常州府第 18 面；《布水臺集》，四庫未收書輯刊本，第 5 輯第 30 冊。

〔註124〕錢仲聯等：《中國文學大辭典》（修訂本），上海辭書出版社 2000 年，第 1208 頁；方志恩：《明代詞僧釋正嵒生平事蹟繫年》，《東方人文學志》（臺灣），第 2 卷第 3 期；何廣棪：《明季詞僧釋正嵒及其豁堂老人詩餘》，《中國俗文化研究》第 4 輯，巴蜀書社，2007 年。

釋道盛、釋通容等三位僧人，亦爲明清之際士人所稱許，不再贅述。不難看出，這些僧人在江浙士人中頗爲知名，然而只有士人階層和僧侶間存在非同尋常的聯繫，才會出現這種狀況，容待後文再議。

明清之際，閨秀文學一時興盛，近年來引起了研究者的熱切關注〔註125〕，《尺牘初徵》也選入了少量女性尺牘，這些作品的內容主要涉及家庭內部父女、夫妻、姊妹間的日常生活。該書對 4 位女作者皆有簡單介紹，除明末刑部主事沈泓之母宋氏爲華亭（今上海）人外，其餘皆爲杭州人，其中吳栢（字栢舟）被選入尺牘最多，目錄爲 3 通，實爲 3 組 8 通，文中小注說，「仁和人，吳太珠女、陳大生婦」〔註126〕，過於簡略；而陳維崧《婦人集》則記載頗詳，「錢塘女子吳栢未嫁而夫卒，栢衰麻往哭，遂不歸母家，苦節十餘年，遘疾夭歿，所著有〈栢舟集〉數卷，詩極鍛鍊，詞尤富而長調更絕工，不減徐夫人湘蘋（徐燦）也，古文尺牘在明暎之上，眞奇女子矣」。至於秦氏、俞桂兩人，以後者事蹟較著，「仁和俞瓊英，詩文才一十六篇，才思頗清綺，遇合抑塞，年二十而夭」，「錢塘毛先舒有《閱俞瓊英集》詩云：宋玉眞愁客，江淹本恨人。何當誦遺稿，霜鬢又添新」〔註127〕。前引中的毛先舒爲西陵十子之一，不難看出，這些杭州女性的成名與士人的品評密切相關。不僅如此，閨秀文學的繁盛更是產生於士人的家族網絡中，前述之杭州士人嚴沆妻王芳若有《紉餘集》，陸圻女陸莘行有《秋思草堂集》，陳之遴女有《佟陳氏稿》，其他如陸進繼妻邵斯貞有《巢青閣遺集》等等〔註128〕。此背景下，康熙初年，杭州女性詩社——蕉園詩社也就應運而生了。可以說，士人網絡孕育和支撐著閨秀文學，而閨秀群體也成爲士人網絡的重要構成。

（五）流寓

值得注意的是，《尺牘初徵》所選入的作者中不少人以宦居、寓居甚或寄籍的方式加入了杭州的士人網絡中。宦居者主要指在杭州任官的人，如浙江平湖趙維寰，萬曆間署海寧教諭；山東披縣王元曦，順治十三年（1656 年）

〔註125〕 相關著作可參考：高彥頤《閨塾師：明末清初江南的才女文化》，江蘇人民出版社 2005 年；曼素恩《綴珍錄：十八世紀及其前後的中國婦女》，江蘇人民出版社，2005 年。

〔註126〕 《尺牘初徵》，第 664 頁；《婦人集》，商務印書館 1936 年，第 59 頁。

〔註127〕 《婦人集》，商務印書館，第 30～31 頁；《全浙詩話》卷 52 國朝，續修四庫全書第 1703 冊，第 732 頁。

〔註128〕 民國《杭州府志》卷 94，中國方志叢書，第 1829～1830 頁。

任浙江巡按御史；江南青浦張安茂，順治十年（1653年）任浙江提學道〔註129〕。寓居者指在杭州居住過較長時間的人，譬如明末的張思哲，「字邁遠，家北平，崇禎間官鄧州知州，遭亂去官，挈家至錢唐，隱於湖上」〔註130〕。寄籍者是指獲得杭州戶籍的外地士人，這類人以徽州人居多，如黃澍「錢塘貫，休寧人，國朝湖北撫巡（巡撫？）」、朱高治「字培宗，錢塘人，歲貢生，原籍新安」、程光禋「字奕先，新安人，寄籍錢塘，順治辛卯（1651）舉於鄉」〔註131〕等。

三、杭州士人網絡的建構和影響

從上文之考察，我們不難看出杭州的士人網絡是由功名士人與官宦世家、書香門第及名士群、從事出版業的文人和方外僧人、閨秀等組成的社會關係複合體。這也呈現出了該地區士人網絡的大體面貌，但如果要深入探究士人群體與網絡間的相互作用，士人的構成如何整合為網絡，我們不妨以《尺牘初徵》編者李漁的角度為主進行分析。

（一）地位、聲望、財富和社會網絡

士人作為一個階層，內部分化為官宦世家、書香門第，或功名士人、名士、從事出版業的文人，由於地位、貧富、聲望等方面的差別，很容易讓人產生這些不同群體間相互交往上隔閡較多的見解。不過，從明清交替時期的社會交往來看，這種隔閡在文化上的表現並不明顯。前文說過，《尺牘初徵》的書信被歸為33大類，這些類別把當時的社會交往分為慶賀、慰唁、饋遺、飲宴、造訪、迎送、期約、音問等等，通過閱讀各個類別下的書信，我們可以發現，日益豐富的社會交往使得上述士人內部的不同群體獲得頗多交流，進而以若干士人為中心構建具體的社會網絡，在此過程中，聲望、地位、財富等因素起到了橋樑的作用。

該書收入編者李漁本人書信15通，其中有4通是和杭州、南京現任官員來往的書信。作為布衣，李漁能夠使官宦對自己折節交往，很重要的因素就是

〔註129〕雍正《浙江通志》卷121，四庫全書本，臺灣商務印書館，第522冊第235、246頁。

〔註130〕楊鍾義：《雪橋詩話續集》卷1，北京古籍出版社1991年版，第48頁。

〔註131〕民國《杭州府志》卷108第2108頁，卷140第2671頁；《重修兩浙鹽法志》卷25商籍2，續修四庫全書，第841冊第563頁。

李氏的聲名，他談到和杭州官員王元曦的交往說，「非有半面之緣、一函之紹，只以雕蟲末刻流瀆見聞，謬廁神交之列，遂蒙特達之知，每見當途貴遊，輒道李生不去口」〔註 132〕，從中我們獲知，王氏對李漁的看重在於他的文學名聲，並且還積極向其他官宦介紹。這種情況在士人內部的交往中相當常見，不難看出聲望在士人網絡中有著顯著的媒介作用。進而言之，單錦珩在《李漁交遊考》中說李漁所交人物，「官員與布衣約各占一半」，「官員現任者多，退職者僅占十一」〔註 133〕，這一點在其杭州交遊圈中得到充分體現：單氏又有《李漁杭州交遊考略》，考得人物 92 人，其中治所在杭州周圍的現任官員計 35 位，上至巡撫、下及知縣等，皆有交往〔註 134〕。這樣，在士人的社會網絡中，擁有功名、權力的官宦和具有聲望的布衣在一定意義上實現了結合，甚至某些情況下後者會成為前者的依附。仍以李漁為例，身為一介布衣，他與官員來往之密切明顯超出了普通士人，這與其曾為山人、清客的經歷有關，出於維持家計之需要，李氏從生活家居到文章娛樂等多方面為很多官員提供過建議和指導，而且也有過入幕為賓的經歷〔註 135〕。這些官員就成為李漁生活與事業上的贊助者和庇護人，譬如李氏《無聲戲》二集的出版就得到了浙江布政使張縉彥的幫助。《尺牘初徵》一書對這些官員的書信多有收錄，例如上文提到的王元曦、張安茂，順治中在杭州任職，皆對李漁頗為賞識，類似的人還有紀元、趙時揖、范印心等等，而成書於順治末的《尺牘初徵》極可能也得到了這些官員的幫助。同樣，李漁和杭州的官宦世家自然也有交往，前文提到的海寧陳家的陳之遴、餘杭嚴氏的嚴沆都和他有宴遊、酬贈之往還。

李漁的生活中，在聲名對其社會網絡構建的同時，財富也通過該網絡實現了流轉。《尺牘初徵》中，李氏書信有 8 通涉及到士人間物質利益的來往，如《與衛澹足侍御》中衛氏對李漁的「什物之賜」，《柬孫豫公》中李漁向孫氏索取百觔鹿角，以及在《柬趙聲伯》中李漁請趙氏為其留意「數椽小屋」等等〔註 136〕。

〔註 132〕 李漁：《與衛澹足侍御》，《尺牘初徵》，第 674～675 頁。

〔註 133〕 單錦珩：《李漁交遊考》，《李漁全集》第 19 卷，浙江古籍出版社 1991 年版，第 133 頁。

〔註 134〕 單錦珩：《李漁杭州交遊考略》，《杭州師範學院學報》1991 年第 5 期。

〔註 135〕 徐保衛：《杭州的「寇警」與南京的「妖氛」——再論李漁的「游蕩江湖」「打秋風」》，《江蘇社會科學》1995 年第 4 期；劉慶：《李漁交遊淺論》，《戲劇藝術》2002 年第 4 期。

〔註 136〕 《尺牘初徵》，第 674～677 頁。

　　另一方面，李漁交遊圈中，和官員人數相當的是杭州本地之文人，這是他社會網絡不可或缺的部份。李氏文學聲望的獲得和擴大，和這些頗有影響的士人及其門第密切相關。前引《李漁杭州交遊考略》考得此類人計 36 位，這些人大多沒有科舉功名，但在當時文壇皆有一定聲望，筆者認爲他們可歸入前文所說的名士群和書香門第中。李漁順治初移家杭州，時年 40 歲，寓居 10 餘年後才遷往南京，其間創作戲曲《憐香伴》、《風箏誤》、《意中緣》、《蜃中樓》等數種，完成了小說《無聲戲》（共兩集），聲名鵲起，在文壇獲得了較大聲譽，而且其出版事業也開始起步。十數年間，李氏結交杭州名士頗多，既有西泠十子這樣的名士群，也有像錢塘陸氏一類的書香門第。李漁還在一定程度上參與了他們的會社活動，故時稱同學、社友，而這些名士或爲其戲曲作序，或爲其文章作品評，構成了李氏聲名廣播的支持網絡，《尺牘初徵》一書所選入的毛先舒，陸圻、陸堦、陸埌兄弟，孫治，胡介，張祖望，徐士俊，陸進等人都屬於這一群體。

　　相比於官員，李漁和名士群的關係直接影響到當時和後世對他的評價，雖然江南士人有袁于令、董含等人對李漁人格頗有惡評，認爲「李漁性齷齪，善逢迎，遊縉紳間，喜作詞曲小說，極淫褻」，「其行甚穢，眞士林所不恥也」〔註137〕，但杭州名士中卻幾乎沒有這類聲音，反而多有讚揚之聲，如孫治在爲李漁戲劇集題寫的《李氏五種總序》中說，「余往觀優，有《憐香伴》者，雅爲擊節，已又得《風箏誤》本，讀而善之，客有識李生者曰，是乃笠翁李生所爲作也。余以爲其人必嶔崎歷落不可一世，與之周旋，又胡溫然善下退讓君子，乃發其藏，前後共得五種，余既卒業而歎曰：嗟乎，子其以周、柳之製寫屈、馬之韻耶？」〔註138〕從孫氏所言可見，他和李漁的相識也是由其文學聲名所起，漸而知李氏爲溫文君子，最後還盛讚李氏詞曲可與屈原、司馬相如媲美。李漁同時代，江南士人和杭州名士兩者間關於其人品和文學存在極端對立的評價，正可說明士人聲望對社會網絡的依賴，李漁和杭州士人群體間良好的關係維護著他的聲譽。

（二）商業化的寫作和出版

　　李漁多年寓居杭州，所交士人多以賣文爲生，當地更是全國出版業重鎮，這促使李氏加入了文人的商業化隊伍中。而他聲望的獲得，恰恰主要來自於

〔註137〕袁于令：《娜如山房說尤》，轉引自《李漁全集》第 19 卷，第 310 頁。
〔註138〕孫治：《孫宇臺集》，四庫禁燬書叢刊，集部第 148 冊，第 722 頁。

其文學作品和出版事業。前文已經說過，《尺牘初徵》採用了不少晚明書坊的商業化手法，尤其值得注意的是評點和徵稿。晚明到清初，各類出版物幾乎都存在評點的現象，並且逐漸出現了名流個人評點（如李贄、金聖歎）、群體聯合評點等不同類型。在李氏的作品中以後者更爲突出，以《李漁全集》所收《笠翁文集》卷2來說〔註139〕，文章中計有李硯齋、王安節、王宓草、王左車、梁承篤、錢牧齋、佟碧枚、陳天游、吳念庵、黃無傲、毛稚黃、顧梁汾、倪闇公、江晚柯、周房仲、朱修齡、張壺陽、顧且庵、孫宇臺、嚴灝亭、方樓岡、吳梅村、尤展成、范文白、方紹村、倪服回、陸麗京、張半庵28人參與評點，對這些人物生平進行考察後，可以發現，其中既有錢牧齋、吳梅村這樣全國性的士林領袖，又有屬於江淮和吳中士人圈的尤展成、顧梁汾、倪闇公、方樓岡等，但主要是屬於杭州士人圈的黃無傲、毛稚黃、孫宇臺、嚴灝亭、范文白、陸麗京、張半庵等人〔註140〕。至於評點的內容，都是鼓吹和讚揚作者詩文、品格等方面的文字。概言之，李漁通過請人評點自己的文集，一方面加強了自己的文學聲名，另一方面也對自己的社會網絡進行了擴張，而不止局限於杭州以及浙江地區。在這裡，評點書籍成爲了社會網絡構建的重要手段，也只有商業化出版的時代才能提供這一機遇。

同樣，編輯書籍時的徵稿過程也能對社會網絡的構建很有幫助，在編纂《尺牘初徵》一書的過程中，李漁和江浙爲中心的各地士人多有來往，從而將其個人交遊推至高峰。利用這一廣闊空前的個人社會網絡，李氏又推出了《尺牘二徵》，而且加入了不少《尺牘初徵》裏所沒有的名流，如曹爾堪、杜濬、吳偉業等人的尺牘〔註141〕。這個不斷擴大的網絡，和李漁的出版事業相得益彰，他後來出版的《四六初徵》、《名詞選勝》等書均不能與此無關。

總之，在這個商業化的士人社會裏，通過寫作和出版等手段互通聲氣、相互標榜變得流行，而士人群體也逐漸整合爲龐大的社會網絡。

（三）方外和閨秀——士人網絡的延伸

士人與僧道等方外人士、閨秀的交往，前代早已有之，但三者間的聯繫在明清之際卻顯得格外緊密：晚明佛教的復興使得士人階層居士化變得盛

〔註139〕李漁：《李漁全集》第1卷，浙江古籍出版社1996年版，第73～152頁。
〔註140〕單錦珩：《李漁交遊考》，《李漁全集》第19卷，浙江古籍1991年版。
〔註141〕黃強：《李漁〈古今史略〉、〈尺牘初徵〉與〈一家言〉述考》，《文獻》1988年第2期，第55～56頁。

行，而士人對女性寫作和閱讀的支持則造就了婦女文學的繁榮〔註 142〕。究其根由，這與士人社會網絡的在社會文化領域的擴張有關，而後兩者在一定意義上也成爲前者的延伸。

具體來說，晚明佛教的復興，使得民間的宗教活動更爲活躍，以杭州人袾宏爲代表的明末四大高僧積極向世俗社會宣傳佛教信仰，他們的弟子中士人眾多，放生會等組織成爲溝通士人社會網絡和宗教力量的橋樑，而士人階層更試圖通過向寺廟的捐贈等方式來確立在地方社會的精英身份〔註 143〕，這兩股潮流的整合使得日常生活中與方外人士的來往似乎變得不可或缺，士人的社會網絡也從而延伸到了宗教領域。在李漁的交遊圈中，方外人士並不少見，據前引單氏《李漁交遊考》可得了義上人、古燈上人、漱上人等十餘人，李氏與方外的交往似乎以詩酒遊玩爲主，涉及宗教信仰的很少。不過值得注意的是，《李漁全集》卷 2 中有《大士宮募田疏》一篇，可見他也被捲入了一般士人的寺廟捐贈活動。

另一方面，晚明出版業的變革和都市文化的發展，使得女性知識群體空前擴大，加上士人階層的支持和包容，以閨秀、名妓爲代表的婦女作家群體得以橫空出世。李漁對於這一潮流甚爲洞悉，他不僅出版了一些與女性有關的出版物如《千古奇聞》等，也積極支持了自己女兒們的文學創作。康熙十七年（1678 年），李漁刊刻了自己的詞集《耐歌詞》，書中有與其女的詩詞唱和之作，他將原作也附於其中，並評論說，「予二女性耽柔翰，頗有父風。好作詩詞，又不屑留稿，如此等詞而隨作隨毀者不知凡幾。雖日女子當然，然亦甚爲可惜」，這種做法並未引起非議，李氏友人吳念庵（啓思）還對其長女淑昭的詞讚揚說，「健筆縱橫，愧煞鬚眉男子」〔註 144〕。由上述可以看出，女性文化的繁榮在很大程度上仰賴於士人階層的支持，士女文學聲名的獲得也主要來自於士人網絡的品評和傳播。

需要補充的是，李漁在杭州時，和當地閨秀馮嫻、寓居者黃媛介等有文字之交，與湖山寺庵之僧侶也多有過往，這對《尺牘初徵》一書的編纂無疑有著明顯影響，李氏選入閨秀、僧人等群體的書信便顯得順理成章了。

〔註 142〕陳榮富：《浙江佛教史》，華夏出版社 2001 年，第 527～530 頁；高彥頤：《閨塾師》，江蘇人民出版社，2005 年。

〔註 143〕卜正民：《爲權力祈禱》，江蘇人民出版社 2005 年，第 30～31 頁。

〔註 144〕李漁：《笠翁一家言詩詞集》，《李漁全集》第 1 卷，浙江古籍出版社 1996，第 385 頁。

（四）社會網絡對個體的一些影響：價值觀和認同

前文已經說過，《尺牘初徵》一書具有不拘階級、不分政見立場的特徵，結合李漁的交遊網絡，不難發現其緣由。作為普通文人，李氏為了生計遊食四方，周旋於兩代官紳之間，身處如此複雜的人際網絡中，面對朝代鼎革所導致的新舊兩代士人對立，他自然會逐漸採取相對模糊的政見立場，這也使其作品能夠超脫明末清初士人間朋黨門戶的訟爭，例如該書選入的溫璜、黃澍兩人，前者在清廷征服江南的過程中為明室死節，而後者卻歸降新朝，並帶兵攻破前者守護的城池，兩者可謂立場極端對立。李漁的這種態度，無疑是其所處社會網絡影響所致。

對於李漁的個人生活而言，杭州時期所形成的社會網絡，不僅使他得以安身立命，他和杭州官員也建立了不錯的私交關係，更與流寓杭州的各地士人，尤其是江淮地區士人得以相識相交。康熙初年，他離開杭州移居南京就得到這些人的大力幫助。因而，李氏逐漸對杭州產生了文化上的認同，定居南京後，李漁所出版的許多書籍題以「湖上笠翁」，如《閒情偶寄·凡例》落款為「湖上笠翁李漁識」；而之前在杭州時，其編寫的《尺牘初徵·徵尺牘啓》則題寫為「西湖流寓客李漁敬啓」，這一名稱變化，從細微處顯示出李漁在文化歸屬感上的變化。這樣，寓居南京十餘年間，「湖上笠翁」在江淮文化圈的成功，自然也拓展了杭州士人社會網絡在江淮地區的影響。

小　結

明清交替時期，在清廷難以充分控制江浙社會的背景下，李漁於順治末年編成的《尺牘初徵》一書，採取晚明時代重視當下文化的價值觀，對易代之際的尺牘文學進行了整理，從側面呈現了當時士人文化的繁榮。筆者認為探究士人所處的社會網絡，正有助於發現這一狀況產生的動因和內在機制。通過對《尺牘初徵》一書的分析，可以看出，這個網絡在很大程度上跨過了階級和等級的界限，是由功名士人與官宦世家、書香門第及名士群、從事出版業的文人和方外僧人、閨秀等組成的社會關係複合體。具體來說，李漁編輯《尺牘初徵》一書時，充分融入了杭州的士人網絡，使得該書成為我們管窺當時浙江尤其是杭州文化的捷徑。同時，從李漁寓居杭州的經驗又可以獲知，個體能夠利用聲名從士人網絡中得到物質和社會等方面的幫助，但與該地名士群間關係的好壞又會影響到其自身的社會聲譽和評價。無疑這一社會

網絡的存在，改變著我們以往對地方社會過於結構化的認識。明清之交的杭州，在日益廣泛的社會交往中，社會結構對士人的規範和隔離，尤其是等級、身份、信仰乃至性別界限在一定程度上被衝破，從而使其社會關係呈現出網絡化的特徵，可以說，士人群體的社會網絡化彰顯著當時社會的活力。

地方性是明清社會的一大特徵，杭州士人在社會關係上所具有的網絡化特徵，也是其內涵之一〔註 145〕。這一網絡實現了杭州地區士人內部各階層之間、文化和商業之間、世俗與宗教之間以及性別之間的良好互動，也使得社會中的聲望、財富和信息等社會資本一定意義上被不同人群所獲取。以流寓者李漁爲例，他與杭州地方官、文人的交往，使其能夠進入杭州並獲得相應的回報。另一方面，該網絡也具有跨地域性，杭州的地方官員、流寓士人等群體的存在，使杭州能夠和其他地區進行信息、聲望等方面的交換，譬如李漁移居南京，某種程度上就加強了杭州和江淮地區的交流。

需要注意的是，我們所說的社會網絡與經濟上的市場網絡雖有聯繫，但更側重於梳理杭州等地域，文化與社會間的互動關係。《尺牘初徵》一書中，杭州的尺牘文學和士人網絡間，無疑就存在著這種關係。

概言之，杭州士人網絡的研究充分說明，從社會網絡入手來探究明清易代之際社會與文化，可以使我們避免分割地看待不同群體在文化建構中的地位和作用，有利於從整體上把握地方社會的內在變化，這值得進一步的嘗試。

第三節　《今世說》和清初杭州士人，1621～1683

通過前文的梳理，我們瞭解到晚明時代杭州社會的網絡化特徵日益凸顯：從日常生活裏的師友會社逐漸發展爲政治、文化性的社團，從鄉里坊巷逐漸延伸至地域都會乃至全國各地，從生活行爲逐漸呈現於制藝、詩文、書信等各類文本上。明亡清興的變革，無疑會嚴重衝擊士人的生活世界，原有的秩序、利益和價值等面臨重構，士風、學風也在積聚著變化。清初的狀況，以往多數學者認爲士人階層受到政治社會因素的影響而劇變，尤其是科場案、文字獄、奏銷案等更將其控制在國家權力之下，這樣，士人力量似乎全

〔註 145〕地方性在明清社會的重要性，在近年來有關全鄉關係、地域文學、區域經濟
　　　　等方面的研究中已有充分展示，無須贅言。

面崩潰而蜷縮於書齋之內。然而，這未免誇大了外部因素對文化的作用，王汎森就認爲以往學者過於強調清政權建立對學術文化轉變的影響，而沒有充分考察晚明文化內在的衰落〔註146〕。

一、王晫與《今世說》

清初的杭州士人社會，由於朝代更替，既有的社會網絡因爲各成員的出處不同而發生變化，一方面，以陸圻等爲代表的會社領袖逐漸淡出，或者隱逸山林，或者遁入空門，陷入悔罪和反思之中；另一方面，以柴紹炳、毛先舒等人爲代表，雖然也不出仕，但仍以較爲積極的態度影響著當地社會，或者考訂經典，或者闡揚理學，與後進士人也保持著較爲緊密的關係。這些變化，勢必帶來士人網絡的重組和利益整合。前一節裏，我們看到黃宗羲曾說及順治年間杭州的後輩對其不夠尊重和親近，也就是說士人網絡代際間存在著一定隔閡。那麼，清初杭州士人網絡究竟表現出怎樣的面貌，我們從王晫的經歷和著述入手進行探究。

前人出於對清初小品文及小說的研究，曾對王晫生平和其著作《今世說》進行過考察，然而由於並未充分利用王氏的文集《霞舉堂集》和《牆東雜鈔》等，還有許多繼續探討的空間〔註147〕。清代史志中有關王晫的傳記頗多，杭州的地方文獻《國朝杭郡詩輯》、《民國杭州府志》、《全浙詩話》、《兩浙輶軒錄》等皆有著錄，而清初的詩文總集如《今詞初集》、《瑤華集》、《本事詩》、《國朝詞綜》等都收有其詩詞，最難得的是《清史列傳》也有他的傳記，這足以說明他在清初杭州士人中是有相當分量的人物。

有關王晫的生平的考證，當前以歐明俊的研究較爲詳實：王晫，原名棐，字丹麓，一字木庵，錢塘（今浙江杭州）人，自號松溪子，人稱松溪主人。生於明崇禎九年（1636），康熙三十八年（1699）仍在世，卒年不詳。父王湛，

〔註146〕 王汎森：《晚明清初思想十論》，第123頁；艾爾曼也認爲，清朝建立後，江南士人開始進行反省，並從道德修養轉向實證研究，而且在晚明黨爭後學術生涯比其仕宦更受人歡迎，見氏著《從理學到樸學——中華帝國晚期思想和社會變化面面觀》（江蘇人民出版社，1995年，第7、11頁）。

〔註147〕 可參考：陳大康《王晫和他的今世說》（《明清小說研究》，1994年第1期），歐陽俊《王晫和他的小品》（《文史知識》，2001年第8期），陳文新《今世說與王晫心態》（《明清小說研究》，1990年第1期）；另外也有學位論文對此有所探究：沈鳴鳴《王晫及其今世說研究》（蘇州大學2001年碩士論文），冷銀花《清代「世說體」小說研究》（暨南大學2007年碩士論文）等。

字澄之，號瑞虹，爲錢塘布衣。生性恬靜，杜門謝客，不與外事。王晫在順治五年（1648）參加縣試，選補爲縣學生。康熙二年（1663），因患咽喉病差點死去，父親令他放棄舉子業，自此以著述爲業，能成一家之言，名滿江南，過往錢塘者多與其往還納交。康熙十三年（1674），父親亡故，他喪葬盡禮，走千里徧告當事能文者，乞爲志傳成帙，名爲《幽光集》，後又作詩《孤子吟》。康熙十七年（1678），有官宦推薦王晫應召博學鴻詞科，被其拒絕。康熙十八年（1679），自製《聽松圖》，遍徵名士爲題詩、詞、曲等多至116則。康熙二十二年（1683），筆記小品集《今世說》結集刊行。康熙二十四年（1685），王晫五十歲生辰，塡《千秋歲》一闋自壽，抒發悠閒曠達的情懷。一時大江南北顯宦名士競相屬和，多達二百三十餘人，盛況空前。康熙三十七年（1698），王氏將上述唱和作品編爲《聽松圖題辭》和《千秋雅調》兩集刊行。晚年，王晫於宅東闢牆東草堂，建樓名「丹樓」，他交遊頗廣，是當時江南文壇的中心人物之一，得到眾多文人的推許，譬如黃周星爲作《木庵說》，朱溶爲作《松溪子傳》，還有人特將《聽松圖》勒石，以期久傳。杭人楊雍建曾說王晫，「以詩文鳴海內者四十年，垂老無所遇，屛居武林門外，著書味道，泊如也」（《聽松圖題辭》序）。王晫著作較多，有《遂生集》12卷、《今世說》8卷、《霞舉堂集》35卷、《雜著》十種10卷、《牆東草堂詞》等，輯有《蘭言集》24卷，又與張潮同編《檀几叢書》〔註148〕。

　　在查閱諸多詞典如《中國寓言大辭典》、《中國文學大辭典》、《中國歷史人物生卒年表》、《中國歷史人物辭典》，我們可以發現今人在王晫籍貫、字號等問題上與歐說多有分歧：王氏籍貫是錢塘或是仁和，丹麓、木庵是他的字還是號。比較各類史料後，我們看到辭書中王晫籍貫不一的原因所在：雖然他在《今世說》卷1自己的小傳中有「王名晫，一字木庵，浙江錢塘人」的說法，看來，應當是錢塘縣人；不過其在《先父文學瑞虹（1606～1674）公行述》中又說：「君諱湛，字澄之，一號瑞虹，世爲仁和人……崇禎丙子（1636），曾叔祖南溟公出守漢州，趣裝赴任，舟已發而盜不知，夜入吾家，恨無所獲，遂縱火……自是家業蕩然。卜居錢塘之城北里」，可以看出王晫家族本是仁和縣籍，後因家遭火而遷居錢塘〔註149〕。另一方面，從王晫在《今世說》中的說明也可斷定丹麓、木庵都是他的字，而且從其文集來看丹麓更爲常用。此

〔註148〕歐陽俊：《王晫和他的小品》，《文史知識》2001年第8期。
〔註149〕王晫：《霞舉堂集》，清代詩文集彙編第144冊，第67頁。

外，關於王晫的卒年，據其晚年的文集《牆東雜鈔》中的兩首詩《七十自述，偶摘杜句迴環用之》、《乙酉四月徐婿則遠北行，詩以送之》來看，他70歲時（1705）仍在世。

關於王晫的家世，歐說也有頗為欠缺的地方，從王氏文集中的數篇家傳來看，王氏一族世居仁和長版巷，母親余氏亦是仁和人，而且「出自素封，遣嫁甚厚」，其父王湛也曾讀書鄉塾，但「名困錢塘鱟籍中」且「積學苦志，老而不遇」；在1636年家族遭遇火災後，王晫之父面對家庭的貧困「單心范蠡、計然之術。夙夜拮据操奇贏，不數年而家漸以起」，此後廣泛交友，「賓朋酬酢之際，必盛必恭。一以坦衷待人，有告之以過者，亦必欣然改容謝。與人期，終始不爽，視人事如己事，為之規畫經理，必竭其智力而後止。故宇內名流及貴公卿，枉舟車而止者，無不嘖嘖瑞虹先生非常人」，不僅如此，還扶危濟困，參與慈善，「關外拱辰橋坍，石久沉水中，□岈參錯，舟楫往來，稍不慎觸之則漏，或有至覆溺者。先君命工人沒水取之，經十數日始盡，商旅至今便焉。他如頹廢之佛祠，欹傾之橋道，空山之老衲，瀕死之饑人，力所能周，罔不踴躍趨赴」〔註150〕，因此，可以肯定的是王晫身處在一個富商家庭，而且有著豐富的社會關係，雖然後來以著述為業，相比一般窮苦士人要好得多。然而遍閱王晫文集，並沒有發現他在學問方面的師承關係，他也對此沒有明確的記載。幸運的是，通過整理他文集中所出現的評注、所選定士人群，我們還是可以觀察到他所處的交往圈，這個社會網絡涉及到的人物應在百人左右，主要是杭州及其周邊的士人，如徐士俊、張祖望、毛先舒、王嗣槐、吳任臣、洪圖光、嚴熊修、黃周星、方文虎，也有蘇松地區的張彥之、孫琮、朱鶴齡、朱溶、顧貞觀等人，從中不難推斷的是，王晫絕非杜門讀書的僻巷文人。

王晫的個人理想應該是生活閒雅奇逸的高士，他在自傳《松溪主人傳》中就很好地塑造出了這樣一個自我，「松溪主人，不詳其姓氏，高山流水之間。松陰蔽日，嘗抱膝坐磐石上，若有所聽而忘倦者……與竹隱君、紫珍道人、大滌山樵最友善，見輒談論移日，或至信宿不厭。其他雖相對終日，不妄交一言也。性不耐飲，恆喜人飲酒，但飲而醉，醉或作灌夫狀，人未嘗不笑而鄙之」，更為有趣的是，王氏還自評說，「鄙語云，近朱者赤近墨者黑，慮其染也。日與世遊，而不為世所染，非中實有所得，惡能自立如此哉！蓋聞陶

〔註150〕《霞舉堂集》，第67～70頁。

之菊、林之梅、米之石，非愛菊梅與石也，皆吾愛吾也。然則主人之與松溪，
其亦性使然歟？」對於這篇傳記，王晫的友人魏禧、徐軌還稱讚可與陶淵明
的《五柳先生傳》、歐陽修的《六一居士傳》並提〔註151〕。概言之，王晫的
生平、理想與交遊，無疑使得其代表作《今世說》的編纂顯得水到渠成。

　　《今世說》編纂於康熙二十二年（1683），文學史研究者將其歸入「世說
體」小說，它的出現有其突出的時代背景，明代中後期以來摹擬《世說新語》
的小說開始復興，在數量等方面都超過了唐宋時代，代表作品有《何氏語林》、
《玉堂叢語》、《初譚集》，清初（指順治、康熙時期）這一編撰熱潮勢頭仍然
高昂，產生了梁維樞的《玉劍尊聞》、李延昰的《南吳舊話錄》、李清的《女
世說》、吳肅公的《明語林》等〔註152〕。需要注意的是，「世說體」小說並不
同於當今的小說，馮爾康先生就將《今世說》歸入「筆記類書」，也把其作爲
清人傳記資料的一種，我們將從這個角度來探討其文本特徵。

　　《今世說》的編撰，目前學者多將其歸功於王晫個人，其實情況相當複
雜。王氏在《今世說・例言》就曾說到該書選錄有同人的同類著作，「一汪鈍
翁太史《說鈴》一書，詞旨雋永，妙並臨川。偶從吳江得見刻本，停舟借錄，
約數十條，意在宏昌宗風，遂忘掠美之嫌」，又「一陸子麗京，向著《西陵新
語》，因暮年寄跡方外，未有全書。令嗣冠周，手授稿本，是集採拾頗多，要
非無據」，又「一丁儀部藥園、孫子宇臺、張子祖望、毛子稚黃、陸子蕙思、
諸子虎南，各出案頭新書，慨然借錄。淘金入冶，集翠成裘，良友佐理之功，
自不可泯」〔註153〕。他的友人丁澎更指出杭州與當時「世說體」的編撰風氣
關係密切，「近梁水部愼可，有《玉劍尊聞》，而吾友陸景宣著《口譜》，徐武
令著《廣群輔錄》，丹麓此書，眞堪媲美。見我武林之學，必原本古人，非安
爲作者也」〔註154〕，不難斷定，王晫編纂《今世說》直接受益於杭州士人網
絡的文獻支持，如果將該書和《西陵新語》等進行比較，應該能夠發現相似
的記述。王氏此書的個人寫作成分較少，主要採取搜集現成材料進行剪裁的
方式來進行，他的友人嚴允肇就說，「其大要探諸序記雜文之行世者，而不敢
妄綴一詞，其詳愼不憚煩如是」，他本人也說，「一是集所列條目，只據刻本，

〔註151〕　《霞舉堂集》，第36～37頁。
〔註152〕　《清代「世說體」小說研究》，第5～9頁。
〔註153〕　王晫：《今世說・凡例》，古典文學出版社1957年版，第13頁。
〔註154〕　《今世說》，第4頁。

就事論事」，「一是集事實，俱從刻本中，擇其言尤雅者，然後收錄。若未見刻本，雖有傳聞，不敢妄列」〔註155〕。

不止於此，王晫還採取徵稿的方式來擴大資料來源，並有出續編的打算，「一昭代右文，名賢輩出，嘉言懿行，固不勝收，而是書止據所見諸集輯成，覽者無罪其不廣也。凡我遠近諸名家，倘以全集見貽，自當細搜續輯，匯訂《今世說補》一書，務期早寄郵筒，庶免遺漏之慮」，這一方式和前一節李漁編纂書信集的做法十分相似，看來是當時出版人的習慣，同時他還尋求刻書贊助者，「一物力艱難，剞劂之資，全賴好事，倘有高賢傾囊解橐，以助棗梨，則闡幽表微，爲德不淺」〔註156〕。

此外，《今世說》的編輯評定又得到了王氏友人的直接幫助，「一汪太史舟次、林使君西仲、毛大令會侯、朱處士若始一見是書，遂相欣賞。品題之下，間有權衡，要歸至當，受益良多」〔註157〕。鑒於以上論述，我們認爲《今世說》書很大程度上應該屬於杭州士人的集體之作，也因爲這一點，該書有其先天的內容局限，毛先舒就評論說，「王子丹麓，著《今世說》，所載大半同時交好，不然亦其所知者也……佳處固多佳，或亦有佳而未免是病者」〔註158〕。

《今世說》選材標準和晚明風習頗爲一致，王晫友人說此書，「品必取其最高，事必取其最奇，語必取其最雋」，但又有所變化，「今去古日遠，士大夫鑒於先代末流之弊，駸駸乎抑遠浮華，敦尚實行，此亦轉移風會之一善機也。是編所載，多忠孝廉節之概，經緯權變之宜，其大者實有裨於國家，有功於名教；至於風雅澹詞，山林逸事，足以啓後學之才思，資藝林之淵藪者，無不表而出之」〔註159〕，可以說經過王朝變革，清初士人對晚明文化已有所反省，風雅奇雋浮華的傾向仍然流行，但理學名教下的「忠孝廉節」漸有壓倒性的優勢。

由於對上述內在轉變缺乏充分的警醒，文學史界對此現象的研究顯得過於強調政治變化的作用，陳文新就認爲，「由少數民族入主中原所開創的一統天下，對於思想的箝制是更爲嚴厲了……就是在這種陰差陽錯的社會背景下，才產生了王晫的特定心態：既有名士的狂傲、俠氣和凄涼心境，又不逾

〔註155〕 《今世説》，第7、12頁。
〔註156〕 《今世説》，第12～13頁。
〔註157〕 《今世説》，第13頁。
〔註158〕 《今世説》，第9頁。
〔註159〕 《今世説》，第7～9頁。

越儒家的道德規範」，進而認爲「在卷一《德行》中，他爲我們記下了許多理學氣味濃厚到窒人鼻息的片斷」；陳大康更從政治角度批判該書是一種自我安慰，「《今世說》不敢從正面直接觸及時事，書中描寫的最多的是一些文士放聲吟嘯於修竹怪石之間，杯盤狼藉地縱酒達旦，或是洋洋灑灑地賦詩作文，爭一字之奇，鬥一言之巧。那一幅幅圖景，與當時籠罩與中國大地的血風腥雨是多麼不協調，然而這不協調的存在卻有其合理性。暴風驟雨般的鼎革之變打破了人們正常的生活秩序，社會的急劇動盪使一些文人茫然不知所措……鬱結於心頭的苦悶、憂愁與憤懣總要尋找宣洩的窗口，於是他們便放浪於山野，縱情於詩酒，或強作清談，或互相標榜……在尋找…一種自我安慰」，我們認爲這些評價忽略了晚明清初的文化連續，因而有著一定的誤讀〔註160〕。

《今世說》在內容上和李漁的《尺牘初徵》一樣，帶有標榜聲氣的餘緒，如載入了王晫家庭三代事蹟，其父王湛 2 條，其子王鼎、王小能各 1 條，他本人則有 16 門 24 條，王氏的解釋是，「一是書原與同人互相參訂，集中所載先君實行二條，皆同人從志傳採入，故名字稱謂，一從本文，非晫敢附於臨文不諱之義也。至晫平生，本無足錄，向承四方諸先生贈言，頗多獎借，同人即爲節取一二，強列集中，實增愧惡」，王晫的友人對此也並不見怪，「至於贈言，同人亦間採一二，爲丹麓寫照焉」〔註161〕。這一做法雖在清初並不鮮見，在清中期卻遭到四庫館臣的批評，認爲該書有「明代詩社餘習」，且「載入己事，尤乖體例」，此觀點爲當代學者所接受，如來新夏先生就批評上述做法爲王晫自我炒作的做法之一，並認爲在書中摻入個人行事是妄作姿態，並非不檢，實屬有意，並顯示出阿世媚俗之態〔註162〕。其實，四庫館臣以來的道德化評論，在某種程度上遮蔽了該書的歷史語境，我們應當充分注意。

最後，需要看到的是，一方面，正如歐陽俊所說，該書取材於現實生活，是當世人寫當世人，在一定程度上反映了清初政治大變革、社會的動盪的特殊歷史時期士人的生活觀念、心態文化和精神風貌，也就是說它具有史實性；另一方面，該書又吸收了晚明小品的特質，在敘述手法和人物塑造上有其刻意的地方，陳文新就觀察到「王晫卻格外關心那些荒臺木末、雲馳雨散、杜宇聲聲、青楓歷歷的令人淒然動心的場景和活躍於這場景中的情懷愴惻的人物……一個善愁的主體鮮明地呈現出來……王晫的愁是名士的愁」，不僅如

〔註160〕見前揭文《今世說與王晫心態》、《王晫和他的今世說》。
〔註161〕《今世說》，第5、14頁。
〔註162〕來新夏：《王晫的自我炒作》，《光明日報》，2003 年 7 月 22 日。

此，《今世說》所表現的人物「就風度而言，蕭散曠遠，雋拔有韻；就人格而言，崖岸甚高，難以企及；就才華而言，亦大多可以入流」，這些「看似隨意地記下一些人物的言行，實則是在構造自我的心靈世界。敘事的格局往往便是其心態的格局」〔註163〕，我們認爲陳氏的分析很有說服力，揭示了此書的主觀性，而這種主觀性正折射出清初杭州士人的一些價值傾向。

二、《今世說》與杭州士人

《今世說》作爲世說體的筆記小說，自然以志人爲主，因爲是「今人寫今事」，所以成爲清初重要的人物傳記資料庫，此後清人史志爲了考稽清初人物往往徵引該書，譬如《明詩紀事》用其考證龔賢、王猷定，《安徽通志》用它考證林雲銘，其他像《己未詞科錄》、《國朝畿輔詩傳》、《吳興詩話》等等也有涉及。當代學者對此有著進一步的認識，陳大康說，「《今世說》言及的清初名流近四百人……但其地區分佈卻是極不平衡；江浙兩省人士所佔的比例高達近 70%，這其中還不包括在這兩省做官或寓居的外省人士。在江浙兩省中，又是浙江籍人士居多……《今世說》的記載是以王晫自己以及活躍在杭州一帶的西泠十子爲中心，然後擴及至其交遊，因此清初不少著名人士在書中就未有隻字記載」，簡言之，《今世說》主要記錄的是江浙名士，尤其是王晫所處的杭州士人網絡。

通過詳細的統計，我們對《今世說》的地域特徵有了更爲確切的認識。沈鳴鳴在《王晫及其今世說研究》中指出，該書計 8 卷 39 門 452 則，共記載 456 人，加上未列籍貫者爲 564 人，其中進士 95 人，舉人 32 人，計 127 人，占總人數 22.6%，這些人物歷天啓、崇禎、順治、康熙四代，涉及 17 個省，其地域分佈見下表〔註164〕：

表 1.8　《今世說》士人地理分佈表

地域	浙江	江蘇	江西	上海	安徽	河南	山東	福建	河北	北京	湖北	陝西	山西	四川	廣東	湖南	17省
人數	167	120	25	23	23	22	16	15	12	8	7	6	4	3	2	2	456人

〔註163〕見前揭文《今世說與王晫心態》。
〔註164〕此處統計數字和表格均源於：沈鳴鳴的碩士論文《王晫及其今世說研究》，蘇州大學 2001 年。

　　沈氏也發現了該書所載人物地區不均的現象，並統計得江浙兩省287人，占63％，其中不包括寓居或做官的人；而浙江最多，計167人，占36.6％。陳大康和沈鳴鳴的統計，使的我們不得不注意《今世說》和杭州士人群體間的關係。因而，下面用圖表整理了該書各卷中所出現的杭州士人〔註165〕：

表1.9　《今世說》所見杭州士人表

卷　目	則　數	相　關	杭人姓氏	備　考
1	40	13	徐旭齡（敬菴）、胡勵齋名亶、嚴顥亭、關六鈴、王瑞虹名湛、毛繼齋（應鎬）、陸麗京、沈去矜、陳際叔、沈匋華、王丹麓、孫幼闇（名宏）朱近修（名一是）、呂翼令名律	陸麗京 1
2	48	14	丁祠部、王瑞虹其子晫、霞舉堂王丹麓、陸麗京吳司李、陸麗京陳際叔、林鹿菴名璐、毛稚黃、毛稚黃諸虎男、許彝千先甲、陸藎思、徐敬輿名敬直、顧且菴名豹文、胡勵齋、許彝千	許彝千 2，陸麗京 2，毛稚黃 2《聽雨叢談》載己未宏詞科徵士題名：許先甲（浙江仁和人，廩監。秦瀛《宏博錄》作許先甲。與試未中。）
3	58	16	吳志伊名任臣吳錦雯、陸麗京吳志伊、吳錦雯徐世巨陸麗京、孫宇臺、楊以齋名雍建、徐野君名士俊呂翼令、王丹麓、吳慶百名農祥、江子九名思令辛酉（1681）舉於鄉、陸儇胡名繁弨、徐武含名汾、張祖望、胡勵齋、陸麗京、柴虎臣	陸麗京 3
4	66	24	丁藥園名澎、徐野君、王丹麓、諸駿男姜眞源（名圖南字彙思）、丁藥園、毛稚黃、盧西寧名琦字景韓、顧且菴、毛稚黃、朱近修丁藥園、張祖望、王丹麓張祖望、吳錦雯、吳錦雯朱人遠、孫宇臺 2、西陵諸名士、陸麗京、諸駿男 3、王丹麓陸藎思、徐武令、許彝千	丁藥園 3 陸麗京 1

〔註165〕　本表是按各卷各則所載人物次序來制定的，表格中的「許彝千 2」指的是許彝千在該卷中出現 2 次；「孫幼闇（名宏）朱近修（名一是）」兩個人名間未加頓號，是因爲他們出現於同一則記載，其他類推。

5	46	20	胡旅堂（名介）龔總憲、王丹麓 2、陸麗京 4、毛稚黃林玉逵、陸拒石、毛稚黃 2、張祖望毛稚黃丁素涵、陸麗京弟左城、胡循蜚、許彝千、卓有枚、吳威卿（名鷹）、章言在（名谷）、王丹麓 2	虞景銘是否為杭人，存在異議
6	76	18	汪然明（汝謙）、吳慶百應薦入京、王丹麓、吳錦雯、毛稚黃、吳舒鳧（儀一）、王水雲常（舟瑤）、吳錦雯張祖望、沈去矜、徐武令、王丹麓顧且菴、陸麗京沈獻廷（士逸）、陸麗京諸駿男張效青、胡彥遠、汪梅坡（名鶴孫字雯遠）、陸麗京沈駿明（名炳）、諸駿男、王丹麓幼子小能 *沈士逸，字逸真，仁和人（沈謙父）	吳儀一，1692 年前後在世，為王士禎所稱，為西泠三子之一，又稱吳吳山，有《吳吳山三婦合評牡丹亭還魂記》；在 1694 年，吳儀一又有批評本《長生殿》。 汪鶴孫，字雯遠，錢塘人。康熙癸丑 1673 進士，改庶吉士，有《延芬堂集》。
7	53	18	朱近修（宋曹）、朱近修〔邱維正上儀〕、沈去矜張祖望、汪魏美妻（渢）、顧若璞（黃寓庸長子文學東生婦）、胡勵齋、范文園名駬文白弟、吳志伊、陸麗京孫宇臺、孫宇臺陸麗京沈去矜、胡循蜚、藍田叔、毛稚黃、陸麗京徐孝先、陸麗京、王丹麓、諸虎男、朱近修	陸麗京 4 朱近修 3
8	61	16	徐大文（林鴻一字寶名）、沈去矜董文友詞、宋禹域（嗣京一稱定山）、徐野君、陸麗京陳際叔際叔弟魯季、徐世臣陸麗京潘新彈陸弟左城、王丹麓婦、陸麗京毛稚黃、張祖望弟孫宇臺〔計 4 杭人〕、王丹麓、王仲昭、徐野君、洪潤孫（景融）陸麗京僾胡、查醉白（名繼昌）、王丹麓張廣平〔元時弟辭奇〕應嗣寅、王丹麓	陸麗京 4 康熙二十二年（1683 年）任大埔知縣的宋嗣京，修有《埔陽志》【康熙二十五年（1686）刻本】。宋嗣京，山陰人，寄籍仁和，饒州府知府 *洪潤孫景融，洪昇父
	448	139		杭人所佔比例為：31.0%

首先，從上表，我們可以清楚地看到明清之際杭州士人的概況，除汪汝謙等生平活動可延伸至萬曆、天啓間外，大多數活躍於崇禎以至順治、康熙

前期。前文我們已經詳盡地探討了該時代杭州會社的變遷，又可以清人的兩則筆記簡要地概括此過程中文化分期，其一，查慎行在《人海記》中談及杭州社事說：「西泠社事起萬曆丙戌（1586）八月，時歙縣汪伯玉、鄞縣屠長卿輩集西湖之淨慈寺，地主則仁和卓明卿、餘杭徐桂」〔註166〕，他將杭州士人的網絡活動追溯到萬曆前期，雖顯過早，但其中人物屠隆、徐桂等都是後來放生會的成員，也算合理，看來《今世說》中杭州士人的第一期應該始於萬曆、天啓間，包括汪汝謙、沈士逸等人；其二，清末吳慶坻在《蕉廊脞錄》梳理了明亡清興後該地的士人活動：「吾杭自明季張右民與龍門諸子創登樓社，而西湖八社、西泠十子繼之。其後有孤山五老會，則汪然明、李太虛、馮雲將、張卿子、顧林調也；北門四子，則陸薲思、王仲昭、陸升鷟、王丹麓也；鷲山盟十六子，則徐元文、毛馳黃諸人也；南屏吟社，則杭、厲諸人也，湖南詩社會者凡二十人，茲爲最盛」〔註167〕，從中我們看到了第二期——始於順治前後的西泠十子、孤山五老會，第三期始於康熙前後的北門四子、鷲山盟十六子以及康熙、雍正間的南屏吟社，而這些人物恰恰是《今世說》中杭州士人的主要部份。

其次，《今世說》中著錄的杭州人物事蹟顯然以西泠十子、北門四子及其親友爲多，其中陸圻達二十多則，這一局限很可能源於該書對陸氏所著《西陵新語》、《口譜》等書的大量摘抄。另一方面，也可說明西泠十子在當時杭州士人社會網絡中的核心作用，不論是登樓社、孤山五老會，抑或北門四子、鷲山盟十六子，都有西泠十子成員直接或間接地參與，而且他們之間亦存在著血緣、師承或友誼等社會關係，譬如北門四子中的陸進（薲思）就和陸圻家族來往較多，王晫和西泠十子中的張祖望、毛先舒等也情誼深厚。

再次，通過檢閱王晫文集《霞舉堂集》等，我們發現其中所呈現的王氏個人社會網絡，幾乎完全被複製到了《今世說》中。王氏個人書信集《尺牘偶存》中所交往的人物，如徐士俊、施閏章、毛先舒、陸進、王嗣槐、吳慶百、王猷定等，皆在《今世說》中有所記載。甚至王氏本人給朋友的書信內容也成爲了《今世說》的素材。王晫的這一個人社會網絡還曾出現於他所編的唱和詞集《千秋雅調》，該詞集爲康熙二十四年（1685）王氏五十壽辰後所

〔註166〕查慎行：《人海記》卷下「西泠社事」。
〔註167〕吳慶坻：《蕉廊脞錄》卷3。需要注意的是「西湖八社」是明嘉靖時期祝時泰等人所創，吳氏此處說法可能有誤，待考。

輯，有唱和詞人215位，唱和詞233首，其中杭州人52人，江浙兩省所佔比例為92%，多數人物也在《今世說》中出現過，值得注意〔註168〕。

最後，我們需要認識到，《今世說》所揭示的杭州士人網絡並非當時的全貌。譬如當時還有錢塘四子、胥山諸子。錢塘四子指的是吳錦雯之子吳慶（字威卿）、沈旬華之子德隅、張秦亭之弟祖定、徐世臣之子武令，他們都是西泠十子為中心之名士群的子弟，柴紹炳在《錢塘四子詩序》說：「自我郡風雅之盛近三十年，所篳路於二陸，黼黻於徐、吳，既而張、沈諸子迭相追逐，後來之秀，刻畫求工者猶指不勝屈……若武令為世臣之子，威卿為錦雯之子，德隅為旬華之子，祖定則祖望之弟也，其家學淵源，才情固自日上……近世故多才，四子激昂其間」〔註169〕，從柴氏的梳理，我們明顯感到西泠十子和錢塘四子間的傳承關係。

胥山諸子則指的是馮屺章、馮重韓、蘇子傳、沈方舟、李宏載、徐紫凝等人，其事蹟主要見於毛奇齡的《西河集》，毛氏說：

> 予在京時，與紫燦禮部同邸居，每連茵並馬，輒言其家友悌，諸子在南並邕好為樂，而益都師相累稱其族，自畢公高後在晉宋間南遷者多以文章孝友顯於時，今錢唐馮氏是也……及予請假還，急訪馮君屺章於有斐之堂，見其與弟重韓輩閫門怡懌，旦夕出入忘人而悅天一，似三古之於於然者，而披衿示客，不問合志，與同術而相觀而善，並以無猜之義共為心期，且歊乎自退，抑抑乎多自損者。會國恤下，頒兩浙開府辟延賓之館，聘術序有學之士賦詩作頌以紀聖孝，而屺章、重韓與同學蘇君子傳、沈君方舟、李君宏載、徐君紫凝輩所為胥山諸子者，一時併入為西園上客，抽毫攛牘，中丞擁篲前長跽請教，予然後知文章行誼其生平稱許為不可誣也……屺章兄弟與胥山諸子共集為詩，而屺章與弟不忍分行，因合而輯之名《壎篪集》。〔註170〕

又有田子相也是其中成員，「向從胡氏東嵒、王氏文叔見子相於吳山之岑，爾時子相未弱冠也，然往往為五七字詩，登臨詠吟一時見者多稱之。予

〔註168〕 李桂芹：《〈千秋雅調〉與清初江南隱逸風氣》，《南昌大學學報》2009年第2期。

〔註169〕 柴紹炳：《柴省軒先生文鈔》卷7，四庫存目叢書集部第210冊，第287頁。

〔註170〕 毛奇齡：《西河集》卷38《馮氏壎篪集》。

嘗題其篇而思其爲人，暨予以應詔入都，而子相方隨其尊人宦遊江南者數年，迄於今，予請急里門又三稔矣。錢唐馮屺章兄弟亟稱子相詩文爲胥山之冠。夫欲知其人者視其友，向時文叔、東嵩爲予良友，而近居錢唐，方與屺章兄弟爲忘年交，乃諸公所推先後若一，則夫子相之爲人固無容問矣」〔註171〕，毛氏作爲前輩，還對胥山諸子的文學貢獻大爲讚賞：

> 西泠古才地，於文爭六季，於詩爭漢魏三唐以上。曩者順治之末，會十郡名士於檇李之東塔寺，惟時太倉吳學士尚在坐也，榜文式於牆，並推西泠之詩與雲間陳黃門、李舍人，功出禹上，蓋惟恐六義之指之有墮於畸袞矣。今西泠者舊渺無存者，而胥山諸子起而踵其盛，會開府好士，闢館設醴，躬請胥山諸同志按名授簡，並以蘇子子傳爲之冠，而子傳以甜目辭也。予因從馮子屺章私讀其詩，清雄博達語警而氣軼，古格今律各極其致，此與啓禎諸賢格漢魏而律三唐者又豈有異……特是西泠爲詩向能式靡挽之於鍾譚，既行之後，與黃門、舍人爭相後先，而近習畸袞，間有流爲打油，爲叫賣而不可底者，胥山諸子之大有造於西泠也〔註172〕。

不難發現，錢塘四子和胥山諸子是西泠十子之後杭州士人網絡的重要組成，限於篇幅，只得另文探究。

此外，清初杭州也有一些以舉業學問爲中心的會社，杭人許旭齡的《世經堂初集》有《世經堂會業約》：「今世經堂會業，即吾人之所攻苦揣摩者，驗之於心體之於身，性道文章合而爲一，則修其辭爲有德之言，見諸用爲有本之學，不亦偉乎」，並有詳細的研修規定，如，「一每月初三日，一會世經堂，爲文二藝，日長漸加，不用束邀，辰刻齊集，序揖序坐，須體貌嚴肅，精神收斂，題出沉靜構思，庶使心志專一，文益精妙；一堂中宜從簡約，日用飲食圍坐，多不過八器，不用酒，恐亂清神」，「一每月十八日一會世經堂，將一月來所讀之書，互相考究印證，蓋經書中聖賢言語無非身心性命之理、綱常倫紀之事，若只在書冊上尋，縱使探討精深，終與已無干涉，須得朋友大家講論，教一言一句皆與我身上有著落貼實處」；該集還有《牧雲堂會業啓》：「盟坫雲興，人文星聚，聞聲相慕，不無千里之思，標榜爲高，孰擅單行之業。顧牛耳方新，俄雞壇生隙風斯下矣，君子譏焉。夫珪璋在望，仰止

〔註171〕毛奇齡：《西河集》卷39《田子相詩賦合集序》。
〔註172〕《西河集》卷39《田子相詩賦合集序》、卷43《蘇子傳胥山詩序》。

重乎高山；縞紵盟心，和平昭於伐木。既可樂群敬業，亦期永矢勿諼。但操
觚之士，必須繡虎雕龍……制科菀可旁通古學，是在同志諸君子共砥風徽，
迭爲月旦。寒螿啼罷，論文盡一日之歡；寶劍光生，出匣拭雙龍之彩。嗟乎，
終賈多才年少負雲霄意氣，羊何舊好交深，藉筆硯觀摩義取相資，道期寡合，
與斯列者，庶共砥之」，其言語間充滿著晚明的時文社團習氣〔註173〕。

　　值得注意的是，許氏對西泠十子頗爲敬仰，其文集卷14有《毛稚黃贊》、
《孫宇臺像贊》、《張祖望像贊》，對三人的德才頗爲讚賞，這也從側面說明，
由晚明到清初，杭州的士人社會網絡存在著連續性，該網絡的中心即是西泠
十子爲首的名士群體。

三、《行役日記》中的王晫個人社會網絡

　　王晫的《今世說》讓我們看到一個以杭州爲中心，延伸及江浙兩省，乃
至全國的大型社會網絡，那麼，這一網絡究竟是如何實現的？無疑，通過文
藝等多方面的社會互動就能構建之，例如，前文李漁以徵稿的方式編輯《尺
牘初徵》，呈現出一個類似的網絡。然而，日常生活中的社會交往似乎更容易
實現這一點，王晫曾爲其父徵文祝壽：「康熙乙卯（1675）三月晦日，爲先君
子七十誕辰……憶當六十歲時，不孝欲乞詩文，先君子知之，不許，曰，我
有何德，敢乞言於諸先生哉？況汝不見今之爲詩文以壽人者乎？非檢搜類書
故實，即獵用近刻套辭……不孝奉命唯唯，不敢復徵，惟是至戚好友暨四方
諸先生來武林者，多櫽辭稱祝，謹載拜而受之，藏諸篋笥，已十年所至於今
日。先君子音容雖遠，諸先生之彩筆猶新，人盡名流，語無溢美……隨手自
編次，以付梓人」〔註174〕，不難發現，以祝壽爲契機，王氏的個人網絡就會
得以展現。

　　康熙甲寅（1674），王晫之父亡故，爲了表達哀思，他外出徵集詩文，在
這次歷經月餘的行旅中，王氏的個人網絡在《行役日記》中充分地展現出來。
通過仔細探究該日記，我們可以觀察到個體在社會交往中構建起自身社會網
絡的過程。王晫是和前輩徐士俊結伴出行的，他們由杭州北關啓程，歷經嘉
興、吳江、蘇州、無錫、常州、宜興、武進等地，在求人贈文的過程中，對
江浙山水民情也頗有刻畫，尤爲難得的是記下了與士人交往的細節。我們可
以從以下多個方面分析個體出遊和社會網絡間的關係：

〔註173〕許旭齡：《世經堂初集》卷19、卷20。
〔註174〕《校刻先君子六十壽言序》，第24頁。

　　首先，我們可以看到嘉興、吳江、蘇州、無錫、常熟、宜興、武進等地都存在著各自的士人網絡。譬如，日記中記載，王晫在十月初五到初九日停留於宜興，先是「入城訪徐君竹逸，託以先子傳」，後是「走謁周立五先生，乞誌先子墓」，其間，「徐君竹逸，吳子天石、枚吉，潘子元白先後至」，「又史子雲臣、蔣子京少偕來」〔註175〕，這些人都是當地名士，其中的蔣京少名景祁，是清初著名詞人，編有《瑤華集》，影響很大，而且，宜興在清初又有所謂「陽羨詞派」，這些人多列名其中，王晫的來訪無疑促進了杭州和宜興的文化交流。十月二十到二十三日，王氏在吳江同樣受到了熱情招待，「至吳江……訪顧子茂倫，茂倫丹黃滿天下，相見恨晚。舟入西門，過趙君山子，堂中猶見盆菊十數本……舟始定，吳子弘人見訪，為同過令叔聞瑋饒雲館」，又「侵晨，吳小修觀察見過」，「忽徐子松之同顧子茂倫、樵水至，且言近在吳門偶聞吾子臨敝邑，不憚星夜持歸，求一面也」〔註176〕，其中顧茂倫名有孝，是清初吳江著名的選家，編有《江左三家詩鈔》、《樂府英華》、《驪珠集》、《風雅嗣響》、《五朝名家七律英華》、《唐詩英華》、《明文英華》等，王晫說他「丹黃滿天下」並非虛語，而徐松之名松，撰有《百城煙水》，這些人自然也是吳江地區的士人精英。在其他地區，如蘇州，王卓也見到了當地會社的領袖尤侗、錢宮聲等，「十八日，雨如注，不能訪友。晤尤君展成於袁子坐上。予未歸，尤君已過舟相訪矣。少頃，有急足持三寸刺冒雨而至者，為錢君宮聲。襜幃盡濕，衣履皆沾，若二君者真以文章為樂事，以朋友為性命者」〔註177〕。

　　其次，王晫的交往活動主要在舟船和當地士人的私人廳堂中展開。在日記中，我們可以發現王氏會詳細地記載旅行起止的地點，多數時間是以舟為家，如「廿九日，雞鳴經皂林斗門，侵曉，白霧漫天，共水一色，幾疑行舟誤入天河。日未中，泊三塔灣，偕徐先生登景德寺，遇曉堂上人，延至金明，尋晦岩禪師不得，便道過曹侍郎倦圃，侍郎方驅馳王路，園丁扃戶不納客……之放崔洲，舟在鴛鴦湖南，蓋故相國之孫朱葵石刺史之別業也。朱公聞予輩至，迎入閣子，攬勝園林，如遊仙境。歸過煙雨樓故址，因感興廢無常」，又「初四日，昧旦聞吳歌與欸乃聲相雜，隨命舟子放舟……行數十里，始達毗

〔註175〕王晫：《行役日記》，收入《霞舉堂集》，第231～232頁。
〔註176〕同上書，第235～236頁。
〔註177〕同上書，第235頁。

陵郡城。繞西門經海烈婦祠……由丫河橋行數十里，河直如弦岸，高於河丈許，黃茅白葦，兩岸叢密，蓼花映水，野菊迎風……至坊前乃泊舟」〔註178〕；王氏和徐士俊也常在舟中會客，如「初八日，密雨西風吹面，頓生寒粟。吳子枚吉冒雨過舟中，論文頗快，史子雲臣、蔣子京少並以是日招飲，固辭……午後周太史躄木屐登舟，手送誌銘，捧讀不勝感泣」〔註179〕。

舟船之外，王晫也常常到當地士人的家中聚會，如在宜興，「初七日，風月滿船，始識旅人愁味。乘暇評徐君竹逸古文詞。吳子天石適至，貺以《善卷山房詩集》，讀之足散人懷。午後同徐先生飲願息齋，徐君著書處也。泉石幽閒，頗饒逸致。薄暮，又為周太史招引寶誠堂，出令嗣聖濤、聖涵相晤，促坐談文，燭盡始別」，又在無錫，「十四日，晴，入城訪錢子礎日，留飲十峰草堂，且出其諸公贈言索句。予以新喪有戒未遑也」〔註180〕。簡言之，明清之際士人的社會交往空間仍以私人性的個體空間為主，王鴻泰等學者強調的茶館、酒樓等商業化的城市空間在何種程度上改變當時士人的社會網絡，仍有待於進一步考察。

再次，士人的社會交往中充滿著詩文書籍的交流以及物質上的饋贈。從王晫的日記，我們看到一個突出的現象就是士人間的饋贈行為，其禮物以書籍和藝術品為主，如在宜興，「史子雲臣、蔣子京少偕來，各貽詞刻，史集名《蝶庵詞》，蔣集名《梧月詞》」，臨別時，「初九日，雨不止，走別荊溪諸公，諸公咸至舟相送。送先子傳者，徐君竹逸也；送詩文全集者，周公立五、任君青際也；送詞選者，潘子元白也；送贈詩者，周公、任君、吳子枚吉、周子聖濤也；送贈詞者，徐君以及史子雲臣、吳子天石、蔣子京少也；送佳箋者，任君也；送佳箋佐以岕茗宜壺者，周公、徐君也；送佳箋並香盒、花瓶者，吳子天石也，兼送白粲者，周公也。凡此皆予之所不敢忘者也」〔註181〕；在常州，「十二日，大雨，莊太史走晤河干，喜溢眉宇。強予新宿，予不可，願更以永今朝；予又不可。公笑曰何若是耶，因賦詩……遺予畫蘭一箋，又題詩……復贈妙書二大幅……白粲泉酒，辭曰饋脤，誼不能卻，受之。放舟簡所惠書，則有《澹庵詩鈔》、《黃海紀遊》、《宛陵酬贈》、《陽宅秘傳》、《蘭

〔註178〕《行役日記》，第229～231頁。
〔註179〕同上書，第232頁。
〔註180〕同上書，第232、234頁。
〔註181〕同上書，第232頁。

語》諸刻」〔註182〕；此外，在無錫「與陳子集生別，集生贈予友人詩詞，凡七家」，在蘇州「尤（侗）餉程儀返璧，拜受《述祖詩》、《李白登科記》二刻」，在吳江「趙君既予《江左三大家詩選》。三大家久爲風雅盟主，今皆淪沒……吳子聞瑋、弘人又爲予徧索《林下》、《松陵》兩詞刻，龍門令沈君文人知予好，慨然出二書相授，以未嘗謀面之人而忽當金錯刀之贈」〔註183〕。很顯然，正是這種饋贈行爲促進著士人社會網絡的成長，以及共同文化價值的形成。美國漢學界常把此種行爲稱爲贊助或支持，並將之視爲單向的庇祐〔註184〕，但沒有看到其中的雙向互動——當王晫的朋友來到杭州時，他也必會進行類似的饋贈，因而多有片面。

　　最後，王晫的出行，力圖塑造自身的孝子形象，從而試圖在士人網絡中獲得更大的聲名。他的日記中時常提及爲了守喪而拒絕朋友的宴會邀請，不過，事實上他也參加了不少聚會，而且遊覽了不少名勝景觀，如「初三日，乘風破浪，差快人意，舟過惠山，欲停不可得。惠水爲天下第二泉，使人不易飲如此。家僮從小舟沽酒至，徐先生開尊飲滿，不覺陶然」，這樣，他文中的哀傷總令人覺出幾分矯情，如「初十日，荊溪曉發，重經何橋坊前諸路……予向籍先子之蔭，從不問生產，今亡矣，後日正未知作何狀耳…徐先生徧陳諸公所贈詩文，勸予同閱，因歎人才盈海內，彼一得自誇者，直井底蛙也」〔註185〕。他在日記中特別提及《今世說》中就有記載的蘇州袁孝子，用徵集文章來榮其親，「十七日，由滸墅關復經虎丘……繞城行二十里，入封門訪袁子重其，重其故吳郡所稱袁孝子也。堂隱母氏吳太君像，名人題詠，累累如珠積成，墨蹟手卷五十餘軸，以布衣顯揚其親，至此可云極盛」〔註186〕，王氏的行爲自然有模仿袁重其之意。

　　可能是爲了避免他人的非議，王晫叔叔對日記中記載的遊樂生活進行了辯護：

　　　　（叔聖濤）乞言遠方以不朽其親，此仁人孝子之用心也。閱《行

〔註182〕《行役日記》，233 頁。
〔註183〕《行役日記》，第 234〜236 頁。
〔註184〕譬如梅爾清在《清初的揚州文化》（復旦大學出版社 2004 年）一書第 2 章對以王士禎爲中心的文學和社會網絡活動有著詳細論述，而卜正民（Timothy Brook）對這些內容的評價就是「精英的贊助活動」。
〔註185〕《行役日記》，第 229、233 頁。
〔註186〕《行役日記》，第 235 頁。

役日記》，雖極友朋之樂、山水之趣，而顧念劬勞未嘗須臾釋宜，其
到處逢迎，觸緒悲愴也。讀之惻然〔註187〕。

對於王晫的這種心態，歐陽俊在論及《今世說》曾說：「王晫廣交遊，通
聲氣，以風度文采博得時譽，自我塑造為高雅、閒逸、豪爽、灑脫、多愁善
感又富有同情心的隱士形象。這一形象是清初特定年代一類人的典型，遠離
社會現實，對時局表現出異常的冷漠，精神冷漠，逃避社會責任和義務，躲
進狹小的個人生活天地……王晫身上過多繼承了晚明以來山人隱士淺俗驕矜
的習氣，但缺乏晚明人的性靈、個性和叛逆精神……是有自戀癖的軟弱文人」
〔註188〕，我們認為這一觀點同樣適用於此處。

此外，在《行役日記序》中，我們可以看到社會網絡也在悄然間擴大和
傳遞，王晫友人往往引見兒子與其論文聚會，如在吳江，吳小修令其子見王
氏，「午後，山子、弘人、小修詣，公堅拉過飲傳清堂。晤吳子屆遠，屆遠蓋
觀察公令嗣也。讀其試草，益令人歎家學之妙」〔註189〕。在聚會中，江南士
林的信息也得以交流，如人物的亡故，「詢知史遠公孝廉已作古人，遠公逸情
雲上，書畫雙絕，往歲來杭，以詩文贈予，亦復斐然，不期相別二年，遽成
隔世，失此良友，能無感懷？」，士人間的月旦，「陳子集生，知予至，不暇
修刺，疾行至舟握手相勞……因詢及三吳名彥，一一為我品論，如決下流而
東注，昏黃始別去」等等〔註190〕。需要注意的是，婦女間的交流也可能在其
間中轉，如「廿三日，早起，吳子弘人，為趙君山子邀飲，隨偕徐先生過雅
言堂。坐未久，雨亦霽……惠以《詩風》。是集網羅千百家，備極一代之盛，
但廁予里句，未免為蒼蠅之玷耳。吳子聞瑋亦出其夫人所書聯語『鏡鸞看並
舞，釵燕愛雙飛』寄贈予內。詩字雙絕，不愧大家」，有時士人們還用圖畫來
記錄他們的社交，以標榜風流，「茂倫欲倩樵水立寫予兩人歸舟圖，兼列諸公
走筆惜別詩。匆匆解纜，不及拜嘉，只受山子詩扇，並《雅言堂詩稿》，藏之
什襲。是夕，宿吳江學前」〔註191〕。不僅如此，與王晫同行的徐士俊通過這
次遊歷還創作了許多作品，「廿九日，四鼓鳴榔即抵西水。徐先生欲別，匆匆
彙集遊草，得序三首、詞三首、詩五十一首，殊不負此行」〔註192〕。

〔註187〕《行役日記》，第238頁。
〔註188〕見前揭文《王晫和他的今世說》。
〔註189〕《行役日記》，第236頁。
〔註190〕同上，第231、234頁。
〔註191〕同上，第236頁。
〔註192〕同上，第238頁。

　　綜上所述，我們看到了康熙時代，士人間通過遊歷和社交建立起跨地域的社會網絡，書籍等禮物以及文壇的訊息也在其間傳送，這一生動的畫面爲我們解釋了清初文化繁盛之所在。

本章總結

　　本章從歷時性的角度考證晚明清初杭州社會網絡的歷史狀況。首先，本文對由明萬曆到清順治間的杭州士人會社進行梳理，指出 17 世紀杭州存在著時文會社、放生會等組織，且其經歷了從小築社、讀書社以至登樓社 50 餘年的變遷，最終加入了跨地域的復社以及十郡大社。其次，我們通過對《尺牘初徵》這一書信集的分析，考察明末清初杭州社會網絡的構成和運作方式，並以李漁爲個案進行細節探討。最後，以清康熙時代筆記史料《今世說》爲中心，研究明天啓到清康熙間的杭州士人網絡變遷。概言之，我們發現士人網絡是一個以聲名爲中心，伴隨著物質贊助、訊息交流以及文化互動的社會關係集合體。

第二章　杭州士人的社會網絡與日常生活

前一章，我們對晚明清初杭州不同時期的士人社會網絡進行了初步探討，也清晰地意識到該網絡推動著當時社會文化的變動。然而，對於這一網絡形成的背景，或者說制約其產生、發展的社會因素，我們還需要進行深入的思考。杭州士人社會網絡，無疑建立於該階層（或群體）日常生活中，一定的社會交往之上。那麼，通過分析士人社會交往的日常生活世界，我們也就能夠認清該網絡所處的社會背景。

第一節　士人的流品、生活和交遊

對於社會交往，前人往往側重於從禮儀的角度來探討，譬如，陳寶良先生將社會交往劃分爲朝會之儀（官員與皇帝）、京官社交、地方官社交、紳士與官員交往以及民間禮儀等類型，而杜家驥先生則是從禮節的表現形式——舉止、稱謂、信函和拜謁、慶賀、弔唁、宴客、尊師、敬老、鄉飲等方面來觀察古代的人際交往禮俗〔註1〕。這些研究從整體上理清了社會交往所涉及的社會生活諸層面，也說明了社會交往受到社會分層的制約。然而，社會交往並不應止於靜態的制度層面考察，因爲在日常生活中，交往幾乎無處不在，

〔註1〕　陳寶良：《明代社會生活史》第 11 章，中國社會科學出版社 2004 年版；杜家驥：《中國古代人際交往禮俗》，商務印書館 1996 年版。類似的研究還有王煒民的《中國古代禮俗》（商務印書館 1997 年版），林永匡等《中國風俗通史·清代卷》（上海文藝出版社 2001 年版）等。

無時無刻不在構建著生活世界，有學者更認爲日常交往行爲編織而成的網絡是生活世界——文化、社會和個性——得以自我再生產的媒介，並且這一再生產過程擴展成爲生活世界的象徵性結構（語義場、社會空間和歷史時間）〔註2〕。雖然我們無意於附和社會交往的上述哲學意義，但是探究其在古代日常生活中的動態作用，尤其是它構建社會網絡的具體過程，顯然是必要的。

就士人生活而言，社會網絡與具體的社會分層（流品）、生活空間和交遊活動有著密切的關係，社會分層關涉到不同地位士人間的相互關係，生活空間則包括了士人的治生、家庭生活經營、閑暇生活和日常生活的節奏等內容，至於交遊活動則是士人積極實現自我與社會互動必經之路，概言之，士人的社會網絡就是在這些日常因素下被構建起來的。

一、士人的流品和多元化治生

明清時代的社會分層，大體而言，與科舉制及財富佔有的多寡緊密相關。科舉制對社會的分流作用顯而易見，這一點業已經成爲了學界的共識，就士人而言，科舉制更是起到決定性的作用。各級科舉考試所形成的不同功名階層和無功名的平民階層，與現實社會中的權力和利益佔有狀況結合後，就產生了明清時代社會結構，馮爾康先生將其分爲有特權的官僚等級、紳衿等級和社會成分複雜的地主、商人、自耕農、佃農等平民等級〔註3〕。這一劃分從宏觀上爲我們說明了士人可能分佈的社會階層，不過從近年來的研究來看稍顯粗略，而且偏重於社會經濟意義上的分層，在下文，我們嘗試對明清士人的內部份化，或者說流品，作出進一步的分析。

（一）官僚、紳衿和科舉治生

明清時代的科舉制，與唐宋相比更爲完善和成熟，各級學校的設立和官員銓選也都圍繞著不同層次的功名來進行。獲得進士、舉人、貢生、監生功名的士人具有資格進入官僚機構，構成了仕宦階層的主體。而這些有功名的人如果並未入仕，再加上數量日益龐大的生員群體，就是地方社會紳衿的基礎部份〔註4〕。

〔註2〕 章國鋒：《關於一個公正世界的「烏托邦」構想——解讀哈貝馬斯〈交往行爲理論〉》，山東人民出版社2001年版，第116頁。

〔註3〕 馮爾康、常建華：《清人社會生活》第1章，天津人民出版社1990年版。

〔註4〕 《清人社會生活》，第10頁。

在傳統的「士農工商」職業和階層觀念中，依靠科舉獲得功名以及相應的物質回報，是士人的本業或正途。如此以來，在日常生活中，地方社會中的科舉文化也逐漸繁盛，與科考相關的登科錄、同年錄、墨卷等相當流行，考場所在地——貢院也在悄然間滲透著民眾的生活。作為人文淵藪的杭州，也不例外，馮夢禎在日記中就談到其子在 1600 年參加浙江鄉試的前後情形，其中記載說，「（八月）初六日，晴熱，看迎考官於沈伯皋對門小樓。叔度至，兩童子歌未終，考官已過，守候甚疲，幾窮日力」，又「初九，晴暖，杭州五更始點入按院，又收諸生四十餘名入場，俱浙東人士。薄暮，聞四書三題，又聞毛詩三題、書題，俱平正，孟題頗新」，最後「二十八日，漸晴，揭曉解元為葛生寅亮」〔註5〕。顯然，馮氏作為罷官家居的高級官員，對這次科考的關注並不局限在兒子身上，而觀看迎送考官這類的儀式似乎更應該發生在普通民眾身上。他的這一行為與杭州的風俗頗有關聯，吳仁安先生曾撰文說及杭州八月的此種風俗，每逢鄉試之年的八月初，浙江全省的考生到杭州參加鄉試，人數在萬人左右，時人稱「槐花黃，舉子忙」，在鄉試期間，杭州下城撫院一帶的居民會出租一些住房給考生，八月初六日是鄉試的主考等官入闈之日，屆時他們各坐顯轎自撫院經大街，再由青雲街入貢院，路上鳴鑼開道，路旁觀者林立，稱為「看進簾」，此外還有「送考盒兒」、「望考」等風習〔註6〕。吳先生雖然談的是清代杭州的風俗，然而結合馮夢禎的記述，可以看出晚明時這一風俗已經存在。

科舉仕宦對杭州生活的影響，不止於風習，還涉及到了民間信仰，明清時代的西湖有「于廟祈夢」的行為，士人往往到此占卜科舉仕宦的前景，並漸在民間的流行，于廟也就具有了似於魁星閣的信仰和崇拜功能〔註7〕。

從上述我們不難發現，士人中最上層的官紳階層對杭州社會價值觀的影響之大。不僅如此，該階層擁有國家給予的特權，過著相當富足的物質生活，更是支配著文化領域的大部份資源，自然很容易成為士人社會網絡或共同體的核心。雖然，明清時代杭州地區的商品經濟得到較為充分發展，新的社會分配方式也衝擊著官紳階層的地位，但是士商的逐漸合流又維持了官紳在社會生活中現有利益〔註8〕。

〔註5〕 馮夢禎：《快雪堂集》卷58，四庫存目叢書第165冊，第36～37頁。
〔註6〕 吳仁安：《清代江南社會生活與風俗民情淺說》，《淮北煤師院學報（社會科學版）》，1988年第1期。
〔註7〕 范祖述：《杭俗遺風·時序類·于廟祈夢》，西湖文獻集成第19冊，杭州出版社2004版，第51頁。
〔註8〕 可參考余英時：《士與中國文化》，上海人民出版社1987年版，第511～579頁。

值得說明的是，在講究資格或出身的明清官僚制中，出仕的士人內部份化明顯，有甲榜進士、乙榜舉人、生員出貢等不同的科舉進身階梯，「依三者在仕途的榮衰，也就分出了不同的流品」，進士佔據了絕大多數的中高級官員職位，舉人和貢生則終身很可能只是混跡下僚〔註9〕。同時，在地方社會，紳和衿也有著等級差異，紳作爲獲得仕宦資格的士人，是地方社會的權威人物，以個人之力往往便可左右鄉里，而衿則爲四民之首的生員，由於沒有官位只能靠標榜聲氣，結成群體來影響社會〔註10〕，從這個角度也可以理解晚明東林黨和復社間的許多差異所在，譬如被認爲是東林黨的杭人葛寅亮以鄉宦身份講學，譽及兩浙，而登樓社的毛先舒、陳廷會等人成名則靠的是結社刻書以及加入復社。

另外，我們在閱讀有關此時期杭州士人的傳記時，往往可以發現他們最初的得名，往往也來自於科舉。在前一章，就談到過陸圻兄弟的成名與陸培中舉關係很大，而西陵十子之一的柴紹炳得名則來自生員考試，「應童子試，由縣、府以至學使，三試三第一，大江南北遂無不爭頌先生文，稱爲西陵體」〔註11〕，這種情況較爲普遍，不再贅言。

（二）面向職業化的一般士人社會分層

相對於獲得任官資格的官紳士人，生員是明清時代士人中人數最大的分層，也逐漸成爲具有獨立社會屬性的群體。生員身份不僅獲得途徑頗多，而且也相對容易，在地方社會資源的競爭中，還面臨著官紳和新興商人等力量的夾擊，社會處境也趨於平民化甚至貧困化〔註12〕。而且，生員內部本身就存在著廩膳生、增廣生、附學生以及青衣、發社等的層次分割，雖然其中前兩者設有定額並可獲得政府補助〔註13〕，然而在現實生活的壓力下，大部份

〔註9〕 陳寶良：《明代儒學生員與地方社會》，中國社會科學出版社2005年版，第481頁；又可參考郭培貴《明代選舉志考論》（中華書局2006年版）、錢穆《中國歷代政治得失》（三聯書店2001年版）等書。

〔註10〕 《明代儒學生員與地方社會》，第485頁。

〔註11〕 周清原：《崇祀理學名儒柴省軒先生傳》，收入《柴省軒文鈔》，四庫存目叢書第210冊，第118頁。

〔註12〕 劉曉東：《世俗人生：儒家經典生活的窘境與晚明社會角色的轉化》，《西南師範大學學報》，2001年第5期；《明代儒學生員與地方社會》，第487頁。

〔註13〕 《明代儒學生員與地方社會》，第176～182頁；關於進士數量和江南的關係可參考：范金民《明清江南進士數量、地域分佈及其特色分析》，《南京大學學報》1997年第2期；龔延明、邱進春《明代登科進士總數考》，《浙江大學

生員卻不得不面向社會開始職業化方式的生存。

　　科舉目的本意在於為國家選拔人才，其錄取率變化較小，每年進士數平均在 260 人上下，與此相反的是到明末清初時據顧炎武估計有生員不下 50 萬，今人陳寶良先生統計後更認為明末有生員 60 萬以上〔註14〕，那麼能夠成為進士的生員比例約 1／2500。即便是舉人，其錄取率也並不高，萬曆十年（1582）的浙江鄉試，2 萬餘人通過科試，最後只有 2 千餘人有資格參加鄉試，中舉額數又僅 90 人，換句話說 200 名生員中也可能沒有 1 人中舉〔註15〕，而當時縣學的平均規模也就是 200 人左右。數十萬的被淘汰生員，形成了相對獨立穩定的社會力量，也就是陳寶良先生所指的生員層，明清時代的官僚體制難以消化如此龐大的剩餘人才，當政者似乎也沒有對這一問題足夠重視。何況生員之外，還存在著長期沒有進學的生童，以及其他沒有功名的讀書人或者說布衣，因此，生員層及其以下的讀書人，基本只能依靠社會自身的調節，來解決其生計問題。

　　科舉體制所帶來的人才就業問題，主要通過職業化的方式來化解，陳寶良先生將其歸納為，「訓蒙處館，養家糊口；入幕，成為幕賓；儒而醫，成為職業醫士；棄儒就賈，甚而士商相混；包攬詞訟，成為訟師；棄巾，成為山人或名士」〔註16〕；又有學者將士人的就業謀生區分為本業治生和異業治生，本業治生主要有教授、入幕、傭書賣文三種，異業治生則包括耕讀傳家、醫卜雜藝資生、工賈自食等〔註17〕。這些研究對我們探究杭州一般士人的社會分層很有啟發。

　　杭州士人的本業治生雖不出處館授徒、入幕為賓、傭書賣文的範圍，然而由於機遇多變，這些治生方式在個體身上往往可以兼備，或者說士人治生是多樣化的，難以拘泥於一途。以西陵十子為例來說，陸圻、孫治、柴紹炳、陳廷會、毛先舒、張祖望都曾坐館授徒，孫治在《安隱寺同諸子效栢梁體》詩下有按語說，「辛巳、壬午（1641、1642）間，餘下帷於臨平趙氏元開家，而景宣亦下帷於去矜氏，讀書之暇，日與諸子飲酒賦詩，嘗憩安平泉，閒遊

學報》2006 年第 3 期；毛曉陽、金甦《清代文進士總數考訂》，《清史研究》2005 年第 4 期等。

〔註14〕　《明代儒學生員與地方社會》，第 10～11 頁。

〔註15〕　錢茂偉：《遺民史家──談遷傳》，浙江人民出版社 2006 年版，第 23 頁。

〔註16〕　《明代儒學生員與地方社會》，第 297 頁。

〔註17〕　劉曉東：《論明代士人的「異業治生」》，《史學月刊》2007 年第 8 期。

或效栢桌之體，或倣皮陸之製，亦一時之快也」，又朱協咸在《書徵君柴省軒先生傳後》說「鴻明之末，疫厲甚行，比戶不免，徵君與麗京同館臨平沈氏」〔註18〕。事實上，在成爲進士任官之前，大多數士人一般都會開館授徒，既有教學相長之意，又可獲得地方上一些聲名、人際上的社會資源。而通過地方聞人的引薦以及人脈資源的積累，士人們又可以入幕爲賓，跟隨主人遊宦他方，譬如，1658年孫治被時任吳中司理的友人吳錦雯（西陵十子之一）招入幕中，而王嗣槐在順治末，也曾客居與杭人交往頗深的山東萊陽人宋琬幕中〔註19〕。從孫治的經歷來看，本業治生的前兩種方式，他是兼而用之，這種情況在杭州士人中絕不會是少數。進而言之，無論處館或作幕，除了士人自身的聲名、能力外，一定社會網絡的支持也是必須的，例如王晫在給他人的信中談及薦館一事，對於有財力請老師的富人，「以薦館之多爲榮，而又不肯輕以意示人，凡爲薦館至者，非託以某大老書難辭、即某名公情難卻，不曰明日詶謀則曰他日卜筮，嬌氣傲色，殆不可堪」〔註20〕，士人開館授徒都需要大老名公的推薦，那成爲幕賓更少不了有力者的幫助。

關於傭書賣文，起初應該起於唐宋時代漸而流行的「作文受謝」現象，尤其是南宋以來即便是沒有官位和科名的文人也可以替人撰文、獻詩獻詞等方式來獲得物質報酬，到明代中後期這種風習更是蔚爲大觀〔註21〕。而傭書賣文之所以能爲一般士人本業治生的重要方式，在於明代社會日漸增長的詩文等文本消費需求，一方面不僅是官紳，商賈乃至一般民眾都對墓表行狀、壽序題扇、小說戲劇有著相當的需要，另一方面，文本消費的領域也在擴大，既有應用性的日常文體——各類序跋、碑銘、對聯、書信及慶賀文章（尤其是壽詩、壽序），又有僧徒募冊、契約文書乃至訟狀等專門文體，還存在著爲人代筆作文的情況〔註22〕。我們僅是檢閱杭州士人孫治、王嗣槐、王晫、陸

〔註18〕 孫治：《孫宇臺集》卷40《安隱寺同諸子效栢梁體》，四庫禁燬書叢刊第149冊；《柴省軒文鈔》，第120頁。

〔註19〕 《孫宇臺集》卷32《哀吳威卿》，第126頁；王嗣槐：《桂山堂文選》卷1《葉星期文序》，四庫未收書輯刊第7輯27冊，第89～90頁。

〔註20〕 王晫：《尺牘偶存》下《答潘儼思進士》，收入《霞舉堂集》，《清代詩文集彙編》第144冊，第192～193頁。

〔註21〕 周榆華：《晚明文人以文治生研究》，廣東高等教育出版社2010年版，第27～36頁。

〔註22〕 可參考《晚明文人以文治生研究》中第3章《社會上的詩文消費需求》、第5章《以文治生的途徑》。

進等人的文集，便可發現不少的這類作品，至於在前面章節中所談到曾爲官員的馮夢禎、虞淳熙等人，其文集中此類文章更是不勝枚舉。不論是治生或是應酬，文章的文學屬性逐漸被其社會屬性所掩抑，卻是不爭的事實。商業化，也成爲以文爲生的士人不得不面對的問題。

晚明以來的商業化，使得士人階層文化品味所可能涉及的場域商品化程度大爲加深，文學作品以外的書畫、印章以及古董等發展成相當規模的產業。杭州作爲江浙區域中心之一，和南京、蘇州等是明末清初藝術品市場的重鎮，因而當地有爲數不少的書畫家、鑒賞家和以此爲業的商鋪〔註23〕。在前一章，我們所說到的馮夢禎、黃汝亨、「餘杭三嚴」中的嚴調御都是晚明杭州的著名書法家，方志中就載有他們所題寫的碑銘，而馮夢禎、三嚴中的嚴武順又擅長鑒別書畫金石，和他們交往頗深的徽州儒商汪汝謙（然明）同樣是一位頗有名望的鑒藏家，不僅如此，明末清初的書畫家李長蘅（流芳）、陳繼儒、董其昌、陳洪綬、惲格等都與杭州士人交往深厚，或者曾流寓該地。可以說，在書畫等藝術品成爲文人生活和身份的必要部份之下，士人自身以此治生順理成章，藝術史學者萬木春評價說，「下層文人人數眾多，是書畫世界的主體。他們的生活狀況普遍不佳，因此趁鑒藏之便，兼代鬻古是極平常的現象。在參與鑒藏的人眾中，能作畫的只是少數……畫家和鬻古、坐館、卜算、行醫等職業一樣，只是下層文人經常變換的職業選擇之一」〔註24〕，這一論述可謂頗中肯綮。

商業化另一個突出表現就是，明中後期以降出版業興起後，不少士人開始涉足其中。他們主要是負責策劃、徵稿、編輯、審定等事項，也就是所謂「選政」，而這些人就被稱爲「選家」。前一章在討論小築社社事時，我們論及方應祥、聞子將等人編選八股文集，就屬於這種情形，而如果編選的社稿能夠暢銷，他們往往獲利不菲〔註25〕。當然，選政的範圍遠不止於八股文，詩文、小說、戲劇、畫冊等現代出版業所涵蓋的內容大體都可劃入其中。爲了充分瞭解選政的內部運作狀況，我們嘗試以清初杭州士人王晫的經歷來管窺其面貌。

〔註23〕呂友者：《明末清初杭州書畫鑒賞家往事》，《收藏》，2011 年 5 月總第 221 期。
〔註24〕萬木春：《味水軒裏的閒居者：萬曆末年嘉興的書畫世界》，中國美術學院出版社 2008 年版，第 196 頁。
〔註25〕譬如杜登春在《社事始末》裏談到有士人靠選編社稿維持生計。

　　王晫的編選事業集中於詩文領域，輯有《文津》、《經世名文》、《檀几叢書》等，在其日常生活中，與文章名家、選家同行的書信來往很多，因而就有著良好的人脈資源，他的朋友方文虎說，「丹麓愛人之詩文，每過於自愛其詩文，且甚於人之自愛其詩文。凡有投贈，雖片箋隻字、散帙零篇，無不什襲珍藏。一遇選事，傾笥見付，使選家多錄爲快。時九霞方有事尺牘，故即以案頭十一家授之。蓋表章人物，出自性成，無惑乎文人才士皆納交恐後也」〔註26〕，從中，我們可以發現選家往往很注意收集文稿，而且選家之間也有著互動，他們的意圖不僅在於出書獲利，更在於結交名流、表章人物，又如《報魏惟度》，「蒙示《詩持三集》，深喜尊選能廣羅文人才士之詩，而又喜文人才士之詩得盡入尊選也。乃天下文人才士更有不止於此者，安得足下一一爲表彰之耶？」〔註27〕

　　既然選政可以對士人聲名造成直接的影響，選家作爲一種職業似乎也就具備了一定的話語權，如何編選文章也顯得格外重要，王晫在《與陸雲士》說：「選政貴嚴，最忌如摘瓜手，取之既多，其中不容無濫，有賣荣傭求益者，急須峻卻，能從僕言，請從僕始」，對此，其前輩陳際叔也說，「嚴選政，自是文人第一貴重事，不然驢鳴犬吠聒耳者不少矣」〔註28〕。不過，從實際來看，選政受選家所處的社會網絡限制很大，王氏就對當時選政不良風習多有批評，「詩詞一道，事關千古，能者自優爲之，不能者無庸強也。竊怪近日選家，只取要津大僚及二三暱友，明知其人之不能，必多方假飾，爲邀利弋名之計，彼方自以爲得，而識者早已鄙之。鄙之者眾，其書終不克行於當時，安望其千古？」〔註29〕

　　需要強調的是，士人參與出版業，以坊刻、私刻爲主，杭州士人圈裏除陸雲龍、李漁等少數人曾開設書坊外，其他大多受財力局限，往往無力刊行，王晫曾說，「僕選《文津》二集，及《經世名文》，計千有四百紙，約三百金即可梓以公之天下，奈謀之數年不能得。而東鄰子爲梨園製衣十襲，便費金三百餘兩。嗟乎，何難易若此其不均也……足下著書滿笥，聞之諒有同慨」〔註30〕。

〔註26〕　《尺牘偶存》卷上，《答蔡九霞》，第181頁。
〔註27〕　《尺牘偶存》卷下，第183~184頁。
〔註28〕　《尺牘偶存》卷上，第181頁。
〔註29〕　《尺牘偶存》卷下，《與吳枚吉》，第188頁。
〔註30〕　《尺牘偶存》卷下，《與沈去矜》，第196頁。

　　異業治生是指士人出於現實需要，轉向農、工、商及「九流百工」謀生的現象。古代中國是農業為主的社會，士人擁有田產並聲稱耕讀傳家由來已久，但在明中葉以來的江浙地區，農業收入難以維持一般士人的日常生活，相反，沉重的農業稅役還使得他們入不敷出，而且從某種程度上說，普通士人的職業化分層的根由也在於此。士人的異業治生，關鍵在於他們進入工商領域，目的是養家糊口以便更好地求取功名，並且從其表現來看，除少數人發家外，大多數只是小規模的家庭手工業、小本買賣而已，工商業也不會成為他們的終身職業。即便如此，異業治生對士人的影響顯而易見，一方面，其在很大程度上擴大著士人階層與城市工商等不同社會階層的交往，從晚明杭州的民變就可看到這一跡象〔註31〕。另一方面，進入工商領域的他們並不願放棄其文化身份，這是因為工商業者並不具備士人階層所有的地位和文化。不過，在頻繁的日常交往下，士商相混的現象逐漸顯現〔註32〕。這種邊界上的模糊，還使得異業治生和本業治生的區別日益弱化，因而士人的治生也更為靈活和充滿彈性，「似士不遊泮，似農曾讀書。似工不操作，似商謝奔趨。立言頗突兀，應事還□疏，餓凍不少顧，吟詩作歡娛」〔註33〕。

（三）依附和寄生：士人的邊緣群體和浮游階層

　　明中葉以後，一方面，人口顯著上升，農業難以吸納逐漸增多的剩餘勞動力，加上田稅科徵繁重，其收益也就遠低於手工業和商業，另一方面，商品經濟發展、海外貿易興盛和市鎮大規模成長形成合力，促使大量人口向經濟發達之區流動。這樣，必然就出現數目龐大的游民、遊士等，這些沒有固定職業的人們，成為社會的依附和寄生群體，或者所謂的浮游階層〔註34〕。在這一階層裏，自然也有相當數量的士人加入，他們一方面形成了相對獨立

〔註31〕 可參考夫馬進：《晚明杭州的城市改革和民變》，《帝國晚期的江南城市》第2章，上海人民出版社2005年。劉曉東在《論明代士人的「異業治生」》也指出異業治生加強了士人和其他社會群體的聯繫，巫仁恕在《激變良民──傳統中國城市群眾集體行動之分析》（北京大學出版社2011年版）第3章第2節也分析了知識分子在明清民變中的作用，可以借鑒。

〔註32〕 關於士商關係請參考前揭余英時《士與中國文化》；士商間的交往，參見徐林：《明代中晚期江南士人社會交往研究》，上海古籍出版社2006年等。

〔註33〕 見《皇明遺民傳》卷4，收入范金民《明遺民錄匯輯》，轉引自《明代中晚期江南士人社會交往研究》，第115頁。

〔註34〕 《激變良民》，第50頁；又可參考陳寶良：《中國流氓史》，中國社會科學出版社1993年。

的山人階層，另一方面，混入「三教九流」的遊食者行列，成爲對社會頗有危害的無賴和流氓。

山人階層，近年來逐漸引起研究者的興趣，一般認爲它是指以詩文書畫等才藝爲工具，遊食於仕宦權貴富人之間的士人，是一種依附於社會利益集團而生的社會群體；山人興起於晚宋，大盛於明末清初，與幕賓、隱士、清客、布衣等名目有著複雜的關聯，在有明一代經歷過不同的發展階段，可以劃分爲娛樂型山人、政治型山人與遊食型山人等類別，並在萬曆時代形成所謂「山人遍天下」的局面〔註35〕。山人的來源在晚明逐漸繁雜，幾乎涉及社會各階層，但其主體還是士人，而且其影響也以文化領域爲最。從地域來看，據方志遠先生統計，浙江占明代可考山人的比重爲 19.9%，雖然不及南直隸所轄的江蘇、安徽兩地，但不失爲一大策源地〔註36〕。嘉興人沈德符在《萬曆野獲編》談到萬曆時代的山人時，曾以馮夢禎等人好與山人來往的經歷來說明其特徵，查閱馮氏文集中的日記也可以看到俞安期、沈明臣、王稚登、屠隆等不少山人的活動。到天啓、崇禎時代，名聞全國的山人陳繼儒和杭州士人圈來往頻繁，李漁還曾以陳氏爲原型創作了《意中緣》傳奇。至於杭州本地的山人，可以流寓杭州的孫一元爲始，後來的高濂、何偉然、李漁、王晫等人則可歸入具有山人習氣的文人〔註37〕。

需要注意的是，山人的謀生活動和生存方式，和前面我們所說的士人職業化治生多有重疊之處，張德建概括山人的活動爲入幕、門客（或清客）、食客、賣文筆耕與藝術經營、文學活動等 5 項，其中文學活動是不可或缺的，他還認爲山人有著詩人、作家、畫家等相對固定的身份，但爲了謀生，又同時在幕客、清客、門客等角色間不斷變動〔註38〕。張氏的這一論斷，與當時

〔註35〕 可參考：牛建強《明代山人群體的生成所投射出的社會意義》（《史學月刊》1994 年第 2 期），趙軼峰《山人與晚明社會》（《東北師大學報》2001 年第 1 期），方志遠《「山人」與晚明政局》（《中國社會科學》2010 年第 1 期），金文京《晚明山人俞安期的活動》，收入《都市繁華》，中華書局 2010 年；論著有張德建《明代山人文學研究》（湖南人民出版社 2005 年）。

〔註36〕 見方氏前揭論文《「山人」與晚明政局》。

〔註37〕 高濂在其《遵生八箋》中數次提到「山人」一詞，如在《花竹五譜》中說，「聊述諸譜切要並種花雜說，錄爲山人園圃日考」，又在《飲饌服食箋》中說「烹炙生靈，椒馨珍味，自有大官之廚，爲天人之供，非我山人所宜」。我們基本可以認定其是萬曆中期的杭州山人。

〔註38〕 《明代山人文學研究》，第 62～63 頁。

的歷史狀況是相當吻合的，譬如，我們頻繁提到的李漁，雖然並不被清人稱
爲山人，但通過考察李漁的經歷，將其歸爲山人未嘗不可。更何況，李漁遭
到清初袁于令等吳地士人的譏評，正源於其山人化的生存方式和謀生手段。
從一定意義上說，山人可謂士人職業化治生（尤其是本業治生）的集大成者，
而其獨有的好遊作風，對於士人間交流、聯絡甚至形成共同體也產生著不容
忽視的能量。應該強調的是，山人之所以有著遠超一般職業化士人的影響力，
在於它往往依附和寄生於達官富人等利益集團之上。

　　相比於山人，浮游階層中成爲無賴、流氓的士人，可謂等而下之。不過，
從數量上說，這部份人很可能多於前者，學者對其也有較爲充分的研究〔註39〕。
吳金成認爲無賴包括打行、腳夫、白拉、窩訪、訪行、訟師等，其來源就有
沒落的紳士、地主（如打行和訟師中存在著生員），而且他們的活動場所遍及
城市、鄉村；吳氏進而指出無賴往往以集團化（幫、黨、行）的形式活動，
並與地方豪強、胥吏、衙役等勢力相勾結，他們中的一部份會參與抗租、奴
變等各類民變，一部份寄生於紳豪王府以及國家權力機構〔註40〕。陳寶良則
在此之上還專門探討了捐納氾濫與士風變化及生員無賴化的問題，他認爲士
人的學變現象與無賴頗有關聯〔註41〕。

　　雖然現有研究中，無賴活動表現最爲突出的是蘇州、松江和北京等地，
但是從杭州當地文獻仍可發現這類人的活動，如萬曆《杭州府志》（1579）說：
「成化、弘治盛時，杭民有老死不識縣官者，淳樸之風猶可想見。今學刀筆
者、工教唆開騙局者、趨賭博好攘奪者習穿窬，是三等人被服綺紈，修然多
美丈夫，而陰險滑賊，雖虎狼蛇蠍不足以逾其惡，憲臣嚴法治之，閔不畏死」，
又「杭民奸宄，莫甚於包攬地方，痛楚莫病於報買官房。夫包攬錢糧之徒，
□則多方鑽刺什□其二，既又爲無賴所持仍去其四……此輩積年包攬，多因
當事吏書扣取常例，比周爲奸。今報買官房，捨承行吏書而禍延良善百姓」，
「省城內外不逞之徒，結黨聯群，內推一人爲首。其黨與每旦會於首惡之家，

─────────

〔註39〕　研究概況可參考吳金成《明末清初江南的城市發展和無賴》（第六屆明史國際
　　　　　學術討論會論文集，1995 年）尾注⑤。關於該問題國內研究者以陳寶良先生
　　　　　爲其中代表，氏著《中國流氓史》、《明代儒學生員與地方社會》均有相當篇
　　　　　幅涉及到明清時代的無賴問題。
〔註40〕　見前揭論文《明末清初江南的城市發展和無賴》。
〔註41〕　可參看《中國流氓史》，第 224〜227 頁；《明代儒學生員與地方社會》，第 396
　　　　　〜412 頁。

分頭探聽地方事情，一遇人命即爲奇貨，或作死者親屬，或具地方首狀，或爲硬證橫索酒食財物，稍不厭足，公行毆辱，善良被其破家者，俱可指數」〔註42〕。從這些記述，我們可以推斷杭州的無賴階層主要是包攬錢糧、訪行和訟師等，並對當時民眾生活有著不小的影響。清王朝建立後，這一情況仍然存在，王晫在給友人的信中就說「今世所謂貴公子者，上之略記誦時文以應試，藉門地居寒士之前；其次飾裘馬、盛僕從，與惡少年鬭葉呼盧，沉湎於酒；最下挾父兄之勢，凌轢鄉里，干謁當事，無所不爲，爲驕奢之風，相沿成習」，因而他感慨說，「紈綺子弟，怙事橫行鄉里，莫可誰何。一旦忽聞其父兄罷官死矣，不亦快哉」〔註43〕。

二、杭州士人的生活空間

從上文我們可以看出，士人的社會分層（或者流品）與治生的關係是相輔相成的，然而，它們最終都要歸結於日常生活之中，因此考察士人的一般生活情境顯得甚爲關鍵。大體而言，明清時代民眾的生活仍以家庭爲主要空間，那麼，首先對士人的家居生活進行探討頗爲必要。目前的家庭史研究主要從人口（如出生、死亡和家庭結構及規模）、婚姻、倫理關係、子女教育、生活水平以及繼承等方面來探討家居生活，雖然從宏觀上理清了家庭在歷史上的結構和功能，卻難以很好地回答我們的以下微觀問題：家庭具體情境下的動態運作過程，治生如何影響家居生活，家庭成員如何權衡其家居與社會生活間的關係，閑暇狀態下的家庭怎樣休閒等等〔註44〕。不過，有學者如余新忠先生也指出，家庭的整體性質與實際的家庭生活是不同層面的問題，制度安排與倫理雖然可以規範實際的家庭生活，但也必須注意民眾情感與智慧

〔註42〕 萬曆《杭州府志》卷19風俗，第1365、1367～1369頁，中國方志叢書，成文出版社有限公司。

〔註43〕 《尺牘偶存》卷上，第178頁；《快說續紀》，第241頁。

〔註44〕 可參看李中清、張國剛的家庭史研究總結，見張國剛《家庭史研究的新視野》的兩篇序言（三聯書店2004年版）；具體著作可參考王玉波《中國古代的家》（商務印書館1996年版）、郭松義《倫理與生活——清代的婚姻關係》（商務印書館2000年版）、姜濤《歷史與人口——中國傳統人口結構研究》（人民出版社1998年版）、王躍生《十八世紀中國婚姻家庭研究》（法律出版社2000年版）和余新忠《中國家庭史（明清時期）》（廣東人民出版社2007年版）等等，這些研究大都以社會經濟史的方式研究家庭，對個體家庭具體情境的探討較爲缺乏。

以及社會情慾的力量，作為私人生活領域的家庭在實際中明顯會受到個體性情、出身、物質條件、受教育狀況等具體而微因素的制約，「實際的家庭生活必然是合乎情理並富有色彩的」〔註45〕，我們認為這一理念對於分析士人的家居生活以及治生、休閒等和家庭的關係很有助益。

從當前研究，我們意識到晚明到清初的杭州家庭生活，越來越受到外部世界的影響。從生產上說，不論是從事農業抑或工商業生產，在白銀為主的貨幣經濟時代，家庭和宏觀經濟的聯繫日益緊密成為必然，杭州典當業的興起正反映了這一點，「鄉中富室以母錢貸人，循例者固多，而越分貪取之輩亦往往有之。然緩急獲濟，民不甚病。當是時，鄉多富民，有司有大徵輸，咄嗟立辦。三十年前，蒞事者或以富民專利，廣開告訐，小民望風群起，而富室多有不能自保者矣。馴至於今，富者閉緄不敢應貸，窮民則借貸無所而饑疲。一遇凶年，坐以待斃。又況無名之徵日多，催科之限太急，田廬之質當無主、卯下之敲樸甚嚴，貧者生業已盡，去為人僕。富室鬻產十室而九，由是四境之利歸於當鋪。猝被寇盜，貽累保甲斃於杖下，奸黠乘此為利……富商坐享厚利，杭民屢受剝膚之災，可為太息」〔註46〕。

同時，在只靠土地收益會使得普通家庭入不敷出甚至破產的情形下，杭州的產業結構也逐漸變為以工商業為主導，糧食問題進而成為杭州城市民眾生活的關鍵問題，王士性在《廣志繹》（1597）就清楚地說明這一問題：「杭俗儇巧繁華，惡拘檢而樂遊曠，大都漸染南渡盤遊餘習，而山川又足以鼓舞之，然皆勤劬自食，出其餘以樂殘日。男女自五歲以上無活計者，即縉紳家亦然。城中米珠取於湖，薪桂取於嚴，本地止以商賈為業，人無擔石之儲，然亦不以儲蓄為意。即輿夫僕隸奔勞終日，夜則歸市酒，夫婦團醉而後已，明日又別為計。故一日不可有病，不可有饑，不可有兵，有則無自存之策」〔註47〕。有學者在研究蘇州城市史指出，晚明在投資由土地轉移到商業後，農業萎縮，城市化進程卻在加快，同時土地稅增加又導致土地價格下降，農民只得變賣土地進城謀生，農業也成為不受人重視的職業，這最終使得蘇州的糧食供應極為缺乏，進而引發城市動盪〔註48〕。我們認為蘇州的這一發展模式

〔註45〕　《中國家庭史》（明清時期），第339頁。

〔註46〕　萬曆《杭州府志》，第1366～1367頁。

〔註47〕　王士性：《廣志繹》，中華書局1981年，第69頁。

〔註48〕　（意）保羅‧聖安傑洛：《帝國晚期的蘇州城市社會》，見《帝國晚期的江南城市》，第100～101頁。

同樣適用於杭州，士人們的治生活動自然也是在此背景之下展開的。既然農業不再成爲可靠的安身立命手段，士無定業或「不治生產」的狀況也就顯得平常，那麼，以著述（古文辭等）爲業，不斷地遊謁干進反倒成爲了常見的生存方式〔註49〕。概而言之，無論是爲官、處館、作幕、遊學、從商等等，在日常生活裏，爲了生計，許多士人不得不離開家庭，數月甚至數年在外工作，士人自身所處的核心家庭就時常會出現缺少中心的狀況，如李東琪（1622～1683）在《女季傳》中說：「及予遠走燕豫，三年不歸，而女依其母，煢煢獨居，早起糊箔至丙夜始罷。暑揮汗、大寒衣薄不顧也。售箔則買絹刺花，轉以佐衣食計。母時往諸姊家，女每代攝內政，課幼弟讀書，婢僕事之較主母倍凜凜」〔註50〕，此傳很能反映一般杭州士人家庭之分工，從中亦可發現家庭手工業在相當程度上支撐著李氏一門的生活。

　　生產只是維持家庭存在的一個方面，如何經營或者說「齊家」才是關鍵，這也是長久以來儒學對士人素養的基本要求。我們通過閱讀時人的家訓，可以看到士人家庭對晚明社會風習變革的一些反應和對策。首先，在治生上反對遊食和無賴化，認同職業化的就業方式，如姚舜牧（1543～1627）在《約言》中說「人須各務一職業。第一品格是讀書，第一本等是務農，此外爲工爲商，皆可以治生，可以定志，終身可免於禍患。惟遊手放閒，便是要走到非僻處所去，自羅於法網，大是可畏，勸我後人，毋爲遊手，毋交遊手，毋收養遊手之徒」，「吾子孫但務耕讀本業，切莫服役於衙門，但就實地生理，切莫奔利於江湖。衙門有刑法，江湖有風波，可謂哉！雖然仕宦而舞文而行險，尤有甚於此者」，又高攀龍（1562～1626）《高忠憲公家訓》也說：「有一種俗人，如傭書作中、作媒唱曲之類，其所知者勢利，其所談者聲色，所就者酒食而已。與之綢繆，一妨人讀書之功，一消人高明之意，一浸淫漸漬，引入於不善而不自知，所謂便僻、側媚也，爲損也不小，急宜警覺……在鄉里中作個善人，子孫必有興者，各尋一生理，專守而勿變，自各有遇。於毋作非爲內，尤要痛戒嫖、賭、告狀，此三者，不讀書人尤易犯，破家喪身尤速也」〔註51〕。

〔註49〕《晚明文人以文治生研究》，第110～120頁。
〔註50〕李東琪：《巴餘集》，清代詩文集彙編第78冊，第222頁。
〔註51〕包東波：《中國歷代名人家訓薈萃》，安徽文藝出版社2000年，第247頁、第242～243頁。

　　其次，對趨於複雜的社會關係和日益增多的社交活動試圖進行限制和規範，如明初義門鄭氏所編《鄭氏規範》說，「親朋會聚，若至十人，舊管不許於夜中設宴，時有小酌，亦不許至一更，晝則不拘」，「親姻饋送，一年一度，非常慶弔則不拘此。且不可過奢，又不可視貧加薄，視富而加厚」，又「子孫不得從事結交，以保助閭里爲名而恣行己意，遂致輕冒刑憲，墮圮家業」，甚至對飲酒都有規定，「子孫年未三十者，酒不許入唇，壯者雖許少飲，亦不宜沉酣杯酌，喧嘩鼓舞，不顧尊長，違者捶之。若奉延尊客，惟務誠慤，不必強人以酒」〔註52〕；吳麟徵（1583～1645）在《家誡要言》對此種環境下輕浮的士風也頗有應對，「師友當以老成莊重、實心用功爲良，若浮薄好動之徒，無宜有損，斷斷不宜交也」，「秀才本等，只宜暗修積學。學業成後，四海比肩。如馳逐中場，延攬聲氣，愛憎不同，必生異議。」「秀才不入社，作官不入黨，便有一半身份。」「熟讀經書，明晰義理，兼通世務，世亂方殷，八股生活，全然冷淡，農桑根本之計，安穩著數，無如此者。詩酒聲遊，非今日事」，「世變彌殷，只有讀書明理。耕織治家，修身獨善之策。即仕進二字，不敢爲汝曹願之，況好名結交，嗜利招禍乎！」〔註53〕這種對家庭生活趨於社會化的反對，甚至發展爲對戲劇乃至城市生活的反對〔註54〕。最後，反對消費上的「奢靡」行爲仍然是治家的原則，而事實上，晚明清初的奢侈消費大多與社會交往密切相關，集中表現在宴會、嫁娶、衣儀等方面，這種反對暗含著對秩序的嚮往以及內在精神生活的追求〔註55〕。

　　雖然家訓顯示士人試圖在巨變的社會中維持家庭半封閉性的特徵，但是，只有形成能夠顯示身份和品位的生活方式才能繼續這種狀態。明末清初的士人在繼承前人傳統的基礎上營建出一種閒雅舒適的家居生活，朱倩如在

〔註52〕 《中國歷代名人家訓薈萃》，第 288、290 頁

〔註53〕 《中國歷代名人家訓薈萃》，第 279～280、283 頁。

〔註54〕 姚舜牧《約言》說，「凡燕會期於成禮，切不可搬演戲劇，誨盜啓淫，皆由於此，慎防之守之」，同上書，第 248 頁；加拿大學者卜正民曾引用廣東繆氏族譜來說明當時一些人對城市驕奢遊惰的反對，見《縱樂的困惑》（生活讀書新知三聯書店 2004 年版）第 176～177 頁。其實同樣的觀點「異世鄉居，悉有定業。子孫不許移家，住省城三年後，不知有農桑；十年後，不知有宗族」，早就出現於龐尚鵬（1524～1580）《龐氏家訓》（收入《中國歷代名人家訓薈萃》，第 230 頁）中，繆氏的看法很可能來源於此。

〔註55〕 可參見上文所引諸人家訓，又海寧許汝霖（1640～1720）《德星堂家訂》（收入《中國歷代名人家訓薈萃》，第 355～359 頁）應能反映杭州的情況。

《明人的居家生活》將這一生活形態的內容概括為園藝生活、學藝生活、閒適生活，同時，還探究了居家生活的空間與格局以及類型〔註56〕，她的研究給予我們很大的啟發和幫助，下文將以高濂（（1573～1620）、王晫（1636～1705後）為例管窺明清交替時期的杭州士人家居生活。

主要生活於萬曆中期的高濂，和馮夢禎大體處於同一年代，而且後者在《快雪堂日記》中也有數處涉及兩人的交往，因此，其行事作風應可作為杭州士人的代表來看待。高氏所著《遵生八箋》（1591）正是從日常家居的角度建構出的一套生活體系，也成為很多學者研究明代社會生活的必讀書。身為士人生活的典範，高氏把「安樂」作為其家居美學的出發點，頗為批評遊走奔竟的士風，「吾生起居，禍患安樂之機也。人能安所遇而遵所生，不以得失役吾心，不以榮辱縈吾形，浮沉自如，樂天知命，休休焉無日而不自得也，是非安樂之機哉？若彼偃仰時尚，奔走要途，逸夢想於燕韓，馳神魂於吳楚，遂使當食忘味，當臥忘寢，不知養生有方，日用有忌，毒形蠱心，枕戈蹈刃，禍患之機乘之矣」，相應地他也指出了實現「安樂」的途徑，「知恬逸自足者，為得安樂本；審居室安處者，為得安樂窩；保晨昏怡養者，為得安樂法；閒溪山逸遊者，為得安樂歡；識三才避忌者，為得安樂戒；嚴賓朋交接者，為得安樂助」〔註57〕。

具體而言，高氏從居室建置、生活作息、環境避忌、賓朋接待等方面來說明家居生活。首先，在居室建置上，涉及到起居室、書齋、園藝等環節。鑒於南方雨多容易潮濕，高氏建溫閣用於儲藏，「今造閣，去地一丈有多，閣中循壁為廚二三層，壁間以板弜之，前後開窗，梁上懸長筅，物可懸者，懸於筅中，餘置格上。天日晴明，則大開窗戶，令納風日爽氣。陰晦則密閉，以杜雨濕。中設小爐，長令火氣溫鬱」，「閣中設床二三，床下收新出窯炭實之。乃置畫片床上，永不黴壞，不須設火。其炭至秋供燒，明年復換新炭」；營造清閟閣、雲林堂以便賞玩，「外則高木修篁，鬱然深秀。周列奇石，東設古玉器，西設古鼎尊罍，法書名畫。每雨止風收，杖履自隨，逍遙容與，詠歌以娛。望之者，識其為世外人也」，並且要求「客非佳流，不得入」，另有松軒，「擇苑囿中空明爽塏之地，構立不用高峻，惟貴清幽」；需要注意地是，

〔註56〕 朱倩如：《明人的居家生活》，明史研究叢刊，臺北樂學書局有限公司 2003年版。
〔註57〕 高濂：《遵生八箋·起居安樂箋》上卷，巴蜀書社 1988 年，第 249 頁。

高氏為了旅遊之便，還製造可以移動的居室觀雪庵，「中可四坐，不妨設火食具，隨處移行，背風帳之，對雪瞻眺，比之氈帳，似更清逸。施之就花，就山水，雅勝之地，無不可也。謂之行窩」〔註58〕。

雖然這些起居所在很有文化氣息，並試圖追求所謂逍遙清逸的世外人之感，但是士人的書齋更應為我們注意，高氏對其也進行了瑣細的陳說：「書齋宜明淨，不可太敞。明淨可爽心神，宏敞則傷目力。窗外四壁，薜蘿滿牆，中列松檜盆景，或建蘭一二，繞砌種以翠雲草令遍，茂則青蔥鬱然。旁置洗硯池一，更設盆池，近窗處，蓄金鯽五七頭，以觀天機活潑。齋中長桌一，古硯一，舊古銅水注一，舊窯筆格一，斑竹筆筒一，舊窯筆洗一，糊斗一，水中丞一，銅石鎮紙一。左置榻床一，榻下滾腳凳一，床頭小几一，上置古銅花尊，或哥窯定瓶一⋯⋯書室中畫惟二品，山水為上，花木次之，禽鳥人物不與也。或奉名畫山水雲霞中神佛像亦可。名賢字幅，以詩句清雅者可共事⋯⋯壁間當可處，懸壁瓶一，四時插花。坐列吳興筍凳六，禪椅一，拂塵、搔背、棕帚各一，竹鐵如意一。右列書架一，上置《周易古占》、《詩經旁注》、《離騷經》、《左傳》，林注《自警》二編，《近思錄》、《古詩記》、《百家唐詩》，王李詩，《黃鶴補注》、《杜詩說海》、《三才廣記》、《經史海篇》、《直音》、《古今韻釋》等書⋯⋯此皆山人適志備覽，書室中所當置者。畫卷舊人山水、人物、花鳥，或名賢墨蹟，各若干軸，用以充架。齋中永日據席，長夜篝燈，無事擾心」〔註59〕。

其次，與居室建置緊密相關的是園藝活動，高氏不僅在前述閣、齋、堂、軒的建造中處處布置花木，如清秘閣、雲林堂，「左右植以青松數株，須擇枝幹蒼古，屈曲如畫，有馬遠、盛子昭、郭熙狀態甚妙。中立奇石，得石形瘦削，穿透多孔，頭大腰細，嫋娜有態者，立之松間，下植吉祥、蒲草、鹿蔥等花，更置建蘭一二盆，清勝雅觀。外有隙地，種竹數竿，種梅一二，以助其清」，而且對花草、盆景等有專文探討，可見於《高子花榭詮評》、《高子草花三品說》、《高子盆景說》等文，從中可見種植花草的目的在於「我欲四時攜酒賞，莫教一日不花開」，或者「快一時心目」〔註60〕。

〔註58〕　《遵生八箋》，第268～269頁。
〔註59〕　《高子書齋說》，同上書，第270～272頁。
〔註60〕　《遵生八箋》，第273、276頁。

最後，家居的生活作息，高氏也頗有發明，他說：「恬養一日之法：雞鳴後睡醒，即以兩手呵氣一二口，以出夜間積毒……少頃進薄粥一二甌，以蔬茱壓之。勿過食辛辣及生硬之物。起步房中，以手鼓腹行五六十步。或往理佛，焚香誦經，念佛作西方功德。或課兒童學業，或理家政……杖入園林，令園丁種植蔬茱，開墾溝畦，芟草灌花，結縛延蔓，斫伐橫枝，毋滋冗雜。時即採花插瓶，以供書齋清玩。歸室寧息閉目，兀坐定神。頃就午餐，量腹而入……食畢，飲清茶一二杯……或就書室，作書室中修行事。或接客談玄，說閒散話。毋論是非，毋談權勢，毋涉公門，毋貪貨利。或共客享粉糕麵食一二物，啜清茗一杯……起送客行，或共步三二百步歸，或晝眠起，或行吟古詩，以宣暢胸次幽情，能琴者撫琴一二操……時乎晚餐，量腹饑飽，或飲酒十數杯，勿令大醉，以和百脈。籌燈冬月看詩，或說家。一二鼓始就寢，主人晏臥，可理家庭火盜生發。睡時當服消痰導滯利膈和中藥一劑」〔註61〕。我們可以看到高濂把生活作息的安排與養生結合起來，也發現他一天中的起居細節，如禮佛、種花、讀書、會客等。另外，高氏對一年四季的作息也有安排，詳見於《遵生八箋》關於四季幽賞的部份，這樣以士人為中心的家庭生活也就大體呈現出來了〔註62〕。

高濂為代表的士人生活，並未隨著清王朝的建立而斷裂，我們通過考察清初王晫的家庭生活就可意識到這一點。在前一章，我們說過其父諸生王湛（1606～1674）在崇禎年間以經商致富，在杭州社會逐漸穩定的康熙初年，他開始重新營建家居生活，王晫在其文集中多有記述，譬如在城郊興建詒燕堂、望春樓，「康熙六年（1667）秋，大人治生壙既畢，復鳩庀比材，復築室於壙之東偏……不數月室成，遂以詒燕名其堂……堂三楹，廣以三丈，其深二丈有奇，有軒有牖，圍以土垣，廊廡略具，無玩好淫巧以蕩心志，堂之外，無奇石異卉以媚耳目」，又「先大人墓在南村，去墓門而東為詒燕堂，堂之後有樓翼然而起著，曰望春樓。高可三尋，廣僅踰丈。雖不假雕飾，而能盡一村之勝，南面背堂無所見，立乎東以望南，雉堞逶迤，如帶如礪。東則曠野平疇，一望無極；稍北有山曰皋亭……西有古寺，殿閣參差，老松夭矯，鐘聲常冉冉度雲而出，北望屋瓦鱗次，煙火相接，人在橋上行者，望之如在空

〔註61〕《遵生八箋》，第284～285頁。
〔註62〕高濂在《遵生八箋》中還有關於文房器具、書畫、古董、琴、茶等的書齋生活有關事宜的詳盡陳述，限於篇幅，不再贅述。

際」，不難發現，這兩處別業所處的杭州北郊環境相當清幽，居室內部雖不華麗卻也完備。

這兩處居所對王氏一家的生活也產生了相當影響，「斯堂起於村僻，又近墓道，度無有過而問者，吾儕當春秋拜墓之日，猶得餕餘其中，徘徊周覽而知締造之勤勞焉，課訪農桑而知稼穡之艱難焉。父子兄弟相聚，而知尊卑之有別、長幼之有序焉」，又「每當春月，風日晴和，豆莢麥秀，菜花滿阡陌中。大人輒攜壺挈榼，率子孫，或邀二三老友，褰衣而登焉」〔註63〕，此外，王湛還用古缸蓄名貴之魚數十頭以資養生娛樂，應該受到了晚明風氣的影響〔註64〕。相較於高濂，王晫之父雖然也盡力營建閒適的家居生活，卻顯然沒有前者那麼精細、考究和高雅，因而王晫頗有意味地批評家居過於奢華的傾向，「吾見今之有力者，卜築必於郊邑之中，擇其勝地，務輦山石、濬污池，凡亭臺樓榭欄檻之屬，俱以疲極人力為工，顧往往有築未成而身已亡，或既成忽為他人所據，子孫竟不能守」，這一點可能是明清易代後士人家居觀念的些微變化。值得說明的是，王晫本人在家居生活中表現出對園藝活動的熱衷，他在自傳中說，「凡玩好珍異之物、摴蒲博弈之具，一無所蓄，亦無所好。惟覯名花不能無歡，嘗謂人曰：花當盛時，繁華赫奕，尋香而至者，往往攜殽核擁以笙歌。迨風霜零落，顏面忽改，求一過而問焉不可得也」〔註65〕。

概言之，在晚明社會變革的推動下，士人日常的生活空間——家居也相應發生著變化，在試圖與外部社會作出一定切割的思想下，營建一種閒適精雅的家庭生活。這種生活空間也在一定意義上重構了士人在現實社會中的權威和身份〔註66〕。

〔註63〕 《南牕文略》卷3，編入《霞舉堂集》，第27～28頁。
〔註64〕 《文魚記》，同上書，第32頁。
〔註65〕 《松溪主人傳》，同上書，第36頁。
〔註66〕 可參考汪利平博士論文：*Paradise for Sale：Urban Space and Tourism in the Social Transformation of Hangzhou, 1589~1937, University of California, San Diego, 1997.* pp50～58；另外巫仁恕的《品味奢華——晚明的消費社會與士大夫》（中華書局2008年版）第4章也從旅遊消費的方面分析了士人生活和身份間的關係。

三、杭州士人與交遊

士人的流品、治生和生活空間，可以說是士人生命歷程的決定因素，然而通過融入社會，尤其是廣泛的交遊，積累一定人脈資源後，其日常生活也會發生變化。同時，與相對穩定的家庭生活不同，交遊還帶來物質利益、社會關係以及思想觀念等多方面的變動。

明清時代的倫理關係，大致可以從家庭和社會兩個方面來把握，我們從編訂於清初的大型類書《古今圖書集成・明倫彙編》當中就能看到士人對此的認識。該編《家範典》將家庭內部關係分為祖孫、父母、父子、母子、女子、姑媳、子孫、兄弟、姊妹、嫂叔、妯娌、叔侄、姑侄、夫婦、媵妾以及其間可能涉及的乳母、嫡庶、出繼、養子等，這使得我們對家庭關係的認識能夠擺脫「三綱五常」的概念化理解，而家庭外部又會涉及到宗族、女族（外祖孫、甥舅、母黨、翁婿、姻婭、妻族、中表）、戚屬、奴婢等多方面的關係；其《交誼典》則把社會關係歸為師友、師弟、主司門生、朋友、父執、前輩、同學、同年、世誼、結義、賓主、故舊、鄉里、僚屬等〔註67〕。單從表面上看，家庭和宗族關係的錯綜複雜幾乎足以把士人完全束縛到其中，但從明清的家庭規模平均人數約 5 人來看，三代以內的父系家庭可能是多數，所以家庭關係事實上在簡化，而且從前文所論的家居生活亦可發現士人對宗族生活的游離，甚至可以說他們在追求著以個體為中心的私人生活。另一方面，社會性的師徒（含主司門生）、朋友、同學同年、鄉里等關係的作用似乎逐漸上升為主流，前一章我們談到的會社等網絡大體上都依賴於這類關係的充分發展。需要指出的是，家庭關係與社會關係往往相互滲透，比如朋友間互相通婚成為姻婭，父執、世誼則是在家庭前提下才會出現的。

既然社會性的人際關係趨於主導，我們很有必要從士人交遊的角度，探討其呈現的狀態與形成的過程，乃至可能帶來的影響。前文談到陳寶良先生從禮儀層面對社會交往所作的劃分，這一劃分無疑反映出當時社會的等級秩序；而通過我們對士人社會分層的分析，也可發現當時的交遊存在著階層界限，也就是說，日常交際在制度上的規範和現實中的表現有著一致性。不過，這種考查方式更多的著眼於交遊的整體或結構，下文我們則主要從行為或活動的視角來探究。

〔註67〕《古今圖書集成》第 3 冊《目錄》第 17 卷，中華書局 1934 年影印本。

（一）訂交、聚會和饋遺

《古今圖書集成・明倫彙編・交誼典》將交遊活動歸納爲居停、拜謁、贈答、饋遺、宴集、乞貸、請託、盟誓、餞別、品題、薦揚等〔註68〕；今人陳寶良先生又指出明代官場的社交活動主要有期會、迎送、酒席、供具、壽儀五方面，其他紳士也可依出身、曾任官職獲得相應的與地方各級官員交往的資格，生員的交往則主要有與庶民百姓的交往、生員間的交往、生員與上官的交往等方面，不過陳氏並未說明鄉紳、生員等的日常交往活動類型〔註69〕。我們將上述說法合在一起，那麼士人涉及的交遊方式應該有盟誓、居停、拜謁、贈答（含品題、薦揚）、饋遺（含壽儀、供具）、宴集與期會（含酒席）、迎送（含餞別）等，其中以盟誓、宴集與期會、饋遺等較爲重要。

盟誓，早期的含義多指政治上的規約，《尚書》、《春秋》等就經常用到，然而後來，該詞的內涵逐漸偏向人們建立一定具有道德約束的人際關係。這樣的話，盟誓和訂交的詞義已是相當接近，可作爲一個問題來看。譬如，明中後期日漸普遍的會社現象就往往與盟誓相關，個人間的訂交也會以歃血爲盟的方式建立〔註70〕。明清士人的訂交與求學、出遊等密切相關，例如，杭人李東琪在爲友人作序時憶及訂交由來，他說自己和西泠諸子的交往，「予少喜爲詩，然好自寬，及與柴子虎臣、毛子稚黃相晨夕而後，不敢易言詩也」；和某友人的訂交源於他人介紹，「予之交沈子亮臣也，自朱子全古始。全古與予別乖二十年，一旦相見於燕市。兩人勞苦如平生，其間患難流離、窮愁淹抑之語，各不忍聽也。已，全古謂予曰，今長安有性好結客而食常不足，如鄭公業其人者，子願見之乎？因是得與亮臣交」；另外，還有因爲自身聲名，與人偶然訂交的，「僕北遊至淮時，已昏黑，有人附載。遙聞其訊諸人姓氏，同舟人因悉舉以對，至僕獨訝……早更面叩僕曰，吾幸矣，吾越中李楚建，被先生名久矣。兩人恨相見之晚，遂偕至京師。因楚建又得交於徐子本生」，李氏還由這種交往，對訂交的類型進行了概括，「夫僕之交楚建也始於淮，其交本生也始於燕，固非有親識之舊也，又非有一介之通也，又非有勢與貨之

〔註68〕《古今圖書集成》第3冊《目錄》第17卷。
〔註69〕《明代社會生活史》，第617～619頁。
〔註70〕從《古今圖書集成・交誼典》第70卷盟誓部（第336冊）可以看到這一意義上的轉變，該卷舉孫一元爲例「相與盟於社」，而張居正和高拱則是所謂「香火盟」。

可相攀援也。今且豆觴宴語之日接而往來，文翰之數通，雖言交情之親且固莫能比也」〔註71〕。

簡言之，訂交的主要條件，或者是親識、或者有人介紹，或者有權利財富可以利用，或者有好的聲譽。而一旦訂交，士人間往往會建立擬血緣化的倫理關係，相互間必須盡己所能給與幫助，如李東琪，「亮臣本諸生，今以《鏡經》一卷賣藥市上。為人坦率有真性，常振人之急，念予遠至京師，金盡裘敝，迎致其家，解衣推食，禮踰昆季」〔註72〕。

宴集與期會是交遊中最常見的活動，既有官場公務性的酒席——巡按臨府巡歷，或知府到任，均須擺酒接風，也有遍及官民的期會——定期聚會、飲酒娛樂，還有其他不定時的私人宴會〔註73〕。可以說這種聚會是士人交遊擴展的主要場合，人們在其間交流信息、建立友誼或鞏固感情，甚至談論字畫等，如王晫在《與仲昭兄》中說：「嘗過米山堂，烹佳茗，爇沉煙，縱論古今，酬對了無倦意。坐稍久，便具酒殽，既嘉且旨，務必極弟輩歡。或當風日晴好，往往出其法書名畫，互相評賞，興到或臨摹數紙，或寫奇石三兩塊見貽」〔註74〕，從中不難發現宴與會關係緊密，而且宴會還成為文藝交往的媒介，「池上樓之集，風日清佳，形神休暢。岸傍楊柳，池水搖青；檻外芭蕉，紗窗分綠。斜陽返影，時鳥變聲。古鼎添香，瓶花換色。偕良友以坐論，儼神仙之所居。自愧仲宣之才，登樓作賦；誰假惠連之夢，池上題詩」〔註75〕。甚至，宴會也是表達友情的手段，王氏又有《友來矣》一詩，「友來矣，忙倒屣。罷琴書，命酒醴，金蘭氣誼從茲起。既見君子，云胡不喜」〔註76〕。

需要強調的是，一方面，宴會對身份頗有限制，譬如縉紳宴請知府，即使是公宴，舉人、貢生等均不得參加；另一方面，宴會助長著「奢靡之風」，如湖州知府上任，齋宿城隍廟，有酒席接風，並演戲，後來甚至縣裏送秀才應鄉試，或者童生進學，也都在明倫堂擺酒演戲〔註77〕。

〔註71〕 參見《池上樓詩集序》，《元旦詩序》，《贈燕中徐子序》，皆收入李式玉《巴餘集》，《清代詩文集彙編》第78冊，第170～171頁。
〔註72〕 《巴餘集》，第172頁。
〔註73〕 《明代社會生活史》，第617頁。
〔註74〕 《尺牘偶存》上，第178頁。
〔註75〕 《與姜宣貽》，《尺牘偶存》上，第180頁。
〔註76〕 《禽言》，編入《霞舉堂集》，第246頁。
〔註77〕 《明代社會生活史》，第617～618頁。

　　饋遺，即送禮，也是士人交遊中頗爲普遍的現象。前文所列的壽儀指的是慶祝官員壽誕的禮金，而迎送、供具也都是官員彼此交往時送禮名目，事實上饋遺絕不限於此，陳寶良先生就明確地說，在明代，送禮之風盛行，如知縣作爲縣學提調官，一些富家宦族子弟會饋贈知縣厚幣並拜爲門生，而某些在鄉宦與諸生爲了與縣官交好，就送冊葉、錦屏、冊詩，這些禮物多請人代作，由士大夫署名，再裝爲墨帖，裝潢之費甚至達到數十兩銀子〔註78〕。

（二）遊道

　　大體而言，人際交往或者說交遊，需要遵循等級和倫理等規範的要求而行，簡稱之爲游道。明代的士人交遊，隨著中後期社會的變革也發生著巨變，陳寶良就認爲，明代社交禮儀，大體以嘉靖中葉爲界，前後迥然不同，嘉靖中期以前，循禮蹈法，其後禮法蕩然〔註79〕。這種變化，主要體現在尊卑長幼秩序破壞，和交往的功利化。

　　關於交遊中的秩序缺失，陳氏指出，明中葉後，京城官場，四方流寓之人甚眾，尤其是山人高士來到都城，與縉紳大僚相交，導致游道大壞，雖京城交道原本不薄，自從游道一壞，交道也隨之濫倒；同時，生員社交也走向兩個極端：一方面，生員拋棄禮法，傲氣日生，以致師媚生徒，守令輕易與生員結交；另一方面，則是生員自貶士氣，捨禮以媚人，士媚其守令，甚至媚胥吏〔註80〕。鄭仲夔在《玉塵新譚》也說：「近日市交成習，意氣日微，媚官長而不憚跋涉者比比矣。至爲友而遠於將之，余不多見也」〔註81〕。這一狀況也延及清初，王晫友人曾在其信下點評說，「近見後生輕詆老成，而老成亦複重抑後輩，究竟聲名不久俱敗，何若前推後挽之爲得也。非遇解人，莫得要訣」〔註82〕，可以看到順治、康熙年間，交際活動和某些倫理關係仍相當緊張。

　　其實，交往的功利化更爲突出，杭人高濂對於萬曆時代的交遊頗有觀察，其在《遵生八箋》中說，「今之世，友道日偷，交情日薄，見則握手相親，背則反舌相詆，何人心之不古乃爾？此輩自薄，非薄我也。不知詆我以悅他人，

〔註78〕　《明代社會生活史》，第618頁。
〔註79〕　《明代社會生活史》，第619頁。
〔註80〕　《明代社會生活史》，第613、620頁。
〔註81〕　《耳新》卷5，收入《玉塵新譚》，浙江古籍出版社1983年，第194頁。
〔註82〕　《尺牘偶存》卷下，第189頁。

他人有心亦防爾詆。自己輾轉猜忌，智巧百出，視友道爲路塵，宜管鮑陳雷之絕世也……又若一輩，與富者交，惟欲利其利；與貴者交，惟欲利其勢」，面對這一情勢，他的對策是，「古者貴擇交，且交以心，匪交以面也；交不能擇，友不以心，是誠面交矣，何能久且敬哉？故君子寧寡交以自全，抱德以自重，乃鄙泛交以求榮，趨附以自賤也」〔註83〕。而晚明士人干謁之風的盛行，應與交遊的這一特徵頗有聯繫。

清初，這種利益性的交際也不鮮見，王晫本人曾向擔任地方官的友人索取盆景，「曩過鐵公寓，見庭際供一盆，方廣不數尺，內列層巒疊嶂，曲徑疏林，一丘一壑，大類北苑筆意。注視良久，幾欲投足其中，鐵公笑而止之，因告以得之貴治者。僕數欲過嵽城，歷覽名勝，聞此益覺心神俱往。然足下能以山林小景見遺，日陳几案以當臥遊，則在僕可無舟車之費，亦免供應之煩，諒足下必熟於計，應即遣青猿銀鹿載之而來矣」〔註84〕，他還記錄一件關於士人以詩干謁高官的事，「龔合肥（龔芝麓）以總憲守制家居，時人投詩日裒什伯計，閽者往應接不暇。一日，有士人投詩，閽者受置几上，士促之，閽者擲其詩，叱曰：去去，汝這詩蛆，也來獻詩。士大慚，拾詩掩面走。一時傳以爲笑。予謂此人猶有骨氣，若至今日，必拾詩再進，低聲下色以求閽者。候立其門，終日不去矣」〔註85〕。與王晫有關的這兩件事，表現了士人功利化交往的兩種情形，前者是所謂「打秋風」，後者則是干謁求進，至於其他手段還有許多，不作贅述。

（三）聲名

在士人交遊中，物質利益之外，聲名的追逐顯得尤爲重要。並且晚明以至清初，月旦人物、標榜聲氣的時代風氣極爲盛行，鄭仲夔就說，「吾豫章即多才，然近日率擅於名，粗識古書，便爾大言誇人，謂世多空腹，咸莫己若，至功名之際，益不能自持矣」〔註86〕，這一現象同樣存在於杭州。清初，王晫在其私人書信集中多次談到有聲名的事項，下面以其爲例作一探究。

〔註83〕 《遵生八笺》，第 312 頁。
〔註84〕 《寄趙雕客明府》，《尺牘偶存》卷下，第 190 頁。
〔註85〕 王晫：《紀黃九煙先生語二則》，《牆東雜鈔》第 4 冊，南開大學圖書館藏本（一函四冊）。
〔註86〕 《耳新》卷 1，第 177 頁。

　　具備聲望和美譽的士人往往被稱為名士，因為具備較大的社會影響力，所以為人嚮往。而獲得聲譽的關鍵在於作出符合士人風尚的行為，王晫在《今世說》就談到杭人汪汝謙的成功秘訣，「汪然明教其子成名，即放浪湖山，青簾白舫，選伎徵歌。日與二三知己傾尊賦詩以為笑樂。望見者謂前則子瞻，後惟廉夫，差堪仿彿其概」〔註87〕，從中可以看出名士的標準在於詩歌遊樂，另外名士還要有頻繁地交遊活動，王氏友人，就說「昔之名士，門庭蕭寂，今之名士，門庭繁雜矣」〔註88〕。

　　另一方面，成名也需要處理好士人群體內的人際關係，王晫在給友人的信中說，「僕嘗謂，聲名未立，宜結交前輩，蓋籍前輩之游揚，而後我之聲名可以通之天下。聲名已立，又宜結交後輩，蓋籍後輩之推尊，而後我之聲名可以傳之永久……比四方仰足下名如星日，到處必多逢迎，凡遇少年英奇卓犖之士，皆望一一與之訂縞帶交，則異日品定我輩之聲價，安知不竟出其手？今因足下遠行，所最關切者，無過此事」〔註89〕。

　　名士作為士人中的精英，數量較少，為了達到這一目標，士人間自然少不了競爭。王晫主張不要批評前賢，以糾正當時風氣，他曾就友人批評晚明名士陳繼儒一事說，「集內論陳眉公一篇，批駁精確，可謂讀史巨眼，即起眉公於九原，恐亦無以自解。第此老享名已久，足下一旦以數言摘其隱微，且欲懸諸國門，使人盡知此論，則眉公不幾無容身之地耶？竊謂尊集付梓，是篇藏之篋中可矣。隱惡揚善，聊為知己獻一箴耳，況後之視今，固猶今之視昔，僕輩雖不才亦皆妄以千秋自嘲，倘後日盡如足下，其人起而非之，僕輩復何望哉」〔註90〕。

　　王晫中年時，頗是受人譭謗，他說「從來清名，上帝所忌，而得謗可以銷名，桀犬之吠適足以永終譽，感且不暇，恨何為哉？僕早已置此老於度外，幸勿復為念」，又說「僕近日亦但有其謗耳，道與名兩無所得。然因此恐懼修省，較未受謗時覺稍有益，則憎我者未必非愛我也」〔註91〕。面對這一狀況，他不禁感慨說，「近日吾黨爭名，亦幾類是，吾願諸子第求人各精其業，而業

〔註87〕　《今世說》卷6。
〔註88〕　《與蔣大鴻》，《尺牘偶存》，第166頁。
〔註89〕　《與方文虎》，《尺牘偶存》，第188頁。
〔註90〕　《與韓起符》，《尺牘偶存》，第174頁。
〔註91〕　《與胡循蜚使君》，《尺牘偶存》，第176～177頁；《與卓有枚》，《尺牘偶存》，同書第178頁。

之行與不行、人之就與不就，亦各聽之天下可耳。雖爭無益，何以忌毀爲哉？」〔註92〕。

同時，對聲名的過度追求，在加劇了士人內部競爭外，似乎也異化了朋友的本質，因此王晫像他的先輩一樣主張愼交甚或寡交，「五達道之中，獨於朋友下一交字，須知我意中有此人，人意中亦有我，方可論交。若泛泛然，終日望門投刺，斯時情義原不相浹洽，顧望其久要不忘，安可得乎？」清初江西文學大家魏禧對此也點評說，「人之相知，貴相知心，知心良希，此禰衡所以十年而懷一刺也」〔註93〕。

小　結

我們較爲宏觀地探究了士人的社會分層、生活空間以及交遊後，有必要說明三者在社會網絡裏各自的作用。首先，社會分層使得士人的流動性在加強，職業化的治生又使得他們中大部份與家園的關係較爲疏離；而寄生和依附現象的大量出現，則主要是不同流品的士人以文藝爲媒介聯繫在一起的產物，這樣，文化身份和技能在一定意義上成爲了士人與社會交易的工具。

其次，生活空間的精細營建，表面上反對著外部社會對文化的商品化（如以詩歌干謁等寄生現象），其實質卻強調了士人生活的高雅品位以及文化身份在商業化社會的不可或缺。高濂的《遵生八箋》和後來李漁的《閒情偶寄》大量刊行，無疑說明家居生活中的高雅行爲和觀念是士人社會網絡的核心價值。

最後，在交遊問題上，明清之際的士人在相當程度上打破了等級制度的束縛，以功利化和聲名化爲特徵的社交現實，一方面加劇了士人內部的社會競爭，另一方面又爲建立跨越區域、流品等限制的全國性士人社會網絡創造著條件。

第二節　杭州士人的社會網絡和空間

社會網絡依賴於一定的空間而運行，同時又對之有所塑造。杭州自唐宋以來因山水而名聞天下，西湖及其周邊作爲一個特殊的自然人文空間，必然和該地的士人網絡有著複雜而又多樣的互動。

〔註92〕　《與友》，《尺牘偶存》，第 200 頁。
〔註93〕　《尺牘偶存》上，第 166 頁。

明代中後期以降，士人旅遊風氣日益興盛，不僅是上層士大夫的「宦遊」，一般士人的旅遊活動也較為頻繁，他們寫下許多遊記，使得江南地區的城市及其附近形成了眾多全國性的旅遊勝地，不止如此，士人還將旅遊活動塑造成一種體現身份和地位的文化行為〔註94〕。對杭州而言，當地士人享有地利之便，出遊更成為日常生活的重要部份，他們不僅以此顯示其文化和地位，而且積極維護和建設自身所處的空間——西湖及其周邊，同時還利用各種文本如方志、詩歌、遊記、書畫等將之記錄為風流繁華的場所，從而傳達出杭州甲天下的形象，正如萬曆《錢塘縣志》（以下簡稱《錢》志）所強調的那樣，「錢塘山水之勝，天下稀聞，故效《水經》之例詳紀之，以當臥遊」〔註95〕。

一、湖山的重建

杭州西湖及其周圍的山川，對於晚明的當地士人而言，恢復其唐宋時代的舊觀意義重大，田汝成在《西湖遊覽志》卷一中歷述唐宋以至明嘉靖時代的西湖變遷，並感歎說：「自是（按：正德三年楊孟瑛修濬西湖）西湖始復唐宋之舊，蓋自樂天（白居易）之後，二百歲而得子瞻（蘇軾），子瞻之後，四百歲而得溫甫（楊孟瑛）。邇來官司禁約浸弛，豪民頗有侵園為業者。夫陂堤川澤易廢難興，與其浩費於已墮，孰若旋修於將壞。況西湖者，形勝關乎郡城，餘波潤於下邑，豈直為魚鳥之藪、遊覽之娛，若蘇子眉目之喻哉？」〔註96〕從田氏的話語，可以感到他對西湖衰敗的擔憂。

到萬曆朝，以虞淳熙為代表的杭州士人這種怨愁有增無減，田叔禾曰：「開濬西湖，非有廉毅之才、豁達之度者，不能舉也。惟平日嚴侵佔之禁，自可垂利於無窮，迺今官府往往以旁湖水面標送勢豪，編竹節水，專菱芡之利，或有因而漸築塍埂者，寧念前人作者之勞耶？杭歌有之『十里湖光十里笆，編笆都是富豪家。待他享盡功名後，只見湖光不見笆』，又「今但作濬復計，自湖心亭引繩至岸，問四方幾尋、四隅幾尋，勒石於亭，而都水者歲一執度稽焉，不如額，始問僦者，將何辭以解？常見水落葑乾，佃者以地請，官司不勘而授之，審爾第以賜賀知章輩，何愛一畝四鐶佃錢耶？日者，柳浪

〔註94〕晚明的旅遊活動之研究，可參考巫仁恕的《品味奢華》第4章，中華書局2008年，第169～203頁。
〔註95〕聶心湯：萬曆《錢塘縣志·凡例》，武林掌故叢編，第16集。
〔註96〕田汝成：《西湖遊覽志》卷1《西湖總敘》，武林掌故叢編，第20集。

一區漸入天光雲影，故當盡還我明聖宅矣」〔註97〕。不難發現，西湖衰敗的威脅主要來自農、漁業的侵佔，而維護西湖的存在則必須依賴官府的支持。

在前一章，我們對晚明的放生會作了相當詳細的考證，認爲以其爲媒介，晚明的杭州出現了一個以當地官紳爲主要成員的社會網絡，其中的成員有鄉紳馮夢禎、虞淳熙、黃汝亨以及當地官員金學曾、吳用先等數十人。因而，憑藉這一權力資源，虞淳熙等杭州士人尋求對湖山進行重建，以求復現唐宋時代的面貌，《錢》志記載說：「十錦塘，往惟細路，浮沉漣漪而已。一日梁銓、虞淳熙侍吳方伯自新同飲堤畔，請曰：公能爲吳堤配蘇堤乎？吳曰：是欲精衛我也，惟孫公大勝愚公，吾力能使修蛇吐紅耳。二子佯不信。數日，吳大笑語二子，孫意決矣。俄而，堤成，大費花石，猶以前王配舊守，稱十錦塘云。自此，午日繪衣畫楫龍舟競渡，中元放燈蓮花滿湖，銀釭火樹，玉簫金管，遂比上元之盛，而夢華舊物重見於斯，信熙朝之盛事也。至於水艦飛樓，鳧鷖高舂，萬斛千料所不足，殆方信巧桂化狐刲木矣。酒殽聲伎，金銷於釜，半歸塵甑，庶救荒之一策。第遊士遊女，啓幃投抒，將無左貂悅人媚渝西子，而兩生亦微有咎焉」〔註98〕，從這則引文我們看到，虞氏等利用自己和浙江巡撫吳自新的私人關係促成了西湖新堤的營建，而實際的承擔者「孫公」則是當時杭州的織造太監孫隆。

孫隆所主導的這次重建遠不止十錦塘一處，《錢》志又說：「邑沿湖如淨慈、靈隱、昭慶、龍井、石屋、湖心、玉泉、玉虛、文昌諸寺，皆孫司禮隆所營葺，金碧輝映，可方化樂蕭臺，彼自崇仙釋、自種福田，收花果報耳。獨爲岳忠肅闢神道，通湖列植大柏，有參天溜雨之勢。而湧金、十錦、問水、望湖，亭榭雄麗，足供眺泊，差可人意。然銷遊客之金於鍋，故不若深貯橐中也。其人往往廣種悲田，邑子德而尸祝之」〔註99〕。

需要注意的是，孫氏的重建較爲偏重寺廟等宗教景觀，很可能與此時期杭州的佛教復興大有關係。尤其是，在蓮池袾宏的倡導與影響下，杭州的士人網絡也對寺廟及其景觀的營修頗爲著力，譬如三潭印月的再現，《錢》志曾說：「萬曆三十五年（1607）七月，郡邑監司請復三潭於三臺，許之，始謂不過復放生池之舊，用比惠民局、漏澤園而已。迨詢之父老，三塔下覆三潭，

〔註97〕萬曆《錢塘縣志·外紀》，第37～38面。
〔註98〕萬曆《錢塘縣志》，第38面。
〔註99〕萬曆《錢塘縣志》，第39面。

三潭上承三塔，是各有堤防，水不外泄，居者自汲自飲」，不過這只是開端，《南屏淨慈寺志》就詳細記載了其全部過程，「三潭放生池，湖中舊有三潭三塔及湖心寺，塔寺既廢，潭址遂堙，田幾半湖內。萬曆三十五年（1607），錢塘縣令聶心湯請於水利道王道顯申呈撫按牒行，本縣查覆三潭用蘇長公濬湖法，卷取堙泥繞潭築埂，環插水柳，又於舊中塔基重建德生堂，專爲放生之所，擇僧守之，禁絕漁人越界捕捉，董之者縣丞雷文龍也。三十九年縣令楊萬里繼築外埂。至四十二年（1614）湖水涸，而潭以濬故得不涸。乃知湖源實在此，鹽臺楊鶴檄增濬之，復以沙增築潭埂數百丈而中潭成，董之者閩人謝兆申也。四十三年（1615）湖水溢，撫臺劉一焜、按臺李邦華、鹽臺崔爾進，檄增中潭沙埂三尺，並卷堙濬南北兩潭，於是三潭舊跡盡復。杭郡守楊聯芳復拓德生堂址，建閣三楹中，供西方接引三聖，飛踶蓮臺製極妙麗，董之者淨慈僧大壑也。至於數年間，倡議運籌，捐資集費，則皆虞司勳淳熙、黃膳部汝亨、葛憲副寅亮諸鄉紳終始焉」〔註100〕，從這些記載，我們明顯看到三潭印月的重現是當地官紳配合的成果，這其中如果沒有當地士人社會網絡的存在恐怕是難以實現的。

杭州自五代錢氏立國後，廣建寺院，逐漸成爲東南佛都。晚明佛教的復興，尤其是放生行爲的流行，更使得僧人和當地士人間的關係日益緊密，後者也對寺院進行著不斷的捐贈，如土地的捐贈：

> 萬曆二十三年（1595）三月，雲棲宏大師講圓覺竟，內監孫隆、鄉宦虞淳熙、宋應昌、馮夢禎等共損貲合餘嘅贖之，復放生古蹟爲大師壽；四十二年（1614）正月宏師八旬，鄉宦金學曾、虞淳熙、翁汝進、沈淮、錢養廉、洪瞻祖、黃汝亨居士、聞淶、王宇春、宋守一、鄭之惠等共捐貲買到寺僧性善蕩三畝三分七釐四毫，坐落錢塘縣城西二圖騰字圩，東至萬工池塘，西至張雲翼蕩，南至淨慈港路，北至行路通前池以廣放生，爲宏師再壽；三月鄉宦葛寅亮買到邵秀蕩六分七釐有奇，坐落錢塘縣城西二圖騰字圩，東至萬工池塘，西南至本寺新放生池，北至行路通前蕩爲放生池；四十三年五月寺僧清傑買到邵秀蕩一畝五分六釐，坐落錢塘縣城西二圖騰字圩，東至本寺蕩，西至鄒家蕩，南至寺港，北至行路通前蕩，爲放生池；四十四年（1616）正月護法趙爾昌、鄒之嶧議捨原買張永年蕩一十

三畝三分六釐三毫，價二百兩止收其半，虞山居士王宇春募其鄉紳錢謙益、顧大章、翁憲祥、瞿汝說等共足之，昌、嶧仍以前金並捨仁和真寂院訖，其蕩坐落錢塘縣城西二昌騰字圩，東至本寺放生池，西至西湖，南至淨慈港，北至行路上。有藕莊一所。今改葺為佛影居，傍有古樹，一帶濬通前蕩，永遠為放生池。一永明塘院，萬曆三十七年（1609）正月住持性蓮置到田十三畝五分，坐落富陽縣春名一昌，華野沙宇字號；三十八年十月鄉宦葛寅亮置到柴山五段共十一畝七分，坐落錢塘縣城西一昌，南屏後山騰字號；三十九年八月中秘吳敬等置到田五十畝三分八釐四毫，坐落富陽縣春名一昌，華墅沙宇字號。〔註101〕

又如修建僧舍，「法華臺在慧日峰下，即石隱新構香嚴社處也。林藪綿蒙，崖壁相望，回岫縈紆，石路阻峽，湖山暎帶，憑眺無遺。相傳永明和尚日於此誦法華經，嘗感諸天雨華繽紛岩壑，明高士孫一元亦嘗卜居焉。萬曆甲午（1594）內監孫隆構亭以識舊跡。迨辛亥（1611）亭圮，方伯吳公用先、王公在晉、及膳部黃公汝亨諸檀，為僧壑別構香嚴社於臺前，承阿枕流，窅篠虛敞奇為嘉觀」〔註102〕，可以發現，捐贈者基本都是放生會的成員或袾宏的信徒，而太監孫隆很可能也是該網絡的一員。

對於萬曆末的這次士紳合理的重建湖山工程，留美學者汪利平在其博士論文有過精彩論述，她指出，西湖的修建工程單靠地方官難以實現，必須借助國家的支持（譬如強調西湖對水利灌溉的重要性），太監孫隆的成功在於其控制著絲綢的生產；孫氏對西湖的美化工程至少花費了一百萬兩銀子，而疏濬西湖的楊孟瑛卻只用了兩萬三千多兩銀子，孫的行為目的，在於贏得當地士人的認同，事實上在相當程度上也達到了〔註103〕。我們認為，汪的觀點在一定意義上忽略了杭州士人在湖山重建中的貢獻，也沒有充分注意到孫隆和當地社會網絡間的關係，因而有所欠缺。

寺廟的重修，並不能滿足士人對其他文化空間的追求，晚明西湖諸多園林的創建就說明了這一點。前一章我們在探究小築社時，談到過馮夢禎在孤

〔註101〕 《南屏淨慈寺志》卷9僧制。

〔註102〕 《南屏淨慈寺志》卷1形勝。

〔註103〕 參見汪利平博士論文：*Paradise for Sale：Urban Space and Tourism in the Social Transformation of Hangzhou, 1589~1937, University of California, San Diego, 1997,* pp37~41。

山就建有別墅快雪堂，《錢》志則又載有「白閣、朗閣」，「西湖有唐宋二十九閣。惟稱竹閣，今則有邵重生之白閣、吳之鯨之朗閣，兩人庶無愧云」〔註104〕，邵、吳兩人與馮氏均爲好友，也皆是放生會的成員，不約而同地修建私家園林絕非偶然。汪汝謙在《西湖韻事》中回憶了萬曆末年的湖山盛況，還特別提及西湖各處的園林，「往神廟遣文書房東瀛老內監董理東南織造，齋心事古，而又能捐上賜金錢妝點湖山名勝處，畫船簫鼓括地沸天，縉紳先生如馮開之司成、徐茂吳司李、黃貞父學憲主盟騷壇，而四方韻士隨之，二三女校書焚香擘箋以詩畫映帶左右，而余以黃衫人傲睨其間。若南屛之竹閣、雷峰之雲岫、岣嶁之山莊、靈鷲之準提閣、西泠之未來室皆次第建置，藻繪熙朝」〔註105〕。這些私家園林並不只在休閒娛樂，很多是書齋性質的，譬如「寓林，黃汝亨結廬讀書在南屛小蓬萊，題曰寓林」，又「芙蓉園，明富春周中翰園：李翁課子此園偏」〔註106〕。更有甚者，建多個私家園林，不論讀書、會客、娛樂兼而有之，如鄒之嶧，「字孟陽，錢唐人，住杭城薦橋東山衖，以財雄於里中，有別業在河渚，又雷峰之陽有書室名邏園，亦名小築，取杜詩畏人成小築意」〔註107〕，鄒氏身爲小築社成員，無疑爲該社的發展提供了物質保障。

園林之外，流動性的空間——船，是杭州士人另一個傾力營造的居所。汪汝謙又說：「時遊舫仿宋之蝸頭舫，榜人行於舟頂，包涵所觀察初造樓船，余弟季元匠心製洗妝臺，樓榭悉備，余更折衷爲不繫園、隨喜庵，挈以諸式米家書，畫舫具體而微別，有小艇曰觀葉、曰小團瓢，良辰美景，一棹可以自由。乃世俗猶尚飛盧雀室，望之如蜃樓海市，頗足壯觀。貞父則截竹爲筏，出沒煙波，怳然天際浮槎（木筏），尤韻致可喜」，汪氏此處提到的竹筏名爲「浮梅檻」，黃汝亨有專文記之：「客夏遊黃山白嶽，見竹筏行谿林間，好事者載酒從之甚適。因想吾家西湖上湖水清且廣雅，亟此具，歸而與吳德聚謀制之，朱欄青幕四披之竟與煙水雲霞通爲一席，泠泠如也。按《地里志》云：有梅湖者昔人以梅爲筏，沈於此湖，有時浮出，至春則開花流滿湖面，友人周本音至，遂欣然題之曰浮梅檻。古今人意同不同未可知也。書聯者二：一

〔註104〕萬曆《錢塘縣志・外紀》。
〔註105〕汪汝謙：《西湖韻事・重修水仙王廟記》，武林掌故叢編，第1集。
〔註106〕《南屛百詠》，武林掌故叢編第2集。
〔註107〕徐逢吉：《清波小志》，武林掌故叢編，第4集。

日湍廻急沫上，纜錦雜華浮；一日指煙霞以問鄉，窺林嶼而放泊。每花月夜
及澄雪山陰，予時與韻人禪衲尚羊六橋，觀者如堵，俱歎西湖千載以來未有。
當時蘇白風流意想不及，此人情喜新之譚。夫我輩寥廓湛妙之觀，豈必此具
乃與梅湖仙人爭奇哉」〔註108〕，這種與山水爲伴的隱逸精神影響很大，並成
爲杭州士人網絡的時尚行爲，小築社以及讀書社的領袖聞子將在絕意仕進
後，撰《打船啓》以倡導同人集資造船，可能就是這一潮流的反映。

　　最後，需要說明的是晚明的湖山重建也只是繁榮一時，西湖也面臨著和
其他湖泊一樣的境遇——來自侵佔湖泊勢力的威脅。清初，李漁曾記載當地
官紳保護放生池的事件：「西湖非他，宋之放生池也。今日所謂放生池，較之
當年，僅一勺水耳。天禧中，王欽若奏以西湖爲放生池，祝延聖壽，禁民捕
採。迨元，廢而不治，任民規竊。明初亦莫之禁，且設稅額，漁人佃之。萬
曆中，縉紳、士庶合請於當道諸公，始就湖心寺前後左右，繞潭築埂，環插
水柳，爲湖中之湖，即今日之放生池也。游泳其中者，皆喜壽域之寬，今悲
生命之促矣。然猶賴邑宰禁飭之嚴，寺僧防守之密，始可無虞。而扼要之策，
則在勤修地埂；一有滲漏，即爲盜者所乘。是以陳定庵封君、顧且庵直指、
嚴柱峰侍御，及朱膽生、鄭乘文文學，皆預儲工費，有缺即補。乃今數年來，
朝塞暮穿，難以越宿，女媧不能見其長，公輸無所施其巧。開士東也，控於
明府梁公，求查所以不堅之故」〔註109〕，從中可以看出西湖景觀的保護者與
破壞者存在著結構性的矛盾，西湖的興衰也反映出兩種力量的彼此消長。

　　西湖之所以能夠擺脫湘湖式的命運〔註110〕，在於盛清時代，其作爲精英
文化的典範，被上升到國家的制度層面。康熙帝南巡，尤其是從1699年第三
次南巡開始，對西湖觀光興趣日增，他力主恢復南宋時代的「西湖十景」，繼
而地方官在孤山爲皇帝修建了類似士大夫園林的行宮，康熙帝像士人一樣爲
自己的行宮命名、題詠；雍正時代，超越晚明孫隆的西湖重建工程展開，大

〔註108〕《西湖韻事》，第10～11面；黃汝亨：《寓林集》卷10《浮梅檻記》。

〔註109〕李漁：《西湖盜魚人自塞盜源紀略》，《笠翁文集》卷2，《李漁全集》第1卷，
　　　　浙江人民出版社1998年，第148頁。

〔註110〕美國漢學家蕭邦奇在《九個世紀的悲歌——湘湖地區社會變遷研究》（社會科
　　　　學文獻出版社，2008年）一書中分析了宋代以後九百年內湘湖從初創到守
　　　　成、衰落以至消亡的過程，尤其強調了墾湖派和護湖派之間的矛盾，這種矛
　　　　盾一定意義上表明著文化傳統和現實利益的衝突。對於西湖而言，這種威脅
　　　　其生存的文化、利益間的矛盾同樣存在。

量耕地成爲湖泊，以圖宋代西湖舊觀的恢復〔註111〕。

　　簡言之，晚明杭州士人對湖山的重建努力，展現出其社會網絡的力量和文化價值。雖然他們不能消除侵蝕、破壞西湖景觀的社會勢力，但西湖的文化地位卻得以確立，這就爲西湖在清代成爲國家保護區打下了良好的基礎。

二、杭州的景觀和空間格局

　　簡要地梳理過晚明湖山重建的過程之後，我們不得不對唐宋以來杭州的景觀和格局進行探討，所謂的「唐宋舊觀」究竟如何？是不是一段晚明士人製造的「層疊的歷史」？

　　《錢》志中曾這樣追溯唐宋時代的西湖景觀：「西湖巨麗，唐初未聞也。自相理君、韓僕射輩繼作五亭，而靈竺之勝始顯。白樂天搜奇索隱，江山風月咸屬品題，而佳境彌章，蘇子瞻昭曠玄襟，追蹤遐躅。南渡已後，英俊叢集，昕夕流連，而西湖底蘊表襮殆盡。雖其時法禁舒假，長民者，得以適性徜徉，而府庫充盈羨餘可舉，閭閻康裕，募化有資，故寺觀日益，且高僧、眞士又得與達官長者倡和逍遙，故妝點湖山愈加繁媚」〔註112〕，從中可以發現南宋以前西湖只是地方人眾遊樂的場所，依靠精英的活動而知名；杭州成爲宋王朝國都後，隨著經濟文化的發展以及人才的聚集，湖山景觀從而逐漸繁盛。因而，從相當程度上說，恢復唐宋舊觀體現著晚明及其以後士人對南宋杭州繁華的追憶。學者張慧禾曾從文學層面指出，明代的杭州小說有著鮮明的「帝都情節」——作者們在小說開篇時往往從南宋說起，或取材南宋歷史人事，並將時空設置在南宋杭州，甚至把發生於明代的人事，冠以南宋杭州這一歷史時空〔註113〕，張氏所指出的此種現象其實相當普遍，明清杭州士人的詩歌、筆記等文本中也時常糾結於南宋遺跡的題詠、考稽，該傳統必會影響杭州士人對西湖景觀的認識。

　　明中期，杭人田汝成撰《西湖遊覽志》，開始了專以杭州景觀爲主題的寫作傳統，四庫館臣評價該書說：「是書雖以遊覽爲名，多記湖山之勝，實則關於宋史者爲多。故於高宗而後，偏安逸豫，每一篇之中三致意焉……惟汝成

〔註111〕 請參考汪利平博士論文：*Paradise for Sale: Urban Space and Tourism in the Social Transformation of Hangzhou, 1589~1937, University of California, San Diego, 1997*, pp62~68。

〔註112〕 萬曆《錢塘縣志・外紀》，第 37 面。

〔註113〕 張慧禾：《古代杭州小說研究》，浙江大學 2007 年博士論文，第 71～73 頁。

此書，因名勝而附以事蹟，鴻纖鉅細，一一兼該。非惟可廣見聞，並可以考文獻。其體在地志、雜史之間，與明人遊記徒以觸詠登臨、流連光景者不侔」〔註114〕，我們認為，該評價充分揭示了田汝成內在的南宋帝都情結。

杭州的景觀和格局，在田汝成的時代，大體上可分為西湖、孤山和三堤、南山、北山、錢塘江等幾大部份，這一劃分大都為明清之交的士人所繼承，《錢》志就說：「寰內名山水，各擅其勝……錢唐諸山韶秀甲天下，其蜿蜒迤邐在几案間，啓西南郭扉，江湖若家園池。乃胥濤怒張，排山沃日，湖波容與，杳靄無際；洞壑玲瓏，殿閣幽倩，亦險亦奇，亦夐亦鉅，朝發夕幾盡，而遨遊其間終歲不厭，蓋錢唐之勝，以遊勝也。紀南北山、江上山、西溪安溪山，西湖，錢塘江，曰紀勝」〔註115〕，其中的微妙變化是西溪景觀的出現。然而從總體上說，晚明清初杭州的景觀主要集中於南北山和西湖（含孤山和三堤），而且以城郊為主，這一點我們可以袁宏道等人的遊記來佐證。袁宏道於萬曆丁酉（1597）年遊杭，作有《斷橋望湖亭小記》、《西湖雜記》等文章，所遊景點都在杭州西湖周圍，有六橋、岳墳、石徑塘、斷橋、蘇堤、飛來峰、靈隱寺、蓮花洞等。然而對於九溪十八澗等景觀，由於交通不遍，遊跡罕至，張岱就說，「九溪在煙霞嶺西，龍井山南。其水屈曲洄環，九折而出，故稱九溪。其地徑路崎嶇，草木蔚秀，人煙曠絕，幽閴靜悄，別有天地，自非人間。溪下為十八澗，地故深邃，即緇流非遺世絕俗者，不能久居。按志，澗內有李岩寺、宋陽和王梅園、梅花徑等跡，今都湮沒無存。而地復遼遠，僻處江干，老於西湖者，各名勝地，尋討無遺，問及九溪十八澗，皆茫然不能置對」〔註116〕，不難推斷，杭州的景觀有中心和邊緣的區分，這一格局也會影響到士人的文化生活，只有少數隱士或好奇者才會前往偏僻的景點。

清初，張岱著《西湖夢尋》，對杭州的景觀和格局有了許多新的見解。他將其劃分為北路、西路、南路、中路、外景五門，一方面，增加的中路和西路細化了人們對西湖景觀的認識，也從側面說明在士人網絡的推動下杭州中心區景觀顯得日益繁複，文化資源似乎頗有過剩之嫌；另一方面，西湖外景一門的增加，反映出人們對新景觀的探索，其中的代表就是西溪，張氏說，「地甚幽僻，多古梅，梅格短小，屈曲槎枒，大似黃山松。好事者至其地，買得

〔註114〕前揭《西湖遊覽志》總目，武林掌故叢編本。
〔註115〕萬曆《錢塘縣志・紀勝》。
〔註116〕張岱：《西湖夢尋》卷4。

極小者，列之盆池，以作小景。其地有秋雪庵，一片蘆花，明月映之，白如積雪，大是奇景。余謂西湖真江南錦繡之地，入其中者，目厭綺麗，耳厭笙歌，欲尋深谿盤谷，可以避世如桃源、菊水者，當以西谿為最。余友江道闇有精舍在西谿，招余同隱。余以鹿鹿風塵，未能赴之，至今猶有遺恨」〔註117〕，引文中的江道闇是讀書社成員，不難推測杭州士人對西溪景觀有開發之功。

　　晚明清初的所建立的杭州景觀與格局的認知，被後人廣泛接受。乾隆乙酉（1765），依方位將西湖劃分為孤山路、北山路、南山路、江幹路、吳山路的《湖山便覽》一書，明確拋棄了李衛等人摹仿方志體例的官方做法，認為田汝成《西湖遊覽志》的體例更便於文人遊客查閱，正可說明17世紀杭州士人所形成的西湖空間觀念影響之深遠。

　　從小說層面來看，杭州景觀對士人的影響也顯而易見，張慧禾認為，絕大部份杭州小說以西湖、錢塘江、城門和佛寺為故事場景，並在其中展現了大量日常生活裏的城市圖景。她說，杭州絕景，「西有湖光可愛，東有江潮堪觀」，而且其風俗，「四時奢侈，賞玩殆無虛日」，杭州人在戶外遊賞時發生的形形色色的故事，為小說家創作提供了素材，因而西湖與錢塘江成為杭州小說著力描寫的兩大景觀；其中要特別提到城門，「城市和山林間雖有城牆的分割，但城門的設置又將山林的高雅與市井的世俗聯結起來……大多杭州人居於城內，遊於城外，往來於城市山林間，許多來杭遊玩的人也是出入於城內城外。城門是聯結城區與山林的紐帶，是小說中出現較為頻繁的場景。有時，城門的開閉成為故事情節發展演變的動力」〔註118〕。

　　事實上，城門對士人以及普通民眾出遊西湖的影響確實很大，民國時天虛我生在《湧金門外談舊》中就對此有清楚的說明：

　　　　杭城當清季，沿西湖之門三：南曰清波、中曰湧金、北曰錢塘。
　　（從前湧金、清波之間，尚有錢湖門，後塞。）然遊湖者多出湧金
　　門，蓋清初劃圈旗營以來，今新市場一帶，為八旗兵丁駐防所在，
　　錢塘門逼近旗營，遊者為之裹足。且自白堤至岳墳，胡兒馳驟於此，
　　稍不當意，輒易肇禍，故北山路以錢塘門起點。而杭人遊湖，每多
　　自湧金放舟，不敢徜徉於白堤間者。蓋於歷史上有餘痛焉。清波門
　　為南山路起點，學士港風景，在《清波小志》言之綦詳。然當時其

<hr />

〔註117〕同上書，卷5。
〔註118〕《古代杭州小說研究》，第62～66頁。

地為刑人之所，（地在今勾山裏側，昔有城坳，凡死囚請軍令者，率
決於此。）且出城厝葬累累，無疑行叢冢間。遊者既視為不祥，於
是洪楊以還至清末，湧金門外遂為遊湖碼頭，春秋佳日，士女如雲
焉……當南宋時，遊湖亦出錢塘、湧金兩門為多。蓋清波逼近大內
也，故其時清波門外，市肆雖直達長橋，自學士橋南行，又有所謂
頭條巷、二條巷、三條巷諸住宅區。然遊人以禁地相近，率多取道
湧金門，《武林舊事》諸書，述三橋子一帶元宵熱鬧，又述朝士遊湖
多，多聚於此，以其地為湧金門通衢也。湧金門有甕城，出甕城，
則路三岔，北沿城腳可抵錢塘門。然有黑亭子，為囚犯之請王命者
處決所在。是以雖通北山路，而行者絕少，南沿城腳可抵清波門，亦
須經過刑場……出甕城西門，有小街市，過此即為湖唇一角。〔註119〕

他的說法所反映的情況並不限於清末，清初與之也大體相類，在明代，
除不設旗營外，遊人許多也是從湧金門出發的，從晚明西湖的遊記就可發現
這一點，不再贅述。天虛我生還特別提及了有關城門的一項習俗，可見遊覽
盛況，「城樓之上，例燃一燭，燭燼，則城閉矣。惟六月十八日夜，因撫藩臬
三大憲，須在黎明時赴天竺拈香，故一府兩縣，佐雜二甲，均須先期到寺站
班。故十門之中，惟湧金門於是夜不閉，因而得泛夜湖，以觀三潭印月之勝
景……是夜，畫船如鯽，笙歌滿湖，有放荷花燈之舉，徹夜不絕。直至十九
日之晨，始如鳥獸散去」〔註120〕。

最後，杭州的景觀和格局還明顯受到城市空間的影響。南宋以來，杭州
城按東、南、西、北而各有功能上的區分，「吾杭龍飛鳳舞，開南宋之興基；
紙醉金迷，寫西湖之佳景。南柴北米，珍聚樊樓。東菜西魚，羹誇宋嫂。幕
天席地，名都則冠蓋如雲；選月評花，雅集則樓臺不夜。是以徐沖晦之家訓，
錢塘永絕兵戈；林和靖之隱居，儼同蓬島。自邀靈於泥馬，誇永固於金牛，
代出名賢，人稱福地」，其中的「南柴北米、東菜西魚」說的正是杭州不同城
區的經濟生活格局〔註121〕，這一空間差異也成為士人寫作的題材，譬如城北

〔註119〕王國平主編：《西湖文獻集成·歷代西湖文選專輯》，第 14 冊，杭州出版社
　　　　2004 年，第 228～229 頁。
〔註120〕《歷代西湖文選專輯》，第 223 頁。
〔註121〕《杭俗遺風》序二第 5 頁，西湖文獻集成第 19 冊；「南柴北米、東菜西魚」
　　　　只是一說，另有「東門菜，西門水，南門柴，北門米」的說法，參見陳學文
　　　　《明代杭州的夜市》，《浙江學刊》2007 年第 2 期。

有陸次雲的《湖壖雜記》、城東有屬鶚的《東城雜記》，城西有徐逢吉的《清波小志》等。需要注意的是，明代杭州的商貿中心在北城之外，不利於地方政府管理和保護，《錢》志就說：「杭州襟江帶河，北抵燕而南際閩，在城諸河僅若澮瀆，取行水道而已，舟航鱗次信宿不達，以故水輪陸產、輻輳而至者，皆以湖墅、江干為市，城空無儲，識者憂之，欲濬廣城河，移市入郭」，而且商業也本就不限於城市的範圍，「入錢塘境，城內外列肆幾四十里，無咫尺甌脫，若窮天罄地，無不有也」〔註 122〕，可以說杭州是典型的消費導向的城市，當地的景觀自然也被捲入其中，譬如張岱所談到的昭慶寺的香市，「西湖香市，起於花朝，盡於端午。山東進香普陀者日至，嘉湖進香天竺者日至，至則與湖之人市焉，故曰香市。然進香之人市於三天竺，市於岳王墳，市於湖心亭，市於飛來峰，無不市，而獨湊集於昭慶寺。昭慶寺兩廊故無日不市者，三代八朝之骨董，蠻夷閩貊之珍異，皆集焉。至香市，則殿中邊甬道上下、池左右、山門內外，有屋則攤，無屋則廠，廠外有棚，棚外又攤，節節寸寸。凡胭脂簪珥、牙尺剪刀，以至經典木魚、伢兒嬉具之類，無不集。此時春暖，桃柳明媚，鼓吹清和，岸無留船，寓無留客，肆無留釀」〔註 123〕，如此，杭州西湖的某些景觀又成為了商業場所。此外，杭州還有劃分為上、中、下城區的說法，這與南宋建皇宮於鳳凰山麓有關，上城指的就是宋室大內所在地區，而下城指的是皇城以北的地區，例如清人在談及杭州貨店時就是從該角度來敘述的，他所說的中城包括薦橋一帶，而下城則包括仁和倉橋，另外還有湖墅、江干等城郊地區〔註 124〕。

三、風流佳話的書寫

　　對於明清之際的杭州士人而言，重建湖山、遊賞景觀只是部份的目標，而在西湖書寫像白居易、蘇軾一樣的風流佳話似乎更為重要。汪汝謙在崇禎初年，就時時以再續白、蘇風流的言語勸說杭州當地官員修繕西湖周邊的景觀，他說：

　　　　與閩中崔徵仲使君雅集湖上，慷慨興壞。客有謂方內多虞，催徵檄如風雨，竇兒奔命，富室逃名，為遊觀何為者？余曰不見蘇長

〔註 122〕萬曆《錢塘縣志》，第 21B、30B 面。
〔註 123〕《西湖夢尋》卷 1。
〔註 124〕《杭俗遺風‧馳名類》，第 139 頁。

公荒歲築堤乎？使君唯唯，因解帶倡緣，首葺湖心亭，余喜從事，不三月煥然一新。詳載韓太史記中，求仲記文詞多，不錄。使君復念孤山梅魂無寄，鶴夢誰通，繼起放鶴亭，余補種梅花以存舊觀，陳徵君記其事，眉公記文繁不錄。時三橋龍王堂傾圮尤甚，即前朝水仙王廟，白蘇遺跡在焉，不亟修葺，恐湮沒波浪中。崔使君唯唯，辭力竭不復顧，余猛進倡緣同調者發歡喜心，而素封者作生面孔，余歎息久之。王弇州園記有云，余癖，迂計必先問園而後居第，以為居第足以適吾體而不能適吾耳目，其便私之一身及子孫，而不及人，固弇州曠識達語，尚落第二義。予謂以買山構園之貲莫如點綴名山勝蹟，以供同好，毋私園亭遺累子孫，弇州園今安在哉？第舉廢興之事，非吾輩寒素所宜謀，轉愧一時孟浪耳。太邱王伊愚先生為浙驛傳，政事之餘，留心山水，勝情韻事多見篇章。一日，蹤跡余於水仙館波中，歡若平生，謂白、蘇於湖山非只風流一時，實功業千載，亟當標榜以補闕事，因捐俸助緣，遂得落成舊有路亭祠廟，規制如傳舍，餘因更之，前列亭宇，背引長廊，廊以通軒，軒可布兩席，上起小樓以祀白香山、蘇玉局，從小廊度曲橋，三折登臺，周遭曲檻可憩可坐，長堤如帶，林木翳然。北連放鶴，庶水仙與處士不孤；東接湖心，宛若金、焦二山移置於兩腋下矣。客有復舉望湖亭為言者，余亦如崔使君唯唯不復顧，以俟他日風流好事者。
〔註125〕

　　從此處較長的引文，我們可以明顯感到白居易、蘇軾在西湖的風流形象對晚明士人的影響之深，在亂世中維護西湖景觀本是強人所難，但以風流佳話的名義卻似乎變得合理，而且得到了物質支持。

　　另一方面，萬曆以來的杭州士人，尤其以放生會（如虞淳熙、黃汝亨等）諸多成員為主，特別留意在寺志、縣志、筆記、文集等文獻保存自己的行跡，而且他們也掌控了此時期的西湖文化書寫。首先，從雍正《浙江通志》可以看到，17世紀前後杭州出現修撰寺志的高潮：萬曆壬辰（1592）白珩修《靈隱寺志》八卷，萬曆壬子（1612）吳之鯨輯《武林梵志》十二卷（吳用先作序），萬曆乙卯（1615）釋大壑撰《南屏淨慈寺志》十卷，順治丙戌（1646）釋廣賓撰《上天竺山志》十五卷，順治辛卯（1651）吳本泰編輯《西溪梵隱

〔註125〕　《西湖韻事‧重修水仙王廟記》，武林掌故叢編第1集。

志》四卷，康熙壬子（1672）仁和孫治宇臺輯、吳門徐增子能增修《靈隱寺志》八卷，此外還有徐士俊輯《皋亭顯寧寺志》〔註126〕。這些寺志都受到杭州士人網絡的支配或影響，譬如《南屏淨慈寺志》，表面上是僧人所修，其內容卻多出自馮夢禎、虞淳熙等放生會成員之手，據該書鄭圭的紀事所言，馮、虞二人倡導纂輯此志，而且錢塘縣令聶心湯主修《錢塘縣志》時系統整理了有關南屏的歷史，「幾成一志」，最終在雲棲袾宏辭去淨慈主持時，「出志稿十許冊」，託付虞淳熙刪定，並囑鄭圭及海昌吳美子本泰、餘杭嚴印持調御、嚴忍公武順等人潤色，從而修成〔註127〕。不止如此，寺志的刊刻也需要士人們的資助，如《南屏淨慈寺志》的《修志助刻姓氏》就記載，「吳懷謙銀五兩、吳敬十兩、吳芝五兩、吳祚五兩、汪汝淳二兩、孟養志二兩、汪汝謙一兩、汪猶龍五兩、鄒之嶧銀五錢、嚴調御銀三錢、嚴武順銀三錢、嚴敕銀三錢、鄒光胤銀五錢、聞啓祥銀三錢」。

其次，官方的方志修撰自然也受到該網絡的影響。萬曆末，聶心湯修《錢塘縣志》就是當時杭州士人們的作品，該書凡例說：「外紀五篇，多出自虞司勳（淳熙）手，玄搜博採，可補前志之闕」，又「是役也，為紀者十，為目者四十有九，權輿於己酉（1609）歲重五日，告成於重九日，裁定則有虞司勳淳熙，黃儀部汝亨，洪給諫瞻祖，葛儀部寅亮；就正則有林憲副梓，金中丞學曾，侍御陳禹謨、秦戀義、楊廷筠，姚太僕文蔚，查太參允雲，張憲副振先，莫憲副睿，張憲副鳴鶚，錢考功養廉，黃職方克謙，湯郡丞煥，凌太守登名、孝廉吳之鯨、張蔚然、沈守正；校次則有閩人徐□，邑諸生鄭之惠、陳雲渠、萬廉甫、聞啓祥、張元徵、朱萬祚、馮調元、徐戀升、曹令儀、許夢雷，至如山人邵重生，僧雲棲袾宏、昭慶傅如、南屏大壑考古選勝，與有勞焉，法得並書」〔註128〕，從中可以看到這個修撰群體基本上囊括了當時杭州兩大會社（放生會、小築社）的多數精英，而且還有僧人力量的加入，充分展現了當時該地社會網絡的面貌。

此外，在蓮池袾宏圓寂後，其著作《雲棲法匯》的編撰、刊刻也可以看到杭州士人力量藉此書寫自己的痕跡，在其《原本較閱弟子姓氏》中可以找

〔註126〕雍正《浙江通志》卷 254；加拿大學者卜正民在《為權力祈禱》一書就注意到了晚明出現過寺志修撰高潮。

〔註127〕《南屏淨慈寺志》序二，杭州佛教文獻叢刊，杭州出版社 2006 年，第 5 頁。

〔註128〕萬曆《錢塘縣志·凡例》。

到這些人物的名字，如黃汝亨、葛寅亮（廣犄）、聞啓祥（大晈）、嚴調御（大
瞰）、嚴武順（大啁）、丁奇遇、鄒之嶧（大晫）等〔註129〕，這固然與晚明士
人談禪的習氣相關，卻也側面折射出士人網絡強大的滲透能力。

　　最後，從清初士人的追憶來看，晚明杭州士人的行爲在一定程度上確實
被認爲是風流佳話。李鼎在《西湖小史》中從時、地、墅、舫、產、獻、僧、
豔等八個方面梳理當時的繁華景象，在《獻》的部份著重記載了馮夢禎、黃
汝亨等人的風雅：「閱舊志，風雅輩出，足以領袖天下。嗣響寥寥，每徒甲慨！
聊述一二，足仰止焉：馮開之醉心宗乘，兼負東山之癖；虞德園搜月奇僻，
不讓子雲之元。徐茂吳博雅共推，黃貞父澹宕自喜。論書則湯堯文不失正鋒，
許靈長別具逸腕，論畫則張白雲頗無作氣，沈青門另饒雋才。王雲萊壽逾百
歲，疑有方術；邵虎庵石隱半生，無慚棲逸。數先生雖逝，遺徽剩墨尚足照
映湖山。嗟乎！孤山非君復不著，冷泉非樂天不名，誰謂地不以人重哉！」〔註
130〕蒙叟爲汪然明所作墓誌銘說：「崇禎辛巳（1641），余遊武林之西溪，然明
偕馮二雲將訪我綠萼梅樹下，酌酒譚燕，驩若平生。亂後，客從武林來，數
問然明起居，皆曰：然明蔭藉高華，賓從萃止，徵歌選勝，狎主詩酒之盟，
微然明，湖山寥落幾無主人矣」，「（汪然明）所至，公卿虛席、勝流歇集，刹
江觀潮之客、三竺漉囊之僧、西陵油壁之妓、北里雪衣之女，靡不擎箱捧席、
傾囊倒篋，人厭其意，流連而不忍去」〔註131〕，無疑他對汪然明撰述，透露
著對晚明時代的回味。張岱在《西湖夢尋》和《陶庵夢憶》中也敍及晚明杭
州的風流往事，對當時人物如黃汝亨、雲棲袾宏、卓人月等人多有記載，而
且對他們的詩歌也時有徵引，難怪清初西湖衰落時，他有如夢之感。

第三節　杭州士人網絡中的隱士和名姝

　　在士人日常生活中，「家國一體」的社會秩序之外，隨著城市和商品經濟
的發展，杭州也出現了「士農工商」四民之外的邊緣群體，其中引起我們注
意的是隱士和名姝（包括閨秀和妓女等）。此兩者，前者秉持出世的態度試圖
與現實社會有所切割，後者則是中國傳統社會男女性別關係下的特殊產物，

〔註129〕　《雲棲法匯》，華宇出版社，第5206～5208頁。
〔註130〕　《西湖小史》，武林掌故叢編，第15集。
〔註131〕　引自前揭《西湖韻事》所附《新安汪然明合葬墓誌銘》。

對統治者而言，他們的存在很大程度上意味著儒家理想秩序的未能實現以及執政的缺失，因而會受到制度和習俗等多方面的壓制。

不過，在晚明清初的社會裏，隱士和名姝並未受到名教禮法的禁錮。相反，隱士背後的隱逸思想、遊樂山水和高雅脫俗的觀念還深深地影響著當時的一般士人，進而山人、清客等群體出現後，標榜隱逸的風氣還頗為興盛，所謂「大隱隱於市」更是將世俗生活和高雅理想混為一體，這樣隱士由山林走向城市，隱逸精神也從外在形式逐漸內化為日常起居等行為，所以，當時士人網絡其實處處滲透著隱士的影子；另一方面，晚明以來士人的女性觀發生變化，對婦女才、情的重視，推動了閨閣文化的發展，而士人家庭的女性，由於父權制本身的彈性和姻親關係的制約，往往還存在著高彥頤所說的「非正式的權力和社會自由」，甚至出現妒婦、悍婦等現象，同時，晚明娼妓業的繁興以及士妓交流在實際生活中的合理化，都使得社會網絡中的男女界限趨於模糊，士人和婦女兩者間的活動也更為頻繁、深刻〔註132〕。鑑於此，本節將對此兩者和杭州士人及網絡的關係進行探究。

一、西溪和隱士

晚明時代，杭州士人會社的興起，有其砥礪學問和追求仕進的一面，同時卻又陶情於山水、吟詠而自適，這一點可以從文獻中對馮夢禎、黃汝亨以及三嚴等人形象的描寫覺察出來，譬如鄒孟陽，錢謙益在《鄒孟陽六十序》就說：「武林諸子俱無恙，印持棲息山中，縛禪習觀經，時不出；子將買舟湖上，弋風釣月，與玄真、天隨為侶；而孟陽與二三子，□禪說之味，窮山林之樂」，又《鄒孟陽墓誌銘》載：「李長蘅苦愛武林山水，歲必一再遊，其遊也以鄒孟陽為湖山主人，花時月夜晴雪煙雨，扁舟、幅巾、茶鑪、筆床，未嘗不與孟陽俱。長蘅高人朗士，秀出人表，歌詩圖繪與湖風山雲互相映發，

〔註132〕關於隱士可參考：蔣星煜《中國隱士與中國文化》，三聯書店 1988 年版；何鳴《遁世與逍遙——中國隱逸簡史》第 2 章第 7 節，敦煌文藝出版社 2006年版；另比爾·波特的《空谷幽蘭——尋訪當代中國隱士》（當代中國出版社2006 年版）也值得一讀。關於女性可閱覽：高彥頤《閨塾師：明末清初江南的才女文化》，江蘇人民出版社 2005 年版；王書奴《中國娼妓史》，三聯書店1988 年版；常建華《婚姻內外的古代女性》，中華書局 2006 年版；對於士妓交往可借鑑徐林《明代中晚期江南士人社會交往研究》第 3 章第 2 節，上海古籍出版社 2006 年版。

孟陽鉤簾據几隗俄其閒，山僧舟子皆能指而識之」〔註133〕；再如聞啓祥，《龍井見聞錄》說：「聞子將孝廉，絕志仕進，築阿西山，其言語妙天下，馮夢禎、黃汝亨一流人也」，「李流芳《檀園集》題畫跋，吾友聞子將嘗言湖上兩浮圖，雷峰如老衲；寶俶如美人，余極賞之」〔註134〕，從上述引文，不難感受到杭州的士人精英對隱逸湖山之生活的滿足。因此，在重建湖山繁華的餘暇，他們還積極尋找適合隱居的空間，這個地方就是西溪〔註135〕。

馮夢禎、虞淳熙等人在西溪都建有別墅，《西湖志纂》在西溪勝蹟中載，「宜園，明司勳虞淳熙別墅」〔註136〕，馮氏則有西溪草堂，這樣，地處偏僻的西溪在晚明也逐漸成爲名勝之地。而西溪之所以能夠成爲隱者的樂土，與其幽雅的自然環境密切相關，陸次雲在《湖壖雜記》中就說：「湖墅有三勝地，西溪之梅、皐亭之桃、河渚之蘆花。河渚蘆花名曰秋雪，西溪之梅名曰香雪，則皐亭之桃亦可名曰紅雪、曰絳雪矣。或曰滿家弄桂花可名金雪」〔註137〕，尤其需要說明的是，河渚相比之下更爲靜寂，「南漳湖在西溪東北，宋百詠題曰蒹葭深處，俗呼河水，亦名渦水。民業耕魚土風樸厚」，又「河渚本名南漳湖，沙嶼縈廻，秋深荻花如雪，故其地又名秋雪，再進爲深潭，口四圍斷岸，非棹不渡」〔註138〕，生活也相對簡單，「前此土風淳樸，家皆自給，村民有終老未入城市者」〔註139〕。除了是觀賞梅花、蘆花的勝地之外，西溪的物產也較爲豐富，「馮夢禎云：西溪茶利之厚十倍龍井，至石塢之佳不啻勝之，蓋其生於幽岩仄徑，逼近蘭、松、梅、竹之香，眞虎丘伯仲也。法華多筍，錢塘之門日進竹竿萬箇，《周禮》山林宜皂，此溪櫟實尤多楊梅」〔註140〕。另外，西溪還有大量的庵廟，如法華寺（即云棲別室）、永興寺、秋雪庵等，清初吳本泰撰有《西溪梵隱志》對此作了相當詳細的記述，不再贅述。

〔註133〕錢謙益：《牧齋初學集》卷37、卷60。

〔註134〕汪孟鋗：《龍井見聞錄》卷4鄉寓人物。

〔註135〕據今人王慶考證，「西溪」之名最早出現於唐代，南宋《方輿勝覽》、《咸淳臨安志》、《夢梁錄》等文獻均有記載。西溪河網港氵叉繁多，歷史上各時期對其指稱不一，較難作準確的界定。廣義的西溪包括西溪和河渚（今紫金港），狹義的西溪和河渚則分屬兩地——西溪在南，河渚在北（可參考清人孫之騄的《南漳子》），本節此處取其廣義。

〔註136〕梁詩正等：《西湖志纂》卷10。

〔註137〕《湖壖雜記》「西溪皐亭河渚」條，叢書集成初編本，第27頁。

〔註138〕民國《杭州府志》卷23。

〔註139〕孫之騄：《南漳子》卷上，武林掌故叢編第6集。

〔註140〕《南漳子》卷下。

　　據康熙《錢塘縣志》所記，當時從杭州城到西溪，「有三路可入：一由寶石山後陸行至秦亭山，沿山十八里，爲宋時入洞霄宮之輦道；一由仙姑山之西入青芝塢，經法華山去北十里爲西溪；一水道，由松木場入古蕩，溪流淺狹，僅容小舟，自古蕩以西並稱西溪。群山回繞，曲水灣環，沙漵蘆汀，重重間隔。置略以通行人，有車馬所不能至者」〔註141〕；而西溪所涉及的地理範圍，《西溪梵隱志》說，「留溪界方十里。外則西至餘杭，南帶江而薄富陽；內則北距仁和，東錯於湖陰者。起天竺屬之桃源嶺，實本縣之欽賢、調露、定北、定南、上下扇等圖也。其山自龍門、黃梅而來，爲穆塢，盡於秦亭。其水自分金、淡竹二嶺，而爲鎮河。左轉古蕩，右出閑林。其土百頃，田亦稱是。而山澤之數不與焉」〔註142〕。至於行政區劃上，西溪屬於杭州市鎮之一，民國《杭州府志》載，「西溪鎮，在錢塘縣西北二十里，明洪武中設西溪、安溪奉口稅課司」〔註143〕，概言之，西溪和杭州城之間這種若即若離的聯繫，使得隱者們既不致於和士人社會相隔絕，還維持有一種必要的交流，又能夠實現他們獨立物外的人格。

　　明清鼎革後，杭州士人社會網絡發生分裂和重組，爲了逃避兵禍以及不願與新王朝合作的人們，開始大批寓居西溪，而河渚更是成爲隱士的園地。據民國《杭州府志》等史料人物傳記所載，至少有十數位杭州及外來名士曾停留該地，見下表〔註144〕：

表 2.1　西溪隱士表

文獻出處	人　物	事　　蹟	備　註
《府志》卷 138	沈蘭先、蘭彧	深究易禮，講學河渚，負笈者稱眾	沈昀，初名蘭先
《府志》卷 145	胡介	居河渚，蓬門蓽屋，與妻翁笑傲溪山間	原名士登，字彥遠
《府志》卷 145	丁文策	居河渚，安貧奉母，以著書纘言爲務，尤究古今醫家言，試輒應手驗	學者稱江樵先生，與修通志、府志

〔註141〕康熙《錢塘縣志》，北京國家圖書館藏本。
〔註142〕吳本泰：《西溪梵隱志・紀勝》。
〔註143〕民國《杭州府志》，卷 6 市鎮。
〔註144〕表中《府志》爲民國《杭州府志》簡稱。

《府志》卷148	夏基	隱居湖上，與毛先舒、陳廷會諸老皆友善，同時隱者有閉戶先生、河渚生、花間散人等	
《府志》卷150	吳嗣昌	瞽居河渚，著傷寒正宗、醫學慧業行世	鼎革初大疫，全活甚眾
《府志》卷150	裘煥	嗜古，博覽工畫，亦善琴精醫理，隱河渚，日以著書為事	
《府志》卷170	吳姬適	遊杭，館汪氏北園，追憶生平遊歷作詩數十章，與河渚施相、秦雲爽最善	安徽貴池人
《府志》卷170	馮文昌	次子褒仲贅唐棲沈氏，遂徙家依之，晚年築別業河渚	嘉興諸生
《晚晴簃詩匯》卷199	靜諾	嘗結廬河渚，每至萬樹梅花、千灣荻雪，自謂此中有真悟處，閨中從受佛學者恆數百人	仁和人林氏女，號自閒道人，雄聖庵尼
《兩浙輶軒錄補遺》卷1	陳祚明	允倩，明侍御潛夫弟。侍御既殉難，允倩偕弟康侯住家河渚。貧甚走京師賣文為活，為燕臺七子之一	
《兩浙輶軒錄補遺》卷1	陳廷會	瞻雲生有至性，居父母喪，斷去酒肉儠然骨立，以貧教授河渚間	字際叔，一字瞻雲
《蕉廊脞錄》卷4	施相	郡諸生，性高潔，不樂塵市，屏居河渚張村，名曰闚居	字贊伯，號石農
《蕉廊脞錄》卷4	徐介	入河渚，愛浦漵陂塘之勝，遂寄棲施石農廡下	初名孝直，字孝先
《蕉廊脞錄》卷4	吳本泰	甲申後，隱居不出西溪，有蕨葭里	著《西溪梵隱志》四卷
《徧行堂集》文集卷13	汪颿	時往來南屏、寶石、孤山、河渚間，與方外遊	
《西溪梵隱志》卷1	江浩	橫山草堂	
雍正《浙江通志》卷178	陸垲	奉母隱於河渚之駱家莊，以佃以漁，間受雞林估人請選制舉文行世，取所酬金為菽水資	

上表中的所列人物大多志在隱逸，河渚遂成為隱士別業彙集之地，據杭州地方史學者考證，這個文人別業區有鄒師績之泊庵、胡介之旅園、吳本泰之蕨葭水莊、徐介之貞白齋、蔣炯之蔣村草堂、高士奇之西溪山莊、陳文述

之秋雪漁莊等等，而上表中陸堦家族所住的駱家莊規模還相當大，學者王慶指出：該莊位於西溪沿山河北，距秦亭山僅二三里，佔地 60 餘畝，四面皆水，非舟船不能通達，由短橋穿竹徑延緣而入爲莊門，入門爲堂三楹，匾題「白鳳書齋」；東進爲屋數椽，繞以迴廊，面臨方池，池左右竹木蒙密，匾題「種竹養魚之軒」，西有舫室，臨半月池，爲讀書處；莊內種植桑、竹、梅、杏，瀕河屈曲，環以竹籬，實爲清幽之地，莊前後遙望村居煙火數十家，若斷若接，來訪名流常有詩作題詠〔註 145〕。

在隱居生活中，隱士們與僧人來往較多，甚或有結社之舉，如吳本泰居於蒹葭里：

> 在西溪東北，本南漳湖……一望沙汀水瀨，秋時荻花如雪，民業耕漁，土風樸厚。先是，郁文學師績、劉孝廉廷獻有園棲止。丁亥（1647），吳選部本泰自海上遷避卜居，爲蒐裘焉。近秋雪、曲水等庵，與僧智一、寂瑞、閩僧道援輩往還參叩，而嚴徵君敏、洪孝廉吉臣扁舟過泛，相與爲盧社之遊。張觀察懋謙、陸國博之越，沈令君自成及楚中黃選部周星，時亦買棹過訪。亡何，山寇出沒，又播遷靡定矣。園居饒篁竹而乏梅，智一移贈古梅數本，劚地種之，因自號西溪種梅道者〔註 146〕。

當然，這些隱士也有不少後來成爲僧人的，如江浩居於橫山草堂，「在淨妙寺東，六松林畔，爲江氏別業。有醉山歌、擁書樓、竹浪居、藏山舫，有亭、有橋、有泉、有石。釋濟斐，原名江浩」，其他還有陸圻（僧號誰庵）等。

另一方面，這些士人，多數是晚明杭州會社的成員，即便成爲隱士，該網絡依然發揮著作用。譬如胡介，雖然歸隱河渚，在清初仍然出遊結交，清順康間大臣魏裔介就說：「彥遠胡子，浙之高士也，隱於河渚。偶以求友至燕，余讀其感懷詩，渾脫澹宕，歎賞不置，然彥遠不欲，數數風塵中。於其歸也，作此贈之」〔註 147〕；吳偉業則通過《送胡彥遠南歸序》對胡介遭遇的記述，

〔註 145〕關於西溪文化和景觀的研究，可參考：王慶《西溪家族的研究》（該文係杭州研究院課題，2011 年 11 月 25 日發布於《餘杭史志》網站）及《西溪洪氏文化遺存》（2008 年 6 月 7 日發布於浙江在線新聞網站）；王夏斐《西溪文化 猶如一幅「清明上河圖」》（杭州日報，2008 年 4 月 7 日）；呂洪年《紫金港風情》（《杭州通訊》，2007 年第 12 期）等。

〔註 146〕《西溪梵隱志》，第 9～10 頁。

〔註 147〕魏裔介：《兼濟堂文集》卷 18。

表達著對隱士們命運的感慨和敬佩：

> 武林有橫山江氏兄弟，隱於橫山者二十年，天下言隱居善避兵者，無如橫山矣。已而武林亂，橫山先受兵，余疑焉，或曰，江氏固高貲，有圖書玩好朋友聲酒之樂，富於居山者也。余迺歎曰，江氏之及也，宜哉。今年春遇詩人胡彥遠於長安，每酒酣，詫客曰吾家在武林之河渚，彎廻澗複人跡罕至，煙汀霧樹視之既盡，杳若萬里。吾父子葺茆屋以居，杜門著書，不見兵革，顧以貧故無以贍老親，不得已走京師。從故人索河北一書，今將涉漳河過邢臺，沂淮而南歸吾所居河渚，誓不復出矣。夫以彥遠之詩與其人，使有山田數十畝營灌自給，可以勿遊。既遊矣，即久留邸中，曳裾公卿之門，亦可以無困。迺彥遠自以居山久，一旦來京師，策禿尾驢障便面行泥淖中，鬱鬱不得意，發病思歸。歸而便道謁西諸侯，西諸侯恐無能識彥遠者，其遊也，乃所以益其貧耳。雖然，吾以知彥遠居山之安也，纖簾砍櫟緯蕭拾橡可以養生，可以事親，彥遠詎憂貧乎。吾聞南高峰下有松仙人者，不衣不食，大類焦先寒貧子之流，此眞隱居善避兵者。彥遠必知其人，問之而不吾告何也。他日有棄家變名橫山河渚之間，不知其處者，其必彥遠也夫。〔註148〕

胡介的遊歷對當時的士人網絡頗有震動，向其贈詩者很多，如吳偉業、曹溶、龔鼎孳等，同時也從側面表明隱士在實際生活中難以遺世獨立，而其獨立性更多地表現爲高逸形象的塑造，《今世說》就說，「胡彥遠高自棲託，神理雋邁，嘗隱河渚，近止城北芳樹，池塘環接戶外。諸駿男每過談彌日，歸語人曰：嘗謂永興南穴汲郡北山緬邈，不謂近在咫尺」〔註149〕。

河渚的隱士通過其社會網絡也會影響到他人，首先前往河渚訪問的人很多，如張祖望有《訪胡彥遠河渚》詩，「曲浦棲遲人跡稀，野航出入水煙微。竹間已構龐公宅，池上還披羊續衣。梅子夏來金的的，蘆花秋盡雪霏霏。知心握手如君幾，簑笠躬耕願未違」，該詩寫出了胡介隱居的幽雅，因此，張氏不禁邀請友人一起歸隱此處，他又有《招諸駿男歸隱河渚》，充滿了對隱逸的憧憬，「栽竹深籬內，種魚淺沼間。年年家計足，日日道心閒。花媚歌時舫，月明醉後山。往來多野叟，不用閉柴關」〔註150〕。胡介本人也在文集中述及

〔註148〕吳偉業：《梅村家藏稿》卷35。
〔註149〕《今世說》卷6。
〔註150〕張祖望：《張秦亭詩集》卷7、卷9。

他人來訪，並有接受徵文之事，如《張胎簪先生六十壽序》：「庚寅（1650）之春，胡子掩跡河渚。薊門史赤豹相期爲河渚遊。時風序清暄，梅林欲發，胡子方放舟東西渚間，蒼頭報有二客集於草堂，皆遠人北聲，而一較遒觀較黑也，其一予知赤豹也，而疑其較遒與黑者，比還，入門，則固故人淮南張伯玉也。與赤豹不期而至，相見懽甚。訊別來狀，知胎簪先生安勝，因發篋出故人朱萬書，並所爲先生初度徵文檄，而屬序下走介，介不佞附伯玉一日之誼，敢惜一言佐春酒乎」〔註151〕，從中不難發現，隱士日常生活中的應酬並不少見。

　　此外，在日常生活中，隱士內部的社交活動也較多，他們形成了自身的社會網絡，這一點我們可以在徐介（見上表）的年譜中有所洞悉，如該譜記載康熙十三年（1674），「正月返（河渚）張村，贊伯（施相）爲先生築一室於叢竹間，名曰竹廡……先生《蝸居題壁》詩注：予寓居蝸居時，其先後到渚者有貴池吳企剛及其子正名子政，上海李見石、常熟顧景範，衢州葉靜遠，寧波萬斯選公擇、斯大充宗，臨安徐子山，海寧許欲爾、徐炯一、陳潮生，同邑應嗣寅、陳際叔、沈蘭先旬華、方稷凡十五人，惟子山、靜遠冠服如故。秦雲爽開地《施贊伯壽序》云：甲寅（1674）夏，因閩中擾攘，余與相知之友不期而會，環施子而居者爲江子爾慈、陸子拒石、沈子岸先，客居同寓者爲徐子孝先、葉子靜遠、吳子企岡及令嗣子政，數家賓客，四方賢豪長者往來無虛日。施子座上雄談蜂起，觥籌交錯，率以爲常，號爲一時之盛，而河渚人材之名因以遠震」〔註152〕，不難看出，以施相的河渚居所爲中心，康熙初年曾經有過相當興盛的士人活動，而且這些人大都是隱士，他們的詩酒流連也明顯具有社集的性質。

　　概言之，明清之交西溪景觀的發展與杭州士人網絡的變遷息息相關，而隱逸文化與士人網絡的結合更使河渚成爲隱士的樂園。

二、閨秀和名媛

　　在本節的開篇處，我們已經從宏觀上說明晚明清初的中國社會，在家庭生活中，婦女有一定的權力和自我空間；對於杭州而言，這一點更延伸至地

〔註151〕胡介：《旅堂詩文集》文集。
〔註152〕蔣炯編：《狷庵先生年譜》，北京圖書館珍本年譜叢刊，第 77 冊，第 342～344 頁。

域習俗中，當地女性在禮節、信仰、出遊等方面的自由，就曾引起正統士人的批評，陳善在萬曆《杭州府志》就說，「古者，婦女迎送不踰域，弔死送喪，男子事也。杭俗婦人有所謂陪弔、陪殯者，五服之內，義不可絕，固宜往送；其服外之親，夫主往爲足矣，婦人繼之，親鄰又從陪之，轉相連引，數十爲群，衣飾靡麗，輿從簇擁，儼然與卿貳命婦等。喪事既畢，其所陪之家，盛爲供具，富者過侈，貧者效尤，此不知於義何當也？司風化者，所當禁止焉」，又「省城敝俗，最易惑人，僧尼爲甚。南北兩山間，私創庵院以千百計，簧鼓愚民夫婦」〔註153〕。

　　不止如此，該地女性在婚後家庭中的地位還較高，清初陸圻在《新婦譜》就指出，「近俗不知道理，閨女出嫁，必要伊做得起。至問其所謂做得起者，要使公姑奉承，丈夫畏懼，家人不敢違忤。果爾，必是一極無禮之婦人。公姑必怒，丈夫必恨，群小皆怨。且乘間構是非，親戚內外，視爲怪物，何人作敬。宗族鄉黨聞之，皆舉以爲戒。則世之所爲做得起，正做不起也」〔註154〕，無疑，陸氏之議論反映出當時存在著婦女在夫家尋求「強勢」地位的習俗。另外，康熙《錢塘縣志》也對杭州婦女的日常行爲有所評論，「城內婦女雖喜出閨門，華服飾不比江東，而閭閻之習尙勤率作，每日絡絲褙紙即錫箔及箋紉履韈（襪）之類，日可入錢糊口，雖舊家亦多爲之，不安坐貪逸，日月飲食亦不過筍蕈韭菘，無京師饞懶之病，是可取也」〔註155〕，從引文中可以發現女性在出行、消費上有著較大的選擇權。

　　因而，在此背景之下，杭州士人家庭的婦女在社會分工和性別角色之外，可以存在自身一定的生活空間──如出遊賞花、上山進香、集市觀劇以及和三姑六婆來往等。婦女自身空間的發展，一方面有利於其性別意識的覺醒和文化的發展，另一方面也在很大程度上衝擊著「三綱五常」爲核心的家庭秩序，所以士人群體及其網絡對女性的態度也是相當矛盾的，他們所支持的女性文化也顯然受制於其道德觀念和價值需要，才女文化在17世紀的繁盛即爲明證。

　　首先，才女文化在家庭內部的表現是母親、妻子或女兒接受過文化教育，能夠進行文學、藝術創作，進而獲得家庭男性的認同（比如唱和、讚賞），以

〔註153〕萬曆《錢塘縣志》第1363，1365～1366頁。
〔註154〕陸圻：《新婦譜》，《叢書集成續編》第62冊，新文豐出版公司，第41頁。
〔註155〕康熙《錢塘縣志》卷7風俗。

至作品獲得出版。這方面以黃汝亨家族的顧若璞等，以及後來康熙時代出現的「蕉園詩社」為代表。

　　清初，陳維崧在《婦人集》中就記載了許多杭州的才女，如顧若璞等，「武林顧若璞，黃少參（名汝亨）子婦也。早年稱未亡人，盛有綺才。所著《湧月（王西樵曰臥月）軒稿》行世，中有舅姑墓誌銘及外行狀，文章詳贍，學者趨之。孫女埈兒，法名智生。生而端麗，能詩歌小令……顧性喜學佛，歲癸巳（1653）病甚，父母痛之，女曰：「金鎗馬麥，定業難逃。大人獨不聞之乎？且女特身痛耳，心無所苦。」年十九夭。（又夫人子燦婦丁玉如字連璧，慷慨好大略，常於酒間與燦論天下大事，以屯田法壞為恨……西樵嘗言夫人《臥月》一集中多經濟理學大文，率經生所不能為者，其子婦丁繼母張氏，名姒音，才學與夫人相亞，嘗作《討逆闖李自成檄》，詞義激烈，讀者如聽易水歌聲，惜未之見也」〔註156〕，在引文中我們看到黃汝亨家族中，自兒媳顧若璞、孫媳丁玉如到重孫女黃埈以及顧氏同輩的姻親張姒音皆有文采，甚至不乏經國濟世的才智。陳維崧對她們的評價自然多有溢美之詞，但也透露出士人們對女性從事文化創作的認同。美籍學者孫康宜更指出，明清文人存在著將女性詩歌經典化（如追溯到《詩經》、《離騷》）的現象，並且推崇其詩歌「清」的審美價值，如此，明清女詩人和士人的文學理念和標準（或者說士人文化）也就趨於一致，當時婦女詩歌的興盛正與男女兩性的這種合作息息相關〔註157〕，無疑，陳氏《婦人集》也是這一潮流的產物。

　　後世對黃氏家族諸才女的記載更多，還明顯帶有風流佳話的傳奇色彩，清人朱彭的《西湖遺事詩》記載，「名媛顧若璞，字知和，錢塘人，適明參議黃汝亨長子茂梧，早寡，遺孤皆未毀齒。迨出就外傅，輒為陳說四書義，有紗幔授經之遺風焉。及長，延吳本泰藥師教其二子。長子燦字惟含，尤望其克繩祖武，為創讀書船，令獨泛湖中幽寂處讀書，所著《臥月軒稿》有《秋日為燦兒修讀書船泊斷橋下》詩」，又「黃修娟，字媚清，明參議黃汝亨季女，適明侍郎沈光祚之子希珍字羽文者。修娟性嗜書，八歲即能詩，善彈琴，年十五適羽文。嘗同羽文遊西湖，流連累月，每逢月夜，循蘇堤至南高峰，隨地觸詠，人望之若神仙，著有《娛墨軒詩集》」〔註158〕，我們看到在清中期西

<hr>

〔註156〕陳維崧撰、冒褒注：《婦人譜》，叢書集成初編，商務印書館，第23～25頁。
〔註157〕可參考孫康宜：《明清文人的經典論和女性觀》，《江西社會科學》2004年第2期。
〔註158〕朱彭：《西湖遺事詩》，武林掌故叢編第22集，第16～17面。

湖事蹟的記載中，顧氏有著貞節良母的形象，黃氏有著神仙眷侶的形象，這和17世紀士人的女性觀已經較有差異，不過對才女文化的認同仍然強烈。

黃汝亨家族的諸才女僅是晚明清初的杭州女性典型例子而已，其他士人的眷屬也多有能詩會書畫的，譬如陸圻的女兒、陸進的妻子等皆有文名，這種現象逐漸成為潮流或時尚，也在一定意義上拓展著婦女的社會空間，最終就是女性自身社會網絡的形成。近年來，隨著研究者對明清女性文學的關注，杭州蕉園詩社的研究也成為熱點〔註159〕，而黃氏家族為代表的才女文化則可能是其開端。

需要注意的是，這些才女們的日常生活，同樣和西湖的景觀有著很深的關係，除了上文提及的黃修娟，嘉興的黃媛介曾寓居西湖，賣文為生，「黃媛介，字皆令，秀水人楊元勳室。書法鍾王，人以衛夫人目之，畫亦點染有致。《湖海樓婦人集》云余嘗見其僦居西泠段橋頭，憑一小閣賣書畫自活。鄧漢儀云：西泠所居一樓，與兩峰相對，隃糜側理，是其經營不免賣珠補屋之歎。地主汪然明招致不繫園，與閨人飲集，每週急焉」，又海寧許承祖之妻和他時常共遊湖山，「雪莊，在葛嶺下，海昌許貢士承祖別業也。承祖字繩武，能詩，與武林諸詩人相唱和，著有《雪莊漁唱》。其妻陳氏雅好山水，同居湖館，每逢月夜，偕夫登山玩月必造其巔。家有四婢皆善歌，興至，命婢吹簫攦笛，歌聲出天半，聞者幾疑為嫚亭仙樂也。後因夜遊感寒疾而歿，不數年繩武亦下世，而此莊已屬他人矣」〔註160〕。至於蕉園詩社諸才女更是遊樂之時，多有詩歌倡和，「柴靜儀，字季嫻，孝廉雲倩之季女，適文學沈漢嘉，即詩人方舟之母也。工詩，與同里閨秀馮又令嫻、錢雲儀鳳倫、林亞清以寧、顧啟姬似相唱和，著有《凝香室詩鈔》。丁藥園序其詩云：武林舊俗夙稱繁盛，每值採蘭之期，畫船繡幕交映湖濱，夫人獨漾小舟，與馮、錢、林、顧諸大家練裙椎髻，授管分箋而賦詩。鄰舟遊女望見悉俛首徘徊，自愧無及，亦西湖一段佳話也」〔註161〕。簡而言之，杭州地域文化中保留給家庭女性較大的自我生活空間，而當地士人們對才女文化的倡導和認同，終於使得杭州婦女成為東南女性的翹楚。

〔註159〕 相關研究可參考：胡小林：《清代初年的蕉園詩社》，《古典文學知識》2008年第2期；范晨曉：《「蕉園詩社」的先導之一黃宇鴻考論》，《廈門教育學院學報》2010年第8期；吳晶：《蕉園詩社考論》，《浙江學刊》2010年第5期等。
〔註160〕 《西湖遺事詩》，第33～34面。
〔註161〕 《西湖遺事詩》，第31～32面。

其次，處於家庭之外的妓女同樣被納入到明清之際的才女文化浪潮中。杭州當地本就存在著一定規模的妓女群體，康熙《錢塘縣志》說，「宋時創立瓦舍，招集伎樂，謂其來時瓦合、去時瓦解，易聚易散也，凡十七處，沿元明不廢，本朝三十年前猶有數處，雖不比江南、秦淮、廣陵、吳閶之甚，往往不絕。聖天子御宇化行俗美，加以撫鎮大臣嚴禁斥逐，今遂絕響，此足徵熙朝政教之流行，亦民俗漸返醇樸之一證也」〔註162〕，從中發現，從宋代到康熙前期當地都存在著煙花場所。進而言之，在娛樂消費過程中，士人和妓女必會有所交往，其中文藝性的交往更是為人所稱道，如《玉塵新譚》記載，「杭城妓王瑣，字餘青，年十四。婉媚綽約，嫻詩歌尺牘，好馳馬及談俠。余友程靜致，豪爽士也。與余青交歡甚，或數日不相見，餘青即詒短箋招之往。余遊武林，靜致曾出其箋見示，偶記其一二，錄之以傳好事者。箋曰：昨日下雨，今日又下雨。老天悶人，足下齋頭攻書。曾知下雨，曾知悶人。知下雨，必知悶人。知悶人，不妨過來走走。又曰，連日冷冷，足下獨居冷不，無事過我冷齋，說幾句冷話，萬勿以我為冷人。又曰，數日不面，想君筆墨之間自有餘青，瑣瑣王郎，諒應久忘之乎。其致研而韻冷多類此，亦今之薛濤也」〔註163〕，這則引文裏的妓女王瑣富有文采，自然很容易和士人成為朋友或知己，況且此種交往超出於家庭倫理之外，也缺少禮法上有效地規範，因而成為社會空間中頗具活力的領域。

在前一節探討杭州湖山重建的問題時，我們曾提及流寓杭州的徽州士人汪然明造有湖船不繫園和隨喜庵，並且當時西湖文化的興盛中又有名妓的參與。現存的汪氏作品《西湖韻事》、《不繫庵集》和《隨喜庵集》皆存有士人和妓女交往的詩歌記錄，然而關於這方面更好的記載應該是他的詩歌集《綺詠》。《綺詠》分正、續兩集，後來皆收入《叢睦汪氏遺書》的《春星堂詩集》，該書正集收錄萬曆、天啟間所作詩，續集則是天啟、崇禎間所作，鑒於此，我們可以從汪氏和妓女的交往經歷管窺杭州名妓的時代變遷。

《綺詠》一書本意就在於表彰風流綺豔之事，這一點汪氏的友人黃汝亨、陳繼儒和董其昌在該書序中皆有說明。黃氏說，「綺詠者何？友人汪然明從紅妝紫陌間作也……然明，有情人也，今展其詩，大都吳姬越娃、長干桃葉之美人，及梅林菊圃、茶畹柳堤與高賢韻士相遭而觸之趣」，陳氏說的則更為具

〔註162〕康熙《錢塘縣志》卷7風俗，第8面。
〔註163〕《玉塵新譚》卷5，《明史資料叢刊》第3輯，第196頁。

－139－

體，「吾友汪然明，陸機所謂豪士，伶元所謂慧男子也……然明去新安，跳而之西湖，造樓船讀書其中。知有西子湖，便當有寓公、客卿，相與約束鶯花平章風月，然明蓋其人也。四方客至，輒命彈絲奏肉，拈韻闘題……又有二三女校書，如修微、天素，才類轉丸，筆能扛鼎，清言無對，詩畫絕倫，常使高才撤翰意銷」；董其昌因爲擔心輿論批評汪氏該集詩歌過於香豔，更將這種士人和名妓的交往歸結爲杭州的文化傳統，「汪然明爲西湖寓公，主盟風雅……勝流韻士之外，間有魚元機、薛洪度一二輩亦入遊籍，故稱詩以綺……此西湖之故事也，不聞蘇子瞻之守杭乎……其詩時多豔曲，公豈不能莊語耶？」〔註164〕到清代，四庫館臣對此書就評價很低，認爲，「（汪然明）移居武林，招集勝流爲湖山詩酒之會，故是集大抵徵歌選妓之作……朱彝尊《明詩綜》不錄一字，蓋有由矣」〔註165〕。

在萬曆、天啓間，杭州的名妓當屬林天素、王友雲、王微等，除王友雲爲錢塘人外，其餘兩人都是客居當地的妓女。她們能詩善畫，解音律，可歸入才女群體之中，《綺詠》就有若干詩歌反映汪然明所屬士人網絡和林、王等人的交往，如《春日同胡仲修、賀賓仲、徐震岳泰岳、王修微六橋看花，夜聽馮雲將、顧亭亭簫曲》、《冬日湖上送林天素、周善長，夜聽天素琵琶》、《秋日，同友人過快雪堂訪王修微，夜話》、《冬夜夢於修微淨居，與張卿子評夢草，淨居近西泠》等〔註166〕，而汪氏本人對她們也多有贊助和庇護，《西湖遺事詩》中說，「林雪字天素，閩人，亦湖上校書，與楊雲友俱以善書名。後，雲友早逝，天素寂處無侶，悵然有歸思，汪然明送之歸閩。余於然明後人處見《撖篷圖》，係謝彬寫，藍瑛補圖。雲友與天素俱宮裝，一吹竹，一彈絲，坐梧桐下，對面坐石而傾聽者爲然明。設色古雅，居然周昉筆意。張遂辰《湖上編》有《冬夜送女畫師林天素還閩，時汪然明置酒林彈琵琶爲別》」；又「王微，字修微，工詞翰，前明廣陵校書也。晚獨放情山水，自號草衣道人，曾來湖上，汪然明爲築館於西泠橋畔以居之，名曰淨居。然明《綺詠集》有《余爲修微結廬湖上，冬日謝於軒伯仲過臨，出歌兒佐酒》，又有《冬夜，夢於修微淨居與張卿子評夢草》詩」〔註167〕。此時期，杭州本籍名妓力量似乎較弱，

〔註164〕汪汝謙：《綺詠》，四庫存目叢書，集部第192冊，第807～808頁。

〔註165〕《綺詠》，第824頁。

〔註166〕《綺詠》，第808、812、813、817頁。

〔註167〕《西湖遺事詩》，第18～19面。

汪氏詩集中還記錄了一些來自燕、吳等地的妓女，如《秋日湖上逢燕姬梁喻微，初冬寄懷》和《友人方貢父與吳姬軒軒姊妹比鄰，冬日遺余山蘭，賦答》等詩，汪對來自燕地的梁姬還讚美說，「解語含情復解禪，輕衫霞剪吐花鮮。幾年不向平康巷，誰道青樓有謫仙」〔註168〕，名妓能夠談禪，這應該是受到晚明士人禪悅習氣之影響。

必須強調的是，湖上名妓的聲名的傳揚與杭州的士人網絡密切相關，汪汝謙的好友董其昌在《容臺集》就說：「歲在己亥（1599），余北歸過汶上。時于文定公，以東平李室名道坤者所作山水花卉冊見示，託路大夫求余跋。北方畫學自李夫人創發，亦書家之有李、衛，奇矣奇矣。山居荏苒幾三十年，乃聞閨秀之能畫史者一再出，又皆著於武林之西湖，初為林天素，繼為王友雲，彼如北宗臥輪偈，此如南宗慧能偈，或對境心不起，或對境心數起，皆菩提增長，求女人相了不可得，然天素秀絕吾見其止，雲友澹宕特饒骨韻，假令嗣其才力，殆未可量，惜其身世猶繞樹三匝，非然明二三君子為之金湯，何自磨磚作鏡」〔註169〕，從中明顯感到董氏對林天素、楊雲友的推崇之情。而杭人卓發之更談到「妓帖、花案」等品評妓女之書，他說「嘗於詩賦傳記中得見千古佳人，每描畫一語，便足驚魂動魄，吾目中所見，求一影響相似者略不可得，豈古今人才懸絕至是，意美人肌體乃不如文士筆墨較為靈異耳。余十年來作客兩都，於故里佳冶多所未見及，讀德符《花隱集》知平康妖豔大異當年，豈一時風氣獨盛……今坊刻中妓帖、花案諸書鄙穢莫當，德符獨以風雅蕩滌之，諸姬遇此如太真初浴溫泉，足消煩暑，又似趙後為輕風所襲便欲飛去，時筆墨之靈，能使諸姬引年於千秋矣。至如當今林天素畫極超逸，自是倪元鎮、黃子久一流人，嘗與玄宰先生言詩至薛洪度、畫至天素，具有名士風流，然詩女尚可多得，古來閨秀稍工蘭竹耳，能為山水逸格者從來未有，天素自足獨擅千古，領袖茲集，後有披攬興懷驚魂動魄者，必我天素耳」〔註170〕，卓氏一方面甚為反對書坊對妓女進行月旦，另一方面卻支持友人撰書鼓吹林天素，恰恰從側面表明湖山名妓的成功有賴於士人們的支持。

後世的書畫評論者也都接受了董其昌等人的觀點，林天素、王友雲就見錄於《玉臺畫史》、《明畫錄》等書〔註171〕。至於王微，則成為明清文學總集

〔註168〕《綺詠》，第809頁。
〔註169〕董其昌：《容臺集》別集卷4。
〔註170〕卓發之：《漉籬集》卷10《花隱編序》。
〔註171〕《玉臺畫史》卷5名妓，《明畫錄》卷5名媛。

中焦點人物，《全浙詩話》、《歷代詩餘》、《明詞綜》、《四朝詩》等皆有著錄，關於她的傳記也很多，如《林下詞選》中說，「王微，字修微，廣陵籍，後爲女冠學道，自號草衣道人，與雲間陳眉公、竟陵譚友夏輩爲文字交，所著有《期山草》、《遠遊篇》、《閒草》諸集。《名媛詩選》云，修微性雅好遊，嘗輕舟載詩畫往來五湖間，自言入匡廬，月下從開先寺看青玉峽道，遇虎不怖，至棲賢橋題字金井上，白雲卷之而飛，見樂天草堂圮，解衣修葺，茮芝天柱峰頭三觀日出，殆飄飄乎仙也」〔註172〕，又《三借廬贅譚》卷五則說，「廣陵妓，所與遊皆知名士，嘗遍歷江楚諸勝地，謁元岳登天柱峰，溯大江上匡廬，訪白傅草堂，參憨公於五乳。歸耽禪悅，自號草衣道人，著《樾館詩》數卷，自序中有生非丈夫不能掃除天下之語，又撰集名山志百餘卷」，從中我們看到，後來王微的形象不再僅是女詩人，而是與男性一樣的名士，這也可以說明名妓的聲譽和形象不斷地被士人網絡所塑造。

　　天啓、崇禎兩朝，雖然吳地名妓柳如是（撰有《湖上草》）等也曾流寓杭州，但當地首屈一指的名妓則是楊慧林，《西湖遺事詩》說，「楊慧林，字雲友，杭人，與林雪齊名，前明湖上校書也。二人皆通文翰解音律，尤長於畫，爲董香光、陳眉公所稱賞，汪然明極愛重之。雲友曾在然明隨喜庵舟中寫《斷橋秋柳圖》，一時名流爭題詠焉。惜年不永，沒於湖上寓居。然明《春星堂集》云，雲友墓在智果寺西，當百日禮懺，寺中期他日爲構一椽，梅花繞屋，以貯香魂」〔註173〕，不難看出，楊氏的成名同樣得益於董其昌、陳繼儒等人的提攜。不止如此，她生前身後皆受到了汪然明的庇護，《歷代畫史匯傳》說，「楊慧林，字雲友，號林下風，錢塘人，工山水諸墨妙，工詩與林天素齊名，汪然明供養之，有《隨喜庵寫斷橋小景》詩，墓在智果寺西，然明於□□作雲龕祀之」〔註174〕。汪氏在《綺詠續集》中有《得楊雲友畫扇》和《屬雲友畫「閉戶著書多歲月，種松皆作老龍鱗」，祝眉公七十》兩首詩〔註175〕，都提到了楊慧林的繪畫才能，可以推斷的是，當時女性的書畫才能相比與詩歌顯得更爲寶貴。

　　在清初，士人和妓女的交往相較於晚明有所衰落，但依然密切，譬如李

〔註172〕周銘：《林下詞選》卷9。
〔註173〕《西湖遺事詩》，第17面。
〔註174〕《歷代畫史匯傳》卷68。
〔註175〕《綺詠》，第820頁。

式玉的《申酉集》有詩《贈楚芬較書》,「謖謖閨中鬥麗妍,相逢繫馬大堤邊。章臺酒罷移花檻,金谷粧成壓玳筵。□□雲鬟堆黛月,垂楊驕騎著瑚鞭。流蘇夜帳同心帶,零亂銀缸墜碧鈿」,又《書陸較書扇》,「當筵歌舞亂人腸,子夜春星映草堂。若得姬人陸大喜,先成金屋貯紅妝」,可以看到士人生活中和妓女的歡會似乎必不可少。而從李漁的戲劇《笠翁十種曲》,更可觀察到士、妓交往的一些細節場面。譬如,在《風箏誤》第二齣《賀歲》中有一段戚友先和韓世勳的談話,講到士人讀書之餘可能尋妓作樂:

　　　　(戚友先)「老世兄,我和你終日閉在書館,成年不見婦人,這些時睡臥不安,未免有些亢陽之意。如今解館過年,正好及時尋樂,和你到姊妹人家去走走何如?」

　　　　(韓世勳)「聞得近來名妓甚少,只怕也不消去得」〔註176〕

　　而且,在元旦節,妓女們還會到士人家庭拜年,同一齣劇中家丁就說「外面有許多妓女上門來拜年」,而妓女們在向戚、韓兩人行禮後,還說「今日各位老爺家都要走一走,不得久陪,告別了」〔註177〕。這種日常化交往其實也滲透到了讀書生活中,《凰求鳳》第二齣《避色》中書生呂曜為應考而閉門讀書,但並不排斥妓女的來訪,這可見於他和園丁的對話:

　　　　(園丁)「請問相公:良家的女子來此遊玩,一總不放他進來。若還有青樓姐妹,平日相與熟的,或是親自到門,或是遣人問候,還該見他不見?」

　　　　(呂曜)「與歌妓往來,無傷於名節。只是近來的姐妹。沒有幾個中看的,要他來也沒用。止有一個名妓,叫做許仙儔,不但貌美,兼有詩才,是在社友裏面算的,只有此人不在所拒之列」。〔註178〕

　　從中可以看出,名妓和士人的交往相對平等,甚至可被歸入社友之列,並轉變為士人社會網絡的成員。

　　最後,和晚明時代相近,清初妓女的成名同樣需要士人網絡的大力支持。《凰求鳳》第三齣《夥謀》有官妓們因為生意冷談而商議時的對話,選擇摘抄如下:

　　　　(錢二姐)「趙一姐、孫三姐,我請你們過來,不為別事,只為

〔註176〕李漁:《風箏誤》,《李漁全集》第4卷,第119頁。
〔註177〕《風箏誤》,第120頁。
〔註178〕李漁:《凰求鳳》,《李漁全集》第4卷,第427頁。

今年的生意，比往年大不相同，眞是冷淡不過，大家商量商量，用個什麼法子，好招攬嫖客？」

（錢二姐）「我預先就想過了，只爲近來的男人都好私偷，不喜明做。如今半開門的女子，倒多似我們，那些嫖客都去走小路了，所以把我們的生意，弄得這般冷淡。如今沒的說，到禮部衙門去動張呈子，也弄得他出來當官。大家明做，自然沒有偏區了。」

（孫三姐）「私窠子雖多，他的嫖錢、東道，也替我們一樣，還有貴似我們的。更有男風一路，最是惹厭。他的價錢又賤，東道又省；近來風俗，又作興這一椿。我們若要生意大行，倒不如女扮男裝，閉了前門，只開後路，包你錢財廣進，主顧多招，不像這般冷淡了。」〔註179〕

在舉出這些緣由之後，劇中妓女趙一姐還特別說：「沒生意的來由，也不單爲這兩件。只因姐妹裏面，假裝標緻的極多，沒有眞才實學。那些嫖客都不肯輕易上門，定要訪一訪名聲，方才下手。要曉得妓婦們的招牌，都掛在文人墨士口上，他們說好，就使你興頭起來。所以遇著那些名下之士，定要周旋一番，要求他說個好字。近來的嫖客，又老到不過，口裏說好，他還不信，說是買出來的批評；定要那說好的人，自己嫖過幾夜，方才作準。你若不信，只看隔壁的許仙儔，自與呂哉生相處之後，他的名聲就大噪起來，車馬填門，好不鬧熱。即此一個，就是榜樣了」，而且戲文還有唱詞提及花案一事，「文人口是刀，一經批削，沒處翻招。近來花案無公道，西子名低媢姆高。」〔註180〕通過以上引文，我們清楚地看到娼妓業和士人間的依存關係，名妓雖然不乏眞才實學者，但更多地依賴於士人網絡的品評和傳播。

朱彝尊在《靜志居詩話》論及名妓詩詞，就指出了士人對妓女文化的推動作用，還強調妓女詩歌是否爲其所作，眞僞難辨：「明制南北都各立教坊司，北有東西二院，南有十四樓。其後，南都舊院特盛，成宏間院中色藝優者結二三十姓爲手帕姊妹，每月節以春饜巧具殽核相鬭，名爲盒子會。沈啓南曾爲作圖繫以長句，然青樓之題詠無聞也。隆萬以來，冶遊漸盛，浙有沈水部某託名冰華梅史，以北京東西院妓郝筠等四十人配作葉子牌；金沙曹編修大章立蓮臺新會，以南曲妓王賽玉等一十四人比諸進士榜，一時詞客各狎所知，

假手作詩詞曲子以長其聲價，於是北里鮮有不作韻語者，其僞眞無由而辨識矣，姑從諸家選本綴錄成卷。」〔註181〕朱氏所點出該種現象，無疑應該引起研究者的充分注意，而在使用女性詩詞文獻時，充分認識其背後的社會情境是必要的。

小　結

在粗略梳理 17 世紀杭州社會文化中的隱士和婦女之後，我們認爲本來處於儒家倫理邊緣地位的兩者，在當時士人的日常生活其實發揮著難以低估的作用：隱逸思想促使了西溪的開發，並使其成爲湖山的重要景觀，而閨秀和名妓所代表的才女文化也帶給標榜聲氣的士林文化一股清新之風。

顯然，主流士人及其社會網絡對隱士和名妓有著充分的接受與認同，他們給予此兩者贊助和庇護，傳揚著兩者的美好聲譽，也最終將其融入士人的日常生活當中；反過來，士人個體與隱士、名妓的交往，也可能表徵著他的名士地位與聲望。簡言之，士人、隱士與名妓構建出一個更大的社會網絡，也擴展著精英文化的社會生活空間，從而使明清之際的文化顯示出一番活躍而多彩的獨特面貌。

從家庭角度來看，隱士對私人園林和山水的熱衷，與普通士人沒有明顯差異，而女性網絡如蕉園詩社雖然將自己定位爲作家，而不僅僅是女作家，但仍是一個以血緣、姻親、地域關係爲基礎的閨秀詩社〔註182〕，並且主要存在和發展於家庭空間之內，因此，廣泛意義上的家庭成爲這個社會網絡中聯結點，而晚明清初的文化大體上依然是私人空間下的產物。

不過，妓女這一特殊的體制和商業產物，卻在家庭之外的社會領域，與士人網絡存在著密切的聯繫，而名妓文化的消長更在很大程度上成爲衡量士人文化興衰的標尺。換言之，娼妓業對琴棋書畫等精英文化的講求，正是士人社會網絡影響所致。

此外，需要補充的是，閨秀和名妓爲主體的才女文化在一定程度上重塑著女性的性別觀念，貞節道德與人格固然重要，文藝修養和「清」的氣質卻也同樣值得她們追求，這種風氣倘使成爲潮流和時尚，也勢必衝擊原有的社會文化結構，有待另文探討。

〔註181〕朱彝尊：《靜志居詩話》卷 23 教坊。
〔註182〕請參考前揭文《清代初年的蕉園詩社》。

本章總結

　　這一章以日常生活爲中心，探討士人社會網絡與士人生活之間的各種聯繫。其一，士人網絡植根於當時的社會分層、職業分化等，同時又受制於家庭等生活空間，晚明社會的變革，使得士人的流動性空前上升，日益功利化和聲名化的社會交往相當程度上打破了既有的秩序和規範，這自然推動著社會網絡的飛躍發展。其二，作爲整體的杭州士人社會網絡，對唐宋時的西湖景觀等空間有著強烈的歷史情結，他們利用網絡內部的官員力量在晚明對湖山進行了重建，這一努力在清代被皇權代表的國家體制所肯定和繼承，同時這些人所營建的自我風流形象也被後世所認可。其三，隱士和女性屬於傳統社會的特殊群體，然而在明清之際，士人網絡和他們之間有著相當密切的聯繫，隱逸精神和士人生活已經充分結合，西溪更是成爲隱士的樂土；女性則借助文學和宴會等媒介融入了士人的社會網絡，而士人們對婦女才情的推崇和傳播，更使得女性享有和發展著家事之外的社會文化空間，而女性結社及編選書籍等現象的出現則反映出她們一定的思想自覺和獨立性。

第三章　杭州士人的社會網絡與
　　　　文化的疆界

　　通過前面章節的論述，我們以杭州這一地域爲著眼點，基本釐清了晚明清初該地士人網絡的歷史變遷與其所依賴的生活世界。然而，從宏觀上說，杭州士人網絡屬於全國「士」階層的一部份，他們也必然和整個國家發生著廣泛的聯繫。進而言之，杭州士人和國家的聯繫，在很大程度上表現爲社會文化上地域和國家間的互動：一方面地域文化的發展，使得許多地區建立起相對獨立的士人網絡，而且彼此間存在著差異較大的文化理念和習俗，這就在空間上將國家區分爲多個文化版塊，我們可以把此種區隔稱之爲文化的疆界；另一方面，國都作爲社會各種資源的集中地，溝通著不同的地域和國家，其中地域傳統間的競爭以及國家經典的確立又會折射出文化和權力的博弈。下文，我們嘗試從杭州和其他地域、杭州和國都兩個方向探討杭州士人和國家的相互關係。

第一節　流寓和商籍──明末清初杭州士人網絡裏的
　　　　　徽州士人

　　現有研究說明 [註1]，由於地理和社會人文因素的作用，明清時代的文化

〔註1〕　相關著作很多，如施堅雅《中華帝國晚期的城市》（中華書局 2000 年）；王恩
　　　　湧等《中國文化地理》（科學出版社 2008 年）；王會昌《中國文化地理》（華
　　　　中師範大學出版社 2010 年）等。需要注意的是，這些著作對中國的文化區域
　　　　劃分併不相同。

疆界（分野）相較前代更為顯著，再加上地域意識的凸現（如會館的興建、郡邑文集叢書的刊刻等），那麼，從宏觀上說，各地相互間的競爭與整合在所難免，而最終的勝利者勢將佔據文化的主導。在這一過程中，引人注意的是跨地域人員流動的作用，所以對其進行合理的觀察與解讀，無疑有助於理解「主流」文化的構建過程。首先，我們需要考察外來流動和本土間的關係。

杭州自晚唐以漸開始崛起，五代時錢氏立國和後來宋室的南興，更確立其東南第一大都會的地位；在元明時代雖有所衰落，仍是可與南京、蘇州並立的區域中心都市。相應地，文化教育的普及和科舉人才的繁盛，也使其成為人文之淵藪〔註2〕。在這樣的地域環境中，杭州社會的士人流動頗為頻繁，更有外來定居者，其中「異質」文化的客籍精英和該地士人網絡必然有過一番有趣的互動，下文試作一探討。

一、杭州方志裏的流寓傳

晚明到清初，杭州的地方志修纂較為完備，府志方面有萬曆七年（1579）和康熙二十五年（1686）兩種，同時又可參考康熙二十二年（1683）、乾隆元年（1736）的兩種《浙江通志》；縣志方面，有萬曆三十七年（1609）和康熙五十七年（1718）《錢塘縣志》，康熙二十二年（1683）《海寧縣志》，康熙二十二年（1683）《富陽縣志》等。不過，以上各志在流寓方面的記載高低參差，為了更好地把握此時期的流寓狀況，我們還應參考民國初年的《杭州府志》〔註3〕。需要說明的是，各志中的皆有一些流寓人員被歸入其他傳記中，為了比較上的一致，不將其包含在下文的討論中。

首先，通過檢閱上述方志，我們發現著作者們關於流寓的觀念存在不小差異，主要在兩個方面，分別是流寓人員的存在動因和選入何種類型的流寓人員。萬曆《杭州府志》（以下簡稱萬曆府志，此後類推）的作者陳善認為，「夫地因人重，自古記之，是故增山川之色，侈耆舊之談，非特鍾靈秀於是邦者也，蓋亦有寓止之賢也……雖其仕隱異軌，德藝殊科，然其光壤土而興仰止，固皆斌斌矣」〔註4〕，他的這一觀念具有明顯的道德色彩，強調流寓人

〔註2〕 可參考周祝偉：《7～10世紀杭州的崛起與錢塘江地區結構變遷》，社會科學文獻出版社2006年。

〔註3〕 這些方志分別收錄於中國方志叢書，武林掌故叢編以及北京國圖數字方志庫。

〔註4〕 陳善：萬曆《杭州府志》卷66，第4175頁。

士應該彪炳史冊，因而其選入敢於直諫的官員薛侃、諸燮等人；萬曆《錢塘縣志》的作者就頗有不同，「人生如寄，所云寓賢，直寄寄耳。寥廓之士，隘九邱而促萬古，縱心廣意，方洋澹瀁之鄉，又何必魚懸獸檻哉。陸通之隱峨眉，次都之去蟻陂，豈惟棲遯，蓋有會心處焉。景物因人，爰成勝概，物外冥挼，此亦夷由不遠矣」〔註5〕，把流寓比作寄宿，很有老莊的飄逸感，難怪會選入宋登春等這類山人了。

與明代編纂者頗有個人思想色彩的認知不同，清代作者的流寓觀顯得相當客觀。康熙《杭州府志》說：「古之寓於杭者，大抵耽山水之勝，遂嘯歌之懷；亦或此邦多賢士大夫，樂與遊處，是以樽酒之間，淋漓筆墨，古洞巉岩，足跡殆遍」，將流寓和作為風景、人文重鎮的杭州聯繫起來，從一個方面解釋了當地的人員流動，但關注對象似乎也限定在文士身上，有些狹隘；統而觀之，以康熙《錢塘縣志》對流寓的解釋最為完備，「錢塘自唐宋以來實為名流萃止之區，而宦遊所至，往往多流連不能去，至長子孫者有之。其湖山之美，遍高賢之題詠，兩峰三竺，多隱者所盤旋。琳宮梵刹，緇流羽士之潛蹤；峻宇雕牆，巨室大家之遷徙。加以東連江海、北趨淮楚，富商豪賈之輻輳，稽其版籍，幾過土著矣，然其來者半，去者亦半，不足言也。若乃名在天壤而身同編戶，棲遲岩穴而隱約東陵，騷人負屈宋之才，經濟饒賈、董之策……雖出處顯晦之不同，皆足以增山川之勝，而銘之竹帛，非所謂維楚有材、晉實用之者耶？」〔註6〕不僅講及杭州的風景、人文因素的區位優勢，也說到流寓當地的人物類型有官宦、宗教信徒、商人、隱士、文人等，還指出了該處流寓人口所佔比例高、流動性強的特點，這一論述對我們很好地認識當時的流寓現象也大有助益。

其次，杭州各志對載入的流寓對象有著各自的取捨，即便處於同一朝代如萬曆或康熙的志書，所載也多少不一，甚至對同一人會或錄或汰。譬如萬曆府志僅記載明代流寓人士6人，其中本可以選入的王守仁（1472～1529）、黃省曾（1496～1546）等人均被遺漏，萬曆《錢塘縣志》和此後清代的府縣志就都收錄了這兩人。讓人尤不能理解的是，萬曆府志編撰者陳善的父親曾經隨王守仁遊學，對王氏蹤跡也應當明曉，不載入志中的緣由著實難知。另一方面，為了突出本地寓賢的精英地位，清代編纂者還刻意「製造」出一個

〔註5〕　聶心湯：萬曆《錢塘縣志》中《紀獻・寓賢》第34面。
〔註6〕　馬如龍等：康熙《杭州府志》卷32《寓賢》；裘璉等：康熙《錢塘縣志》卷25。

人才不斷的譜系——加入明初人物宋濂、劉基、貝瓊等。其實，在明代，前期的成化府志（1475）和嘉靖《仁和縣志》（1549），人物傳記裏均不設流寓，兩志中也未見宋濂等人的事蹟；後期的萬曆府志與錢塘志，雖有流寓傳，也未收錄諸人。入清後，編纂於同時期——康熙二十二年（1683）《海寧縣志》、康熙二十五年（1686）的府志，卻先後加入了宋濂、劉基、貝瓊等人，通讀三人傳文，在杭州的過往短暫，是否達到寓賢的標準值得商榷。或許因為這一點，康熙《錢塘縣志》和乾隆《浙江通志》等仍未載錄宋氏等三人。清初之所以有志書加入上述諸人，可能與編纂者的價值取向有關，例如康熙府志的編纂者中有張用霖、丁叔範、毛先舒等晚明會社遺民，宋濂等作為明代士人的典範似乎也隱喻了前朝文化的不滅。需要說明的是，各志所收流寓人物類型雖較為廣泛，有官宦、文士、隱者、孝義數種，但比重不同，所載以前兩者為主。

再次，對於流寓人員所屬籍貫方面，為了便於分析，我們利用表格進行了簡單的統計，如下〔註7〕：

表 3.1　杭州流寓人員地理分佈表

出處 各地人數	浙江內部	安　徽	福　建	廣　東	江　蘇	其　他
萬曆《杭州府志》	3			2		1
萬曆《錢塘縣志》	3		1	2	2	2
康熙《杭州府志》	明 8 清 1	明 2 清 4	明 3 清 1	明 3	明 6	明 3 清 4（1 不詳）
康熙《錢塘志》	明 7 清 5	明 2 清 10	明 1 清 1	明 2	明 3	明 2 清 1
乾隆《浙江通志》		明 1 清 4	明 2 清 1	明 2	明 3	明 1 清 1
民國《杭州府志》	明 14 清 20	明 6 清 7	明 2 清 1	明 1	明 6 清 7	明 3 清 6

從上表可以發現，明清之際杭州的流寓人員主要分佈於浙江內部、安徽、江蘇以及福建、廣東等地，其中浙江內部的人員流動佔據首位，而跨區域的流動則以安徽、江蘇為最。而在數據方面，清代方志的記錄較明代為完備，這可能緣於明人流寓觀念尚不成熟，尤為明顯的就是明代兩部方志沒有收錄

〔註7〕　本表中明志僅統計其所錄明代人物。清志所載明代流寓人口則包括整個朝代，不限於晚明；對於民國《杭州府志》所載清初人物，截止到雍正初的「齊召南」。

原籍安徽的流動人員，清代則逐漸有了大量記載，這一現象，不能不引起我們的注意。

康熙時代最初被收錄的明代徽人計 3 人，分別是府志的吳姬適、吳紹昌，錢塘志的汪鋈、吳紹昌。這些人都生活在晚明以後，汪鋈、吳紹昌皆是安徽歙縣人，吳姬適則是安徽貴池人；汪氏是明末在遼東抗清陣亡的高級武官，吳姬適則是與杭州士人有交往的詩人，只有吳紹昌以孝友入傳。清初被收入的徽人計 10 人，其中更是多數以孝友被記載，在以精英為主的流寓傳裏收入如此多的平民，我們認為安徽流寓人員在明清交替時期的杭州很可能取得了某種較高的社會地位。這一點在民國《杭州府志》裏得到了解釋，該志流寓傳收有明代徽人 6 人，其中收入的吳敏惠、程紹文身份頗為特殊，「吳敏惠字肖溪，安徽休寧人，業鹺。來杭建城東土橋新壩費萬金，商民至今利賴，稱吳公壩，子夢鼎」，「程紹文，字闇然，安徽歙縣人。天啓元年副貢，居西湖。與同鄉汪汝謙講易，能發明義理。時鹺使葉永盛創立商籍，紹文偕汪文演、吳雲鳳建崇文書院」〔註8〕，吳氏是來杭的鹽商，程氏則參與了杭州商籍有關的書院建設，看來大量徽州人在清初被收入流寓傳應該與鹽業、商籍有著莫大的關係。這一特徵，也是安徽和傳內所載江蘇等省流寓人員的顯著區別。鑒於此，我們將通過梳理杭州商籍與徽人間的關係，仔細審視晚明清初該地的流寓問題，以及其中地域士人間可能的文化互動。

二、杭州商籍和徽州士人

明代萬曆十三年（1585）商籍的設立，與兩淮地區的山陝商人積極要求密切相關。這是因為，鹽業「開中法」變化為「運司納銀制」後，鹺商不得不移居遠離家鄉的產鹽區，但其子弟卻沒有資格在異地參加科舉考試，國家為了照顧這些對財政影響較大的商人而特別設立該制度〔註9〕。其實，隨著兩浙地區鹽商勢力的崛起，嘉靖末就有人要求其子弟在當地應試並獲准，「明嘉靖四十年，兩浙綱商蔣恩等為商人子弟有志上進，比照河東運學事例，具呈巡鹽都御史鄢懋卿批、提學道議允行，運司錄送附民籍收考」〔註10〕，從中

〔註 8〕 龔嘉儁等：民國《杭州府志》卷 169 寓賢一。
〔註 9〕 曹永憲：《明代徽州鹽商的移居和商籍》，《中國社會經濟史研究》2002 年第 1 期；又可參考王振忠《明清徽商與淮揚社會》，三聯書店 1996 年版，第 58～63 頁。
〔註 10〕 延豐等：《重修兩浙鹽法志》卷 24 商籍。

我們看到了杭州商籍的雛形，而追溯其源頭應該是河東運學的設立，這一點尚未被研究者充分注意。不過，商籍成為一項特別制度，並持續到清代後期，確實形成於萬曆朝，在兩淮商籍之後的萬曆二十八年（1600），杭州也設置了較為完善的商籍。萬曆杭州商籍的形成過程，目前已有相當研究，主要探討了巡鹽御使葉永盛以及徽商在其中所發揮的作用，同時也談到了他們在杭州興建書院以及培養科舉人才方面的深遠影響〔註11〕，然而對這一事件的背景以及具體的演變過程等仍缺乏足夠的討論。

　　萬曆時代杭州商籍的設置，正處於朝野「礦稅」鬥爭的關鍵時期，當時萬曆帝派出許多內監到各地加派賦稅，引起南北多省的官民反抗，鹽稅作為國家財政的重要來源，更是成為爭派的重點，先是山西、兩淮，很快就到了浙江〔註12〕。葉永盛在赴任浙江時，早就意識到了浙江鹽業的這一遭遇，「予奉命督釐兩浙，值礦稅交驚、弁寺橫肆之秋……予見兩淮、河東搜括餘鹽之議紛起，知旦暮必有議及浙釐者」，於是他通過交好杭州稅監劉某，在浙江加派興起時，又與其巧妙周旋，進行堅決抗爭，同時利用公議的支持，在皇帝下詔後，終於避免了一場禍及杭州商民的大災難——在等待中央決策時，杭州曾有過混亂，「（璫）陰訪富商五十餘人，誣以屯引，引豺狼之胥四出而索……一時群棍乘機蜂起，告訐紛紛，各商股栗如將蹈湯火，即省會富民亦懼波及，晝夜警惕不寧」〔註13〕。葉氏的反苛稅的行為在該時期並不少見，其他地區的官員也有上疏抗爭成功的，從中我們不難推測士商關係在晚明已經相當密切，保護地方利益似乎也成為當時多數官員的選擇。如此，杭州商籍地位的確立也就容易理解了。而且，從史料來看，葉永盛和徽商家族的士人吳憲、汪文演等交情應當不錯，「吳憲，自新安來，錢塘初試額未有商籍，業釐之家艱於原籍應試，憲因與同邑汪文演力請臺使設立商籍」，「汪文演字以道，號

〔註11〕　可參考：李斐斐《葉永盛與徽商》（《安徽師範大學學報》2007年第2期），汪慶元《徽商與兩浙崇文書院》（《江淮論壇》1988年第3期），劉希偉《清代科舉考試中的「商籍」問題》（《清史研究》2010年第3期），唐麗麗、周曉光《徽商與明清兩浙的商籍》（《安徽師範大學學報》2011年第3期），許敏《明代商人戶籍問題初探》（《中國史研究》1988年第3期）、《試論清代前期鋪商戶籍問題——兼論清代「商籍」》（《中國史研究》2000年第3期）；另外，宋長琨的論文《家庭背景與明代徽州雙籍進士的地位升遷》（中國人民大學2008年博士論文）對徽州士人和杭州商籍的關係也有詳細論述。

〔註12〕　可參考《明神宗實錄》卷350～卷351，中央研究院歷史語言研究所1962年版。

〔註13〕　詳情可見葉永盛：《浙釐紀事》，武林掌故叢編第15集。

賓石，萬曆時中官高時夏奏加浙江鹽稅，演上書御史葉永盛得免歲徵十五萬，又與同邑吳雲鳳興商籍」〔註14〕，徽商這種士商結合的雙重身份在其中應該起到了很大作用。另一方面，徽商士人在政治觀念上也頗有東林黨反宦官的精神，如吳憲使其子糾眾毀魏忠賢祠，「方熹宗朝，閹人魏忠賢用事，其黨佈天下。於時，諸郡競為忠賢建生祠……令長子瑷招同學諸生數百人明日會祠下。既至，方藉藉相語，憲慷慨曰：鸞孔不與鴟鴉同巢，麒麟不與狐狸同野，今日是矣。諸生皆慟哭，既發憤爭門而入，守者不得禁，則更指忠賢像大罵，罵已則共擊碎之，投圊中出，盡撤其祠」〔註15〕。

　　杭州的商籍在明清時代也發生著變化，嘉靖時代的雛形籍無定額，萬曆時代商籍確定後，這借鑒了兩淮等地的制度，葉永盛曾說：「淮揚、長蘆等鹽場行鹽商人子弟俱附籍應試，取有額例，惟兩浙商籍子弟歲科所取不過二三人而止」，所定額數，據載為「浙商子弟以外籍不得與試，永盛為請於朝，特置商籍，入學八名」，又一說為「山陝新安諸商子弟以外籍不得試，永盛惜其才為請於朝，得特立商籍，取入儒學七名，商人德之」〔註16〕。清興後繼續了這項制度，「順治十六年，提學僉事谷應泰批行該學查議，據議覆兩浙商籍向分杭嘉紹溫臺松六所，每所合照小縣例取入八名，內杭州所為各商聚集之處，量增二名，共五十名。撥入杭州學二十名、仁和縣學十五名、錢塘縣學十五名，通詳督撫達部准行」〔註17〕，可以發現，萬曆商籍成立後，商人子弟在杭州入學較嘉靖時翻了數十倍。而且在清代全國所有商籍學額中，杭州位居首位，「直隸商籍額進八名，竈籍額進七名，廩生二十名，增生二十名，二年一貢，屬天津府學兼管；江南商籍額進十四名，泰竈額進三名、通竈額進三名，撥揚州府學，廩增無額，與民籍，憑文考補；浙江商籍額進五十名，內撥杭州府學二十名、仁和縣學十五名、錢塘縣學十五名，廩增無額，與民籍，憑文考補」〔註18〕，不過生員歸屬學校方面前後稍有變化，「（順治十年）定商籍生員附府學例，長蘆鹽運司所屬在直隸者，附河間府學；在山東者，

〔註14〕　《重修兩浙鹽法志》卷25商籍二。

〔註15〕　朱筠：《錢塘吳氏家傳》，《湖海文傳》卷63。

〔註16〕　《重修兩浙鹽法志》卷23職官三「葉永盛」；民國《杭州府志》卷109「葉永盛」。

〔註17〕　《重修兩浙鹽法志》卷24商籍一。

〔註18〕　素爾訥：《學政全書》卷62商籍學額。

附濟南府學；兩淮所屬附江南揚州府學；兩浙所屬附浙江杭州府學」〔註19〕。由於徽商主導者浙江鹽業，所以徽州士人開始大量進入杭州應試，他們中的許多人會寄籍、占籍甚或移籍錢塘，並且形成一定的家族，《兩浙鹽法志》中的人物傳記也基本成爲了徽州士人的族譜。

通過比較《兩浙鹽法志》和杭州各府縣志流寓傳中的徽人，我們發現後者所收人物大都可以在前者中找到，前者也爲我們理解後者背後的社會動因大有裨益。譬如吳憲、汪文演兩人雖然對杭州商籍設立貢獻頗大，但各志流寓傳均未收錄。不僅如此，從鹽法志中的若干傳記，我們還可以看到徽人和杭州士壇名流的來往，如汪尙廣，「字大中，號思苓，歙人。勇於從義，時歙河淤塞，廣請於官首倡疏濬，歙人至今賴之。少保胡宗憲以平倭功遭讒罷祀，廣論復之。先是廣祖誠義因賦役繁重有免徵之請，有司不能行，里中尤苦絲稅，廣控於大司農，奏悉平之，郡守董石表其廬曰世德重光。來遊武林，開商籍、濬運河、立義倉、修道路，執政上其事於朝，予爵一級，事詳陶望齡集，董其昌、黃汝亨、陳繼儒各有傳」〔註20〕。這樣一位富商，能使杭州士人領袖黃汝亨及其他東南名流爲其撰文紀事，也就不難理解大量無功名徽人能夠進入該地流寓傳的原因。

商籍設立後，徽人積極開辦書院，舉行會課，以便於徽州士人勤修學問。由於商籍的科舉考試由鹽運司直接管理，這些書院的開辦也受到巡鹽御史的支持，晚明葉永盛創建崇文書院，清初鹺使高熊徵又倡建紫陽書院，「萬曆間，巡鹽御史葉永盛移築葛嶺之南、孤山之右，顏曰崇文，以浙商多籍新安，故疏新安諸博士弟子自爲籍，以隸於浙，聚書院爲講讀地，每於湖舫會文名曰舫課，後人思之，即四賢祠西偏建堂，中奉朱子而祀永盛於其後寢」，「紫陽別墅者，武林商籍士子會文之地，西湖既建崇文書院，前鹺使高熊徵以去城稍遠，諸生往返爲艱，遂買宅於鳳山門內，割俸經營，鹺商等踊躍捐貲助成其事，以其地當紫陽山麓，適與新安之紫陽同名，遂以別墅別之」〔註21〕。需要注意的是，明代崇文書院的修建，似乎尙有他人，「萬曆三十五年，巡鹽御史左宗郢、方大鎭創立崇文、正學兩書院，買置學田，以資膏火。訂期會課，運使掌印官親爲閱卷，出榜曉諭以示獎勵。設立崇文會課冊籍頒示，條

〔註19〕 《清文獻通考》卷69學校考。
〔註20〕 《重修兩浙鹽法志》卷25商籍二。
〔註21〕 《崇文書院圖說》、《紫陽書院圖說》，收入《重修兩浙鹽法志》卷2圖說。

約載入鹾規，但前後考取雖多，未有定額」〔註22〕，清人將崇文書院的建立以及會課的施行完全歸功於葉永盛，未免多有疏失。不過，可以肯定的是，「商籍──書院──會課」這一體制的運行，使徽州士人的社會網絡得以牢固地建立在杭州社會中。

其實，從地理位置而言，杭州商籍之設有其牽強之處。由於徽州到杭州有新安江水系的存在，船行便利，兩地商業貿易開展已久，經濟社會一體化的傾向也較爲明顯，「新安、武林一水相委者，壤封錯繡，風俗便安。或託鹾政，與姻婭於茲邦，其子弟所籍，雖曰旅途，猶之乎土著也」〔註23〕，而商籍本意在便於士子應考，徽人卻在科考方面並無不利之處，這一制度的設立只能說明徽商網絡對杭州地方政治影響甚大。另一方面，因爲這種便利，徽州士人利用杭州商籍在科舉上也取得了極大的成功，近代安徽歙縣人許承堯在《歙事閒談》中曾指出，明清兩代歙縣商人子弟通過杭州商籍考中進士爲343人，而揚州商籍得中者僅3人〔註24〕，那麼整個徽州由此而及第的數量會更大，據今人研究，明代徽州雙籍進士寄籍杭州府爲15人，在省（當時安徽屬南直隸）外的流動中，位居第一〔註25〕。

到了清代，杭州商籍的重要性甚至得到了帝王的認可，在中央多次對該項制度的整改中，它都沒有受到影響。乾隆後期，浙江巡撫王亶望曾試圖逢迎上意裁撤商籍，但被皇帝所阻止：

> （乾隆四十四年秋七月）諭：據王亶望等奏請裁浙省商籍學額一摺，雖應交部議，但思浙省商籍與長蘆、山東情形不同，該省人文本盛，應試人多本地之人借商籍登進者十居七八，其中人才輩出頗有用至大僚者，是浙省商籍即仁錢士子進身之一途，朕所素知。若一旦全行裁汰，名爲嚴覈商籍童生，實則暗減杭城學額，寒畯不免有向隅之歎。況商籍之所以清釐者，原因該省地方官或私令子弟至親冒名入籍，以冀倖進，實爲積弊，不可不嚴查究治，此外如實係冒濫者，有犯必懲，其餘則不必因噎廢食，豫申厲禁，朕從不爲已甚之事，何必獨於此加嚴以抑士氣乎，且浙省商籍學額相沿已久，

〔註22〕　《重修兩浙鹽法志》卷24商籍一。
〔註23〕　康熙《崇陽崇文會錄》首卷《崇文會錄序》，轉引自前揭論文《徽商與兩浙崇文書院》。
〔註24〕　《歙事閒談‧進士表》，轉引自汪慶元《徽商與兩浙崇文書院》。
〔註25〕　可參考前揭《家庭背景與明代徽州雙籍進士的地位升遷》，第97～100頁。

向亦未聞其有弊，竟可無事更張，朕以為浙省商籍學額自可仍舊辦
理，但令該撫等隨時查察，勿使有幸濫等弊足矣，著九卿一併議奏，
以為何如。諭軍機大臣等據王亶望等奏請裁汰商籍學額，已批交該
部矣，繼看伊等另摺陳請於來春南巡時，特降恩綸將裁去商籍五十
名之額，即在於杭府仁錢三學酌廣額數以為定例等語，雖屬調劑之
見，但浙省商籍即仁錢士子進身之一途，與長蘆、山東別省寄籍者
迥異，若全行裁汰，則寒畯少一登進之階，即或於明歲加恩廣額，
是旋裁旋復，幾同朝三暮四之權術，朕所不屑為也，況今距南巡時
尚有半載，士子不知將來廣額之恩，止知見在減額之事，能保無寒
畯向隅生心觖望乎，若該撫等早露消息是市恩也。且江浙事同一例，
南巡降旨必不能厚此而薄彼，亦復難以措詞。若因浙江而並廣江南
又屬不成事體，是以特降諭旨，欲將浙省商籍學額照舊辦理，較伊
等所請不動聲色，尤為妥善，將此諭令三寶等知之，所請加恩，另
摺仍著發還。〔註26〕

從中我們又可發現，商籍實行到清代時逐漸轉化為杭州本土士子進身之
階，而不僅僅是徽人利益的問題了。

此外，徽州士人和杭州文化學術發展也頗有關聯，如吳之龍，「字雪門，
安徽歙縣人。生有異資，讀書十行並下，早歲能詩，稍長遊武林，遂居錢塘，
從葛寅亮講學湖南，有英流之目，謁選得光祿丞。還隱西湖，結竹閣社，四
方詞人歸之。子山濤，字岱觀，崇禎十二年舉人」，看來晚明杭州的講學風氣
吸引著徽人前來遊學〔註27〕。同時，寄籍杭州的徽人也推動著該地的學風，
如何萃，「錢塘縣志，字翰亦，少孤力學，崇禎己卯以貢入南雍。吳太沖時為
少司成，移書吏部，曰：萃，武庫甲兵，今朝廷急士，當及鋒用之，會為忌
者所沮。免歸，設館鳳山之麓，武林從遊者曰何氏學，所著有《古今治平略
補》、《廿一史匯纂》、《類法篇》諸書」，單看這段傳記，我們並不能看出何氏
的徽人身份，可是在《敕修兩浙鹽法志》中「貢選」的明代部份有「何萃副
榜」的記載，兩者是吻合的；與何氏相似，還有推動商籍設立的程紹文也講
學，「字闇然，號鶴峰，歙西塘人。總角時以孝行稱，年十二補博士弟子員，

〔註26〕 《東華續錄》乾隆90，收入王先謙、朱壽朋編《東華錄·東華續錄》第5冊，
上海古籍出版社2008年版。
〔註27〕 民國《杭州府志》卷169寓賢一。

補天啓辛酉副貢，講《易》西湖。與虞山錢謙益、同里汪汝謙發明義理」〔註28〕。換個角度看，徽州士人積極參與杭州的講學，也標誌著他們和當地士人網絡間形成了相當的默契。

三、杭州士人網絡中的徽人

　　徽州士人通過商籍進入杭州社會後，相當一部份人會開始家族土著化的歷程〔註29〕。而且，在商籍設立之前，許多徽商已經開始杭州化，首先就是取得田產，尤其是墓地，晚明杭人陳善曾說：「南北二山，風氣盤結，實城郭之護龍，百萬居民墳墓之所在也。往時徽商無在此圖葬地者，邇來冒籍占產，巧生盜心，或毀人之護沙，或斷人之來脈，致於涉訟，群起助金，恃富凌人必勝斯已。是以山川被其破碎，秀氣致於分離，士夫胤嗣爲之損傷，豪腴室家爲之凌替。蓋罪同殺人而惡深掘冢矣……此患在成化時未熾，故志不載，今不爲之所，則杭無十吉之地矣」，陳氏的說法未免有些偏激，但卻說明了萬曆初年徽商杭州化時曾帶來的強烈土客衝突〔註30〕。到了明清之交，移居杭州的徽人已頗爲廣眾，如休寧江氏，「錢忠介公之起事也，幕下列將較盛於張、熊、孫、沈諸家，故其中多健者，而忠介所恃莫如江都督子雲。都督諱漢，其原籍爲南直隸徽州府休寧縣，曾祖某祖某父某，黃山巨室推江氏，而多以商籍入浙，都督由是家錢唐」〔註31〕。

　　又有歙縣吳氏，「居歙之西溪，南爲西溪始祖，自西溪又二十三傳至明天啓中，有名憲者始遷於杭，而居爲杭之始祖，憲字叔度一字無愆，初來錢塘器識偉然，與其賢達長老者遊，同輩皆屬目□之……杭爲南方一大都會，故未有商籍也，憲獨與同邑汪生文演上書當事，力言杭所以當設商籍者，臺臣以聞報可，於是憲遂得試於杭而爲商籍諸生，杭之有商籍，今百餘年，諸生從此應布政使試及再試禮部率顯名以去者，歲歲不絕，皆憲倡之……憲平生磊磊尚氣節，而教子獨以醇謹，有子四人伯瑗、仲琦、叔璠、季琰，瑗字伯玉從其父毀閹祠。及釋歸，益勵名節，好學能文章…璠字子璵，天性至孝，父疾革，割股和藥進焉，比卒哀毀骨立，喪母三年泣血目爲失明，康熙甲寅

〔註28〕雍正《浙江通志》卷178，文淵閣四庫全書，第524冊，第11頁；《敕修兩浙鹽法志》卷15，第1777頁、第1794頁。
〔註29〕這一觀點借鑒了王振忠在《明清徽商與淮揚社會》的精彩論述。
〔註30〕萬曆《杭州府志》，第1369～1370頁。
〔註31〕全祖望：《鮚埼亭集外編》卷5《明故都督江公墓碑銘》。

歲閩亂，諸郡子女俘掠，道路不可□，璠爲傾家資贖之，訪其父歸其子，訪其夫歸其妻，凡幾千人金。以爲杭固都會也，四方客死或無所歸，骨乃暴於野，遂創悲智社，有死者醵金殮之……兄弟四人孝友如平生，皆不仕，年皆過九十，歲未嘗析居異爨，家庭之間怡怡相見，或偕行出遊，翱翔於兩峰三竺之間，衣冠顏色典型儼然。錢塘好事者或畫商山四皓圖，以傳其事。嗟乎，四公之後，今又四五世，子孫幾至百人」，由吳氏家族的經歷，我們清晰地看到從萬曆到乾隆之間徽人的逐漸杭州化，他們抨擊時政，參與地方慈善，而且家庭和睦，也贏得了當地社會的認同，這應該是頗具代表性的〔註32〕。

　　在家族土著化的同時，徽州士人也通過參加會社活動融入到了正在發展的杭州士人網絡中。晚明時代，在杭州士人網絡中，最爲知名的徽州士人是汪汝謙，他和當時放生會的領袖黃汝亨等交往頗深，又造不繫園、隨喜庵等遊船，又建未來室、香嚴社等園林，從而贏得湖山主人的稱號。不過，汪氏的行爲很有附庸風雅的嫌疑，《今世說》記載說：「汪然明教其子成名，即放浪湖山，青簾白舫，選伎徵歌，日與二三知己傾尊賦詩，以爲笑樂。望見者謂前則子瞻，後惟廉夫，差堪彷彿其概」，從中我們發現，汪汝謙的逸樂活動其實意在求名，而可以肯定的是他取得了成功，這則引文後的小傳就說，「汪名汝謙，江南歙縣人。居武林，虞山錢宗伯嘗稱其量博而智淵，幾沈而才老，熱腸俠骨，囊橐一世之志氣，如泆流噴泉觸地湧出。子玉立舉明經，繼昌己丑進士，官觀察」〔註33〕。

　　簡言之，並無功名的汪氏能夠得到文壇領袖錢謙益的稱讚，還被人們比作宋代蘇軾、元代楊維楨一樣的名士，應該歸功於他對會社活動的熱衷以及對士人們的物質贊助。然而值得玩味的是，《敕修兩浙鹽法志》對汪汝謙的事蹟卻做了有選擇的記載，他被塑造成一位「事母捧手肅容，視氣聽聲七十年如一日，於諸兄姊同仁均愛，從無間言，收族三黨婚嫁葬埋及緩急，叩門無不應」的孝義之人，並言明汪氏「業鹽桐江，急公辦課，杜絕私販」〔註34〕，至於汪氏和士人間的遊樂行爲則被忽略了。我們認爲，這兩種不同的記載反映出徽商所處的複雜處境，一方面維護著睦族守法的謹嚴生活，另一方面爲了家族在杭州的興盛又需要參與當地士人的風雅活動；而最終，汪汝謙憑藉上述手段，實現了自己子孫在科舉上的成功，並且成爲當地的望族。

〔註32〕　朱筠：《錢塘吳氏家傳》，《湖海文傳》卷63。
〔註33〕　王晫：《今世說》卷6。
〔註34〕　《敕修兩浙鹽法志》，第1798頁。

　　與汪汝謙行爲相類的還有吳之龍、吳山濤父子，前文曾言及吳之龍在西湖結竹閣社。而其子吳山濤也是如此，《浙江通志》載，「(吳山濤)字岱觀，領崇禎己卯鄉薦，授陝西成縣令，三年致仕，終老吳山，嘯歌自得，書法飄逸能自成家，畫不入蹊徑揮毫自如，當出關日賦西塞詩三十篇，因自號塞翁，年八十七卒」；並且吳山濤也參加了會社活動，這在同爲商籍的吳名溢的傳記中有記載，「(吳名溢)晚年構藥園於城東，與嚴沆、查繼佐、柴紹炳、祁豸佳、吳山濤輩觴詠其中，有《藥園盉簪集》。沆嘗語人云：林巒標置，當推是公，非晚近人物也」〔註 35〕。需要注意的是，清代的杭州方志裏並未將吳山濤、吳名溢等人列入流寓傳，可見他們已經入籍，又不注明其原籍徽州，則似乎說明這些人已經融入杭州的社會網絡中。吳名溢的商籍身份就是我們比較雍正《浙江通志》和《敕修兩浙鹽法志》後發現的，而其家境似乎也相當富足，並與士人多有交往，「(吳名溢)崇禎間補錢邑諸生，時婁東、甬上諸名宿舟車絡繹，皆主其家」〔註 36〕。

　　清初杭州名士汪渢和高官徐旭齡，也很容易被人忽視其商籍背景，時人王晫所撰《今世說》附有兩人小傳，但並未言明兩者的徽人身份：「汪名渢，浙江錢塘人，年二十二舉孝廉，甘貧不仕。嘗獨身提藥裹往來山谷，閒宿食無定處，與人落落，性不好聲華，時人號曰汪冷」；「徐名旭齡，字元文，浙江錢塘人，讀書刻責，毅然以古人自待。登乙未進士，歷官大中丞」〔註 37〕。與他們不同，《今世說》對汪然明的徽人身份卻是注明的。通過查證，我們發現，汪渢原籍可見於《歙事閒談》，「汪魏美，名渢，新安人，徙錢塘。孤貧力學，爲文奇恣汪洋，頃刻數千言」；徐旭齡原籍則在《敕修兩浙鹽法志》中有記載，「徐旭齡，號敬庵，休寧人，錢塘籍」〔註 38〕。

　　值得補充的是，汪渢的好友孫治(西陵十子之一)在《亡友柴、汪、陳、沈四先生合傳》也沒有專門說明汪氏客籍身份，僅記載說：「四先生者，皆錢塘節志士也。遭世之末流，甘貧賤不厭死而後已，其志潔，其行方……湛深經傳，深識古今成敗治亂之跡，至於有明一代政府賢否，疆場得失皆縷悉無遺，時移執易，多所論著成一家言，所作詩歌皆與古作者頡頏，悲夫自甲申

〔註 35〕雍正《浙江通志》卷 178，文淵閣四庫全書，第 524 冊，第 13 頁。

〔註 36〕《敕修兩浙鹽法志》，第 1804 頁。

〔註 37〕《今世說》卷 7，《今世說》卷 1。

〔註 38〕許承堯：《歙事閒談》，黃山書社 2001 年，第 1038 頁；《敕修兩浙鹽法志》，第 1801 頁。

以後，或閉跡空山，或合門教授，死之日大節炳然，咸可觀也」，並說汪颯在明亡後，「矢志不入城，於是藏身於北郭」〔註39〕，從中我們可以推測，汪氏的商籍出身可能已爲其遺民身份所掩蓋，且他和本土杭州士人在志趣、行爲上也分別甚微，這大概是文獻記錄中不再說明其原籍徽州的緣由。

總之，通過上述歷史過程，徽州士人和杭州士人漸趨合流，原有的地域差異明顯被淡化，而前者也終於被杭州士人網絡所籠絡。需要注意的是，兩者的合流也體現在商籍制度上，杭州本地士人亦有以商籍身份應試從而獲得功名的。在《敕修兩浙鹽法志》，我們發現，明代杭州鄉試中萬曆戊午科的吳麟徵、崇禎癸酉科的查繼佐、祝淵等和商籍所要求的資格並不相符，譬如查繼佐，從其年譜來看並不是客居的徽人，其家也沒有從事鹽業，甚至還家境貧寒，《查東山先生年譜》上說他，「浙之海寧人。先生手葺家譜……至南唐，文徽公破閩杭吳越，居徽之休寧，墳墓在焉。元末，伯圭公遷檇李，復遷海寧之龍山……先生蓋伯圭公十五世孫也」〔註40〕。既然查氏明以後世居海寧，卻爲何名列商籍，有待於進一步探究。

此外，晚明清初的杭州商籍曾經培養出的大臣黃澍、趙吉士、徐旭齡等人，似乎從側面說明商籍相對於民籍有著一定的優勢，那麼，這些商籍出身的高官會對杭州士人網絡產生何種影響，也是值得思考的問題。

第二節　杭州士人與京師社會網絡

上一節，我們探討了以徽人爲代表的流寓士人對杭州社會文化的影響，他們憑藉商業上的優勢促使杭州商籍的設立，並通過講學、會社等活動逐漸融入當地的士人網絡中，甚至於該地志書「遺忘」其原本的外來身份。從中不難看到，杭州自身的文化發達，使其能夠在不斷的社會流動中保持其獨立性和連續性，徽州士人如汪颯等雖然得以躋身當地名士行列，但並未取得會社領袖的地位。

地域流動本身是雙向的，外來人進入的同時也會有本地人的流出。對於士人而言，科舉制蘊含著空間上的人員流動，而明清時代職業化的治生也要

〔註39〕孫治：《孫宇臺集》卷15。
〔註40〕沈起：《查東山年譜》，收入《查繼佐年譜・查慎行年譜》，中華書局1992年，第17～18頁。

求通過出遊獲得安身立命之資。所以，杭州大多數士人都有過一定遊歷生涯，甚或有的遷徙他鄉。

北京，作爲明清兩代的首都，是國家的政治、文化中心，雲集著四方士人，社會網絡也縱橫交錯〔註41〕。它既具有一般城市的地域特徵，又是國家意識形態的所在地，在一定意義上掌握者文化的話語權。因而，進京的各地士人一方面需要適應、融入客居地的社會網絡，另一方面他們更自覺或不自覺地被捲入競爭激烈的文壇宗主爭奪中。

一、北京會社的興起

明代，由於兩都制的存在，在文化上，北京並未取得對江南的充分控制，尤其是晚明，因爲廟堂文化的衰落，東南地區尤其蘇、松等地取得了文化上的主導權。天啓前後，會社活動在江浙愈演愈烈，北京卻由於紛繁的宮廷以及官僚權力鬥爭顯得較爲沉悶。

雖然在萬曆時代袁宏道兄弟曾與一些在京官員結葡萄社，並且有不少聚會活動，但並未產生較大的社會影響。在前文我們已經探討過，當時會社的重心在浙江、江西以及江蘇，其特徵是選刻時文並形成時文的評價標準，因爲涉及到科舉功名，影響頗廣，各處選家之間大都有來往，譬如方應祥、聞啓祥等和艾南英，黃汝亨和王逸季、張異度，這樣在東南地區初步形成了一個時文的社會網絡。天啓間，應社、復社等的出現，尤其是後者將江浙地區的多數會社聯合起來，吳中地區開始掌握文壇的話語權，其對科舉的影響力也逐漸增大，再加上積極地反抗閹黨活動，更是取得了傾動朝野的社會效應。

崇禎初，張溥入京，在北京士人王崇簡等的倡議下舉燕臺十子之盟，「婁東張天如先生溥、金沙周介生先生鍾並以明經貢入國學，而先君子登辛酉賢書，夏彝仲先生允彝亦以戊午鄉薦偕遊燕市，獲締蘭交，目擊醜類猖狂，正緒衰息，慨然結納，計立壇坫。於是，先君子與都門王敬哉先生崇簡倡燕臺十子之盟，稍稍至二十餘人。米吉士先生壽都、閩中陳昌箕先生肇曾，吳門楊維斗先生廷樞、徐勿齋先生汧，江右羅文止先生萬藻、艾千子先生南英、

〔註41〕關於清前期京師士人的生活狀況，可參考：吳建雍《清前期京師宣南士鄉》（《北京社會科學》1996 年第 3 期）、魏泉《康熙年間的「宣南」士人交遊》（《北京社會科學》2004 年第 4 期）；論著有方彪：《北京的士大夫》，京華出版社 2000 年版等。

章大力先生世純、朱子遜先生建皆與焉……在朝者惟有庶常黃石齋先生道周、鄭鄤、項水心先生煜，晨星兩三人深相獎許，時一過從」〔註42〕，謝國楨先生在《復社始末》中也談及北京的會社情況，「那些士大夫們，居官北方，差不多都有社集，像幾社中的人物，在北京有燕臺行社，艾南英在北京有都門廣因社，天如之在北京結應社」〔註43〕。我們認爲，這時的北京社事只是東南會社活動的擴散和拓展，在明季全國的士人會社中缺乏足夠的地位和影響。此後隨著，崇禎朝政局的變動，復社等在北方的活動已相當罕見。

明亡清興，江南會社如幾社等開始分裂重組，這是因爲士人中，既有不少留戀故國者選擇隱逸成爲遺民，又有更多參加新朝科舉者，「本朝定鼎雅化作人，南國文人群起而赴賓興之會，乙酉（1645）、丙戌（1646），社中諸君子連鑣登選，相慶彈冠，類皆明末孤貧失志之士，如張公九徵、宋公徵輿、張公安茂、繆公慧遠…毛公重倬…周公茂源…季公振宜、方公亨咸、顧公鏞、曹公爾堪…是科皆捷南宮，而社中舊人尚大半伏處。至戊子（1648）科，始盡出而應秋試，余於是役識宋子既庭實穎、宋子右之德宜、宋子疇三德宏、鄒子訏士祇謨、黃子子京初、董子文友以寧、蔣子震青，於秦淮河上訂言社事。及榜發，右之雋去，而既庭以領批覃恩貢太學」〔註44〕，可以看出，後者是清初會社活動的核心，這些人的社事活動已經很少有晚明士人對時事的批評，社集的政治傾向也大爲削弱，而文化意味得以突出。

順治間，江南名流錢謙益、吳偉業等人相繼入都，使得東南會社陷入群龍無首的局面，一度還存在勢若水火的門戶鬥爭，較爲混亂。相反，京師會社活動卻開始得天下風氣之先。雖然錢謙益入清後居京時間較短，但吳偉業等人以及其他與錢氏有師友淵源的士人卻開始流寓北京，這些流寓京師的降清明末高官和應舉入仕的清朝新貴，往往與前朝的江南名流、社人有著舊交、新知等複雜的人際關係，借著自身的政治社會地位，發揮著難以低估的影響。至於其中某些兼具顯宦與名士雙重角色的人，他們對北京士人會社所起到的作用，更是無人可以比擬，「江左三大家」之一的龔鼎孳即使如此。龔氏原是晚明復社中人，少年及第，早有文名，入清後官居九卿之列，在士人中的地位、聲望少有人及，在順治朝成爲當時士林的宗主之一。清人戴璐在《藤陰

〔註42〕 杜登春：《社事始末》，《叢書集成新編》第 26 冊，新文豐出版公司，第 458 頁。
〔註43〕 謝國楨：《明清之際黨社運動考》，中華書局 1982 年，第 126 頁。
〔註44〕 《社事始末》，第 462 頁。

雜記》中說，「龔芝麓尚書寓宣武門左，有香嚴齋。海內文人，延至門下。歲
暮，各贈炭資」，近人鄧之誠《清詩紀事初編》「龔鼎孳」條又說，「屢疏爲江
南請命。復請寬奏銷案之被革除者。管刑部尚書，宛轉爲傅山、陶汝鼎開脫……
錢謙益所謂長安三布衣，累得合肥幾死」〔註45〕。因此，龔鼎孳能夠使明遺
民、清新貴等政治立場、人生出處截然不同的士人在其家中相處，形成「士
流所歸」的局面，京師士人網絡也在動盪不安的清初社會中發展起來〔註46〕。
需要說明的是，龔鼎孳只是士人領袖之一，其他所謂輦轂諸公如王鐸、魏裔
介、薛所蘊、王崇簡、梁清標等人，也發揮著類似的作用。王崇簡、梁清標
兩人籍貫畿輔之區，在晚明就已知名，王晫的《今世說》對其事蹟皆有記載，
而梁氏本人在順治間還編撰了世說體小說《玉劍尊聞》，對於當時士人文化頗
有推波助瀾之功。據《藤陰雜記》記載，在北京「王文貞公崇簡有青箱堂」，
而王氏文集亦名《青箱堂集》，從該集中可以看到他和王時敏、宋琬、胡介、
黃心甫、顧偉南、計東等眾多南北名流的交往〔註47〕；梁清標，則是出身明
中葉以來的眞定大族，《清詩紀事初編》說：「詩筆清麗，讀之能令人低回不
已。清標立身從官，風雅好交，與王崇簡略同，而才筆過之」〔註48〕，這時，
像王、梁這樣熱衷文藝、好客樂交的大臣很多，京師也逐漸成爲士人結社、
聚會的樂土；他們獎掖文學，也積極參與、推動「當代」詩文集的刊刻。

　　順治時代，詩歌總集的代表是《扶輪》諸集、《觀始集》和《國門集》等，
從其編訂過程可以明顯看到北京會社人物的影響。譬如，黃傳祖《扶輪廣集》
自序說：「甲午（1654）季春，予發興遊都門……既遊輦上諸貴間，殊落落，
獨楊猶龍（思聖）、魏石生（裔介）兩先生，折節枉交最歡。且曾目予《扶輪》
兩選，謬蒙獎許。詢知復攜選稿，喜甚，立索□。賞析達夜分，即謀釀賷梓
於都中。乃都中剞劂，遠出吳門下……芝麓總憲（龔鼎孳）、行屋侍郎（薛所
蘊）、坦庵學士（張縉彥）、敬哉祭酒（王崇簡）十餘元老，因以公函抵吳，
郡伯如楊、魏兩先生旨……文章聲氣，人人言之。予何幸，遭際十餘元老，

〔註45〕　戴璐：《藤陰雜記》卷9《北城上》，上海古籍出版社1985年版，第100頁；
　　　　　鄧之誠：《清詩紀事初編》卷5，上海古籍出版社1984年版，第605頁。
〔註46〕　可參考嚴迪昌：《金臺風雅總詩人——龔鼎孳論》，《語文知識》2008年第1期。
〔註47〕　《藤陰雜記》卷9，第107頁；王崇簡：《青箱堂集》，四庫存目叢書，集部第
　　　　　203冊。
〔註48〕　《清詩紀事初編》卷5，第605頁。

交相贊助，越歲告成」〔註49〕，不難看出，京師的士人會社領袖——輦上元老們的欣賞和資助使得該書順利出版。而《觀始》、《國門》兩集的編刻，也與上述諸老爲中心的北京士人社會網絡密切相關：《觀始集》是元老之一的魏裔介所輯，並邀請了雲間士人田茂遇等參與校訂；《國門》的編輯者之一韓詩和京中大老如龔鼎孳、張縉彥、魏裔介、楊思聖也頗爲交好，詩酒唱酬，來往頗多〔註50〕。歸結起來說，順治朝，北京士人會社依靠明末的士林元老的力量漸具規模，樹幟一方，不過其表現爲倡和等較爲鬆散的社集方式，已經沒有明季的盟約，主題也變化爲唐宋以來文人騷客間常見的詩酒流連。值得注意的是，晚明標榜聲氣的作風依舊盛行，順治後期北京就出現了中層官僚爲主的燕臺七子，這也從側面表明京師在全國文壇話語權的上升。

另一方面，東南會社的後輩精英，因爲科舉等因素逐漸加入到北京的社會網絡中，「乙未（1655）會試，茗文（汪琬）、公肅與硯銘（張淵懿）、子壽輩在都門聯結最厚，榜發後，右之（宋德宜）、茗文、子餐（嚴沆）、飛濤（丁澎）暨原社之星燦、悅九又爲同年，訂盟通好……又右之與館選，留都門，折節讀書，推賢下士，日與王敬哉、陳百史、陳素庵、梁玉立、宋其武、方坦庵、曹大欣、王子雍、方樓岡暨余外父輩講究理學，倡明聲教於同籍，少年嬉遊讕間之事，多落落難合處，蓋渠以一身而撐一社之局，爲海內同社數百人所屬望，不得不爾爾也……余輩之得交於諸公卿，皆右之先之，右之者，即今中坐蓼天先生，時即卜其有公輔之器云」〔註51〕，我們認爲，此時在權威和聲望上，北京「諸公卿」逐漸取得了一定的優勢，這與國家權力秩序的恢復有關，而東南會社也難以獨霸天下了。

康熙時代，北京的士人會社活動臻於鼎盛，這與清朝疆土得以逐漸平定、政權得以鞏固是一致的。以康熙十七年（1678）、十八年（1679）的博學鴻詞科爲界，可以將此時期的劃分爲兩個階段。前一個階段，輦轂諸公如龔芝麓、吳偉業、周亮工、曹溶、王崇簡、梁清標、馮溥、徐乾學等仍然能發揮著重要作用，從《清詩紀事初編》中「施閏章」條，我們就可以看到此時期會社宗主的脈絡，「清初詞宗，必詩文並茂，而後可以樹雄。錢（謙益）、吳（偉

〔註49〕謝正光、佘汝豐：《清初人選清初詩匯考》，南京大學出版社1998年，第9～10頁。
〔註50〕《清初人選清初詩匯考》，第30、46頁。
〔註51〕《社事始末》，第463～464頁。

業）而後，朱（彝尊）、王（士禎）、施（閏章）、宋（琬）繼之。朱、王學錢，若閏章者，庶幾可以繼響婁東也……順、康間，好事能主持風雅者，推周亮工、龔鼎孳，士多歸之。閏章後起，而收恤寒畯，得士與，為世所稱」；該書「王熙」條又說，「是時大學士備位不問政事，雖各兼部務，亦見奪於滿尚書，間有建白，無關大政。故馮溥、李蔚、宋德宜及熙僅以文學備顧問，暇則結納名士，竟尚詩文」，「馮溥」條也說，「其時居高位者，皆稱好士，逸民野老，常與黃閣均禮數。溥尤喜延接，以此頗得士心」〔註52〕。

　　後一個階段，隨著前一階段的積累和博學鴻詞科的舉行，江浙以及全國各地域名流多被清政府所網羅，《閱世編》就說：「吾松士子，昔年無遊學京師者，即間有之，亦不數見。自順治十八年奏銷以後，吳元龍臥山學士始入都，援例入監。癸卯、甲辰，聯登科甲，選入庶常。其後遊京師者始眾……苟具一才一技者，莫不望國都而奔走，以希同合焉。亦士風之一變也」；又「（康熙）庚戌以後，天子右文崇道，每選庶常，必採一時文望……然而求賢若渴之心，惟日不足，故於康熙十七年戊午，特開博學鴻儒之選，命中外大臣各舉所知，無分山林、朝野，在任、在籍，並得應舉」〔註53〕，可以說康熙前期的右文政治，雖意在控制江南等地區的士人力量，卻也將各地名士聚入京師，震動著全國的士人網絡。國家力量的介入和滲透，還表現於《明史》、《全唐詩》等文化工程的開展，相比於半官方、私人性質的王熙、馮溥等輦轂諸公，社會影響自然更為強大。王士禎、朱彝尊、宋犖等人都是在該階段確立起士林宗主地位，他們都在北京長期居住，官位較高，與官方意識形態更為接近，由此京師會社也佔據著全國文化的中心地位。

　　從現有北京方志等史料來看，康熙時代北京的社集活動多數在士人的住所進行。《藤陰雜記》載馮溥有「萬柳堂」，王熙有「怡園」，徐乾學有「碧山堂」，而滿洲權臣明珠則有「自怡園」，這些別業往往成為京師士人的會社活動之地。而樹幟文壇的大家、名流寓所也充滿著士人間社交活動，《宸垣識略》載，「芥子園在韓家潭，康熙初年，錢塘李笠翁寓居」，又「朱竹垞寓居在海波寺街，有古藤書屋」、「槐簃，查初白寓居，在槐室斜街」等〔註54〕。這樣，

〔註52〕　《清詩紀事初編》，第580、611、662頁。

〔註53〕　葉夢珠：《閱世編》，收入《中華野史》（清朝卷一），泰山出版社2000年，第798、808頁。

〔註54〕　吳長元：《宸垣識略》卷10，北京古籍出版社1983年，第184、186、187、197頁。

因爲不少士人住所相鄰，倡和交往更多，風流佳話隨之而生，《天咫偶聞》說：「漁洋老人曾住保安寺街，故邵青門與漁洋書云：奉別將十年，同憶寓保安寺街，踏月敲門，諸君箕坐桐陰下，清談竟夕，恍然如隔世事」，邵氏所說諸君有施閏章、陳維崧、陸冰修等人，因爲住所相近，甚至一牆之隔而已，交誼自然相當深厚〔註 55〕。其次，士人們在北京城的內外寺廟、名園社事活動也很多，如「長椿寺爲宴集之地……漁洋戊辰（1688）入都，總憲徐公邀飯長椿寺，同集者相國馮公、刑侍高公、健庵徐公」，又摩訶庵，「八里莊，前代未有稱之者。自國初時往看花而名著，故漁洋、初白皆有《摩訶庵詩》」〔註 56〕，相似的還有梁家園、祝家園等處的同人集會活動，不需贅述。如此眾多的會社活動，自然會對當時的士人網絡產生一定的影響，發生在康熙十年（1671）的秋水軒唱和就是一個典型例證，秋水軒是降清高官孫承澤的別墅，孫氏和周亮工、龔鼎孳、梁清標等人皆爲同道，周亮工之子周在瀋客居北京時，寓秋水軒，雨後有感作詞一首，龔鼎孳見後立即和韻，同時在京的曹爾堪、陳維崧等人相繼唱和，此後秋水軒唱和持續多年，涉及南北名士百餘人，著名者還有宋琬、陳祚明、曹貞吉等人〔註 57〕。我們認爲，這場運動始於周、龔小範圍的唱和，逐漸延及京師地區士人，而後擴展到全國，最終刊刻成書，充分顯示了北京士人社會網絡的地位和影響，此模式也成爲清初其他許多文學唱和活動的典範。

二、燕臺七子和佳山堂六子

晚明的杭州士人與北京的關係並不密切。在科舉上獲得成功的張瀚、馮夢禎、虞淳熙、黃汝亨以及後來的葛寅亮等人，仕途上並無突出之處，甚至張、馮兩人還因爲得罪當權者只能遠離官場，而且即便在他們短暫的朝臣生涯裏，也沒有較長時間居住於京師。這些政壇的失意者大都回歸故里，開始長期的鄉宦生涯，並在地方社會發揮著巨大的影響，譬如前文所講到過的組織放生活動，修護西湖景觀，舉辦士人聚會等等，而其消極的一面便是可能成爲顧炎武所謂的「三蠹」之一。至於嚴調御、嚴印持、聞啓祥等一般士人，其生活的空間更是基本局限於東南地區，嚴氏兄弟曾在南京的國子監遊歷，

〔註 55〕 震鈞：《天咫偶聞》，北京古籍出版社 1982 年版，第 160 頁。
〔註 56〕 《天咫偶聞》，第 199 頁。
〔註 57〕 嚴迪昌：《清詞史》，江蘇古籍出版社 2001 年，第 125～133 頁。

聞氏天啓間雖北上參加會試，但因感到時局頹敗未進京城就決定南還，直到明末這種狀況才出現了一些變化。

崇禎初年，杭人吳太沖在京師就頗有才名，康熙《浙江通志》載：「字默□，號若谷，錢塘人，崇禎辛未（1631）成進士，上覽其策而善之，拔庶吉士授簡討。庚辰分校禮闈，充編纂六朝章奏，兼編修纂修會典，兼東宮講讀。太沖初爲詞臣，而宜興、烏程相國繼持國政，太沖無所附麗，與婁東張溥、無錫馬世奇、清江楊廷麟、保德王邵、會稽章正宸相善，時稱辛未詞林六君子」〔註58〕，又據《張溥年譜》，「（辛未）溥授庶吉士，守正不阿，權貴嫉之」〔註59〕；前文在考證杭州會社與復社的關係時，我們就看到吳太沖名列復社姓氏之中，那麼所謂詞林六君子的出現，自然和當時復社力量在北京的擴展有關。此外，值得注意的是，復社和杭州讀書社的聯合也是在北京達成，當時張溥以選貢入太學，與嚴調御之子嚴渡定交〔註60〕，從中可以發現，杭州下層士人在明末社團政治化的過程中，已經在北京遊歷。

清初，杭州士人在王朝鼎革中也出現了分化，一方面，舊時會社的領袖如陸培自殺殉國，陸圻、金堡等先是抗清後來隱遁，或者柴紹炳、毛先舒等杜門不出；另一方面，嚴沆、丁澎、吳錦雯等人參加新朝科舉，逐漸成爲具有一定地位的官員，而他們的舊交好友爲了謀生（或遊歷）也每每藉其幫助成爲幕賓或門客。需要說明的是，明亡後，南京作爲都城的地位不復存在，北京也成爲新帝國官僚機構僅有的中心（盛京作爲滿洲舊都，暫不考慮），四方士人日益聚集，會社活動的興起和皇帝的右文政治，更引發了杭州士人流寓京師的高峰。

上文我們提到順治時代北京出現了「燕臺七子」這一文藝群體，他們刊刻有《燕臺七子詩刻》，是當時京師會社興起的突出表現。其實，它也從側面反映了杭州士人和京師社會的關係。關於燕臺七子〔註61〕，宋琬在《安雅堂集》中說：「余自束髮之年，即與嚴給諫灝亭以詩文相切劘。既先後通籍，得與海內賢豪文章之士遊，大梁則張子文光、趙子賓，宣城則施子閏章，錢塘則丁子澎、陳子祚明並灝亭。與余而七，仿王、李、宗、梁之遺事，有《燕

〔註58〕施維翰、趙士麟等：康熙《浙江通志》卷31，第67面。

〔註59〕蔣逸雪：《張溥年譜》，齊魯書社1982年，第25頁。

〔註60〕《張溥年譜》，第18頁。

〔註61〕可參考：李靜《關於清初「燕臺七子」的幾個問題》，《現代語文》2008年第1期。

臺七子詩》行世，七人者以名節行誼自砥，有過失則規之」，又魏憲在《百名家詩選》中說：「魏子曰：曩余讀燕臺詩，歎才之難也。荔裳表東海之觀，錦帆、譙明擅梁苑之譽，愚山爭霸宛陵，藥園、胤倩、顥亭踞吳山之巔，合四國之英而僅得七子，誰謂東南竹箭不勝其伐乎」〔註62〕，看來，七子的成員即是宋琬、施閏章、丁澎、嚴沆、陳祚明、張文光、趙賓，其中丁、嚴、陳都是杭州人，而且尤其需要注意的是陳氏以布衣身份遨遊公卿間。

燕臺七子的得名與《燕臺七子詩刻》緊密相聯，而該集編輯者是嚴津，據雍正《浙江通志》載：「嚴津，舊浙江通志，字子問，餘杭人敕之子，嚴氏為文章淵藪，海內翕然稱之，津又繼起領袖時賢，應拔貢，中丞霍達表為督漕推官，不就，事親至孝，家中落而甘旨不缺，顏所居曰陶菴，日哦詩數十章以明意」〔註63〕，可以看出，嚴津和嚴沆的堂兄弟關係，以及背後杭州嚴氏家族在士人會社中的聲望都對該群體之崛起大有幫助。不過，為了深入瞭解此時期杭人和北京文化圈的關係，我們將以陳祚明個人經歷為個案作一考察。

陳氏現存著述存於《稽留山人集》這本詩集中，該書逐年紀事，展現了他從順治乙未（1655）到康熙癸丑（1673）在北京近二十年的流寓生活，也是我們瞭解此時期京師士人生活的寶貴史料〔註64〕。從此集中陳氏多次的感慨來看，他流寓京師，目的在於養家糊口、歸田葬親，如《甲辰初冬，燕邸感懷五首》，「十年閉戶十年遊，為客天涯已白頭。歲歲秋風哭兄嫂，青山白骨不曾收；三月無書首重迴，故人遙自故鄉來。情知兄弟無衣食，及與家書轉畏開」；又《八月病中作》，「自我再遊燕，年齒日衰暮。淒涼旅舍間，荏苒歲月度。金門非所戀，沉吟不能去。以文賣黃金，乃為八口故。低眉弄筆硯，俯首講章句。交遊亦不稀，過從盡鵷鷺……困窮念骨肉，漂泊悲異路。徒憐昆弟饑，乃為詩書誤」〔註65〕。而他在北京的生活，則主要依靠同鄉老友嚴沆等人的贊助，後來也得到輦上元老如王崇簡、張縉彥、龔鼎孳以及徐乾學等的照顧。陳祚明在詩歌中又記錄了自己在京的謀生活動，如《戊戌（1658）元日，余時假館，設帳琉璃廠呂仙祠內）》、《庚子（1660）初冬，改館顥亭家，

〔註62〕 宋琬：《安雅堂文集》卷1；魏憲：《百名家詩選》卷38嚴曾榘。

〔註63〕 雍正《浙江通志》卷178。

〔註64〕 關於陳氏行跡可參考：馬大勇《清初金臺詩群研究》（蘇州大學2001年博士論文）第98～101頁；陳斌：《陳祚明交遊及〈采菽堂古詩選〉編選意圖考論》，《福建師範大學學報》2007年第3期。

〔註65〕 陳祚明：《稽留山人集》，四庫存目叢書，集部第233冊，第552、566頁。

留別宛委學士二十八韻》、《振音將移帑南行，余既失所棲，託彭橫山給諫邀
余設館，敬哉先生亦以一塵借居，意未決，有述》等詩，讓我們瞭解到他艱
辛的寄人籬下生活〔註66〕。

　　尤為重要的是，《稽留山人集》記錄了大量順、康年間的士人聚會活動，
首先在該集，可以看到燕臺七子成員的一些活動，如《贈張譙明給諫》、《施
尚白比部招同官錦帆、崭木、長真、飛濤暨虎臣、六益二處士小集，有作》
〔註67〕。其次，我們發現此時期北京士林的領袖確為龔鼎孳、王崇簡等少數
幾人，陳氏居京的十多年裏，幾乎年年都會有數次他們主持的會社活動，如
《（己亥1659）十六夜，芝麓先生招同諸子集慈仁松下》、《（辛丑1661）八月
二十有七日，芝麓先生置酒慈仁松下籠行，座有無稱、固庵、仲調、顯亭、
晉度，醉後口占即事》；再如己酉年（1669），先是《上巳，芝麓先生招集慈
人松下》，再是《初夏，敬哉先生招集豐臺別業看花，有賦即呈胥庭先生》，
然後《己酉1669九日，龔大宗伯黑窯廠登高，即席次韻》〔註68〕；這些社事
中時常會有數十人的大型集會，如《己亥（1659）暮春，同紀伯紫、韓聖秋
叔夜、張祖望、陳子壽、沈友聖、徐存永、吳蘭次、程伯建、謝爾元、黃仲
丹、方孟甲、宋牧仲、鐵帆上人集柳湖蕭寺，伯紫將之閩粵、叔夜將之永嘉、
存永將之中州、仲丹將之萊陽、孟甲將之晉陽，人賦詩一章贈別》、《閏三月
立夏，同人集謝爾元寓樓，續柳湖之會，芝麓先生命駕同飲，即席拈「春歸」
二字，各賦二首》，這兩次柳湖之會，可謂群賢畢至、南北一家，其中如吳蘭
次、宋牧仲等人此時雖然聲名尚未顯赫，後來卻都聞名四方。

　　此外，我們也看到不少杭州人曾出現在京師的宴會中，如張祖望、吳山
濤、陸嘉淑等，方志對此往往卻語焉不詳，如《浙江通志》說：「吳山濤，錢
塘縣志字岱觀，領崇禎己卯鄉薦，授陝西成縣令，三年致仕，終老吳山，嘯
歌自得，書法飄逸能自成家，畫不入蹊徑揮毫自如，當出關日賦西塞詩三十
篇，因自號塞翁，年八十七卒」〔註69〕，傳中並不談吳山濤在北京的流寓生
涯。需要說明的是，陳氏雖然身處國都，對遠方故鄉士人蹤跡也較為瞭解，
如庚戌年（1670），他有詩《聞陸大景宣披緇遊方，有感》、《哀柴虎臣處士》、

〔註66〕　《稽留山人集》，第481、511、608頁。
〔註67〕　《稽留山人集》，第457頁。
〔註68〕　《稽留山人集》，第507、517～518、608頁。
〔註69〕　雍正《浙江通志》卷178。

《哀吳南和錦雯》等〔註70〕，已然獲知陸圻出家，柴紹炳、吳錦雯亡故的消息，似乎可見北京文化圈對浙江士人動態的熟悉。

隨著杭人流寓京師群體數量的上升，尤其是博學鴻詞科對該地士人網絡的直接衝擊，北京和杭州間的文化關係也變得密切起來。與依靠同鄉和友人進京謀生的陳祚明不同，康熙中成名的「佳山堂六子」則頗有仕進之意，《郎潛紀聞二筆》中即說：「康熙十七年，仿唐制開博學宏詞科，四方之士待詔金馬門下，率為二三耆臣禮羅延致。其客益都相國馮公邸第者，尤極九等上上之選，都人稱為佳山堂六子，蓋錢塘吳君農祥、仁和王君嗣槐、海寧徐君林鴻、仁和吳君任臣、蕭山毛君奇齡、宜興陳君維崧也。時益都預讀卷，卷不彌封，人謂六子者且並錄。及命下，奇齡維崧入史館而四子者皆見遣，惟嗣槐因年老賞內閣中書，乃歎馮公之無私，尤服諸君不肯於進也」〔註71〕，看來所謂六子指的是康熙時依附於大學士馮溥的陳維崧、徐林鴻、王嗣槐、吳農祥、吳任臣、毛奇齡，其中除陳維崧外，另外五人都在杭州士人網絡之中，而且他們皆在杭人王晫的《今世說》中出現過。

上文說過，馮溥官曆順治、康熙兩朝，是當時北京的文壇元老之一，四庫館臣在評論其其文集時曾說：「溥字易齋，益都人。順治丁亥進士，官至大學士。康熙己未，召試博學鴻詞。溥與高陽李霨、寶坻杜臻、崑山葉方藹四人同為閱卷官，得人最盛，故毛奇齡等為作集《序》，皆稱門人」〔註72〕，而從現存《佳山堂詩集》來看，馮氏確實聲望極高，康熙中後期的士林宗主徐乾學、王士禎等皆自稱其門人，並且「佳山堂六子」的成名也很可能是他一手推出的，其集中《贈六子詩》就對王、毛、陳、吳、徐等六人大力稱許，這些人也是馮氏別業萬柳堂聚會活動的常客〔註73〕。下文，我們嘗試從王嗣槐的《桂山堂詩文選》考察杭人在京師的活動。

王氏在《西山遊記》中談到他數次進京的經歷：「順治戊戌（1658）遊京師，寓宣武門……己亥（1659）海上寇警南歸，不得入西山一遊。歲戊午（1678），以薦辟來京師，居二年，庚申（1680）復歸里，過盧溝橋，回睇西山，卒不得一遊而去。明年辛酉（1681），從都門之山右，又倉促不及遊。今

〔註70〕 《稽留山人集》，第616頁。

〔註71〕 陳康祺：《郎潛紀聞二筆》卷15，收入《郎潛紀聞初筆二筆三筆》，中華書局1984年版。

〔註72〕 永瑢等：《四庫全書總目》卷181，中華書局1965年，第1641頁。

〔註73〕 馮溥：《佳山堂詩集》，四庫存目叢書，集部第215冊，第111～112頁。

年春（1682），復來都門」〔註74〕，馮溥在爲其文集所作的序也述及此事：「往戊戌（1658）、己亥（1659）間，仲昭遊京師，日與士大夫賦飲高會，有舉酒屬文者輒援筆立就，都下以子安呼之，余心折之久矣。歲戊午（1678）上徵海內鴻博諸儒，仲昭待詔闕下，爲《長白山》、《瀛臺》諸賦」〔註75〕，從這兩處引文可以發現，王嗣槐流寓京師主要是爲了交遊和仕進，治生似乎還相對次要，而他在京期間的角色則可能是充任權貴的文學秘書，在其文集中也常看到爲人代筆的稱頌文章，如《平閩頌》、《孝德廣運頌》、《長白山賦》等〔註76〕。

　　當然，身爲主持風雅的相國之門客，王氏參與京師士人精英的聚會也頗爲便利，譬如康熙二十一年（1682）在馮溥別業的修禊活動：「歲在壬戌，暮春三日，文華殿大學士兼刑部尚書益都馮公修禊事於萬柳之堂，從遊者三十有二人，堂爲公之別墅，累土爲山，引泉成沼，臺榭亭梁、花木竹石靡不備具，而四圍植柳，因以名堂。是日微雨，車騎甫集，嵐霧忽開，日光鮮潔，倉庚鳩燕之屬飛鳴於濕紅浮翠之間，所爲暮春，洋洋景物，和暢莫美於斯矣。公賦七律二章屬和，既畢，就席而飲，笑談彌日，油油如也。士大夫朝修夕考，從事於公朝，而一日之休暇以宣滯而導煩，莫如春日修禊，臨水賦飲爲最……某客遊京師得與斯集，歡爲極盛，爲追論而序述之，使後之人亦將有感於斯文也耶。時從遊者，左春坊左贊善徐健菴乾學，翰林院侍講施愚山閏章，編修徐果亭秉義、陸義山棻、沈映碧珩、黃忍菴與堅、方渭仁象瑛、曹峨嵋禾、袁杜少祐、汪東川霦、趙伸符執信，檢討尤悔菴侗、毛大可奇齡、陳其年維崧、高阮懷詠、吳志伊任臣、嚴藕漁繩孫、倪闇公燦、徐勝力嘉炎、汪悔齋楫、潘稼堂耒、李渭清澄中、周雅楫清原、徐電發釚、龍石樓燮，纂修主事汪蛟門懋麟、刑部主事王爾迪無忝、中書舍人林玉岩麟焻，督捕司務馮玉爽慈徹，候選郡丞馮躬暨恊一，與嗣槐共□□有二人，各爲七言律詩二首」〔註77〕，在這則引文裏我們看到了一次京師上層士人的大規模集會，這些人中很多是博學鴻詞科的參加者，也主導著當時清帝國的文化，而通過這樣的盛會，士人社會的精雅風流和現實權力也無形間進行著交易：士人們的聲望得到承認和鞏固，國家也對其社會網絡實現了一定的控制。

〔註74〕　王嗣槐：《桂山堂文選》卷6，四庫未收書輯刊第7輯第27冊，第377頁。
〔註75〕　《桂山堂文選》，第56頁。
〔註76〕　《桂山堂文選》，第414～415、610～611頁。
〔註77〕　《萬柳堂修禊詩序》，《桂山堂文選》卷1，第68～70頁。

三、競爭與主導

　　晚明，文學上從「前後七子」到「公安派」、「竟陵派」，再到雲間派的思潮變化，固然有其內在的文學因素，卻也反映出地域文學在國家文化中的主導地位。而在時文領域，杭州的聞啓祥、嚴調御，江西的艾南英、陳際泰，蘇州、松江地區的張溥、陳子龍等選家的鼎立，也無不彰顯著晚明文化中地域因素，所以，從社會意義上說，「文學—文化」上話語的爭論、宗主的易替，同樣意味著不同地域士人力量的競爭和消長〔註78〕。

　　通過前文的論述，我們大體上梳理了晚明到清初北京會社的變化過程以及杭州士人與其的關係，從中可以發現，士人文化中地域和國家兩種因素的地位也在不斷發生著轉換。明末，北京會社較為平靜，且從屬於蘇松士人社會網絡之下，因而此時期杭州士人在該地的流寓現象並不突出。清初，在國家秩序重建的過程中，蘇松等地的士人力量發生分裂，而北京的士人網絡依附於輦上顯貴卻得以發展，加上順、康兩帝右文政策的推行，更一舉確立京師文壇宗主的地位，這樣，雖然杭州士人順治時代依賴地域力量可以製造出「燕臺七子」，但到了康熙時代，卻只能依靠馮溥等權臣來鼓吹「佳山堂六子」。概言之，明末的多元化地域士人力量，在清初被國家依靠科舉體制和士人網絡再次控制，雖然京師文化界不可能阻止地域文化的持續發展（如陽羨詞派、柳州詞派、西泠詞派以及浙西詞派的出現），但其主導地位得以建立。

　　具體來說，晚明以來士人社會的競爭與主導，可以簡化為從錢謙益到王士禛兩代士人宗主的更替。明末，錢謙益一方面作為虞山詩派的領袖，另一方面也是東林黨、復社中的元老，甚至一度有望進入內閣；他和各地士人精英、佛教界關係深厚，通覽其文集《牧齋初學集》、《牧齋有學集》就可以明顯看到錢氏個人背後跨地域的社會網絡，而《列朝詩集》的編纂更體現出其建立詩歌道統的努力，其中對有明一代詩歌歷史的總結實際上也就是在修纂明代士人的歷史，因此，錢的聲望在當時無人能及，宗主地位也顯得水道渠成〔註79〕。

　　相比之下，王士禛宗主地位的獲得可謂困難。前文我們已經說過，清初舊朝會社領袖如錢謙益、吳偉業、龔鼎孳等人尚存，其他元老如王崇簡、梁

〔註78〕 可參考龔鵬程：《晚明思潮》，商務印書館 2005 年；蔣寅：《清初詩學的地域格局與歷史進程》，《文史知識》2007 年第 10 期等。
〔註79〕 錢謙益的研究，可參考裴世俊：《四海宗盟五十年：錢謙益傳》，東方出版社 2001 年版。

清標、張縉彥也都相當活躍，新朝清貴如宋徵輿、宋琬、施閏章、汪琬、宋犖、徐乾學等也開始嶄露頭角。這些人分別屬於不同的地域和士人網絡，有著不同的文化理念和風格，王氏想要從中脫穎而出，必然面臨著相當的競爭。

王士禛出身新城王氏，其家族自高祖王重光以來科甲不斷，其祖父輩更是位列公卿、方面大吏，甚至還名列東林黨，無疑是山左士人的代表人物〔註80〕。王氏25歲及第，並且因為在家鄉所作《秋柳》詩四首而在詩壇已是知名，不過顯然這距離成為文壇宗主還極為遙遠，據現有研究，王氏是依靠順康之交其在揚州五年的官僚生涯，開始執文壇之牛耳的；在這五年裏，他很好的平衡了官員和詩人的兩種角色，通過不斷地舉行修褉等會社活動建立起了揚州、蘇州等地間的士人社會網絡，這其中既有明遺民冒辟疆等人，也有尤侗、汪琬、陳維崧等新貴，正如李孝悌所言這一網絡幫助奠定了王士禛全國性的聲名〔註81〕。需要說明的是，文學史家認為，王氏在揚州期間，和錢謙益有過書信上的聯繫，錢氏對他大力提攜，並有「許其與己代興」、「付之傳法衣缽」之意，這一看法雖然顯得粗略，卻也證明揚州是王氏建立霸主地位的起始〔註82〕。

王氏在康熙四年（1665）回到北京任職，仕途頗有波折，康熙六、七年才安定下來，他所參加的集會頗多，但此時京師的主盟者為龔鼎孳等人；王的交遊者主要是梁曰緝、董玉虯、汪苕文、程周量、吳玉隨、李湘北、陳子端、陳其年等，然而通過推獎後進，其也逐漸成為僅次於龔芝麓的士人領袖之一，《漁洋山人自撰年譜》說，「是時，士人挾詩文遊京師者，首謁龔端毅公，次即謁山人及汪、劉二公。而山人尤好獎勵後學，士人多樂就之」〔註83〕。此後，隨著龔氏等京城元老的相繼亡故（如龔鼎孳、宋琬卒於1673年），在康熙十六年（1677），王士禛編定《十子詩略》的時候，他才真正成為北京士人的主盟者；到次年康熙帝決定博舉行學鴻詞科時曾詢問京官中善詩文者，內閣諸學士都推以王氏，可見朝野兩方都承認了他文壇宗主的地位〔註84〕。

〔註80〕陳宇舟：《清初「國朝六家」詩學研究》，蘇州大學2009年博士論文，第43～45頁。

〔註81〕可參考李孝悌：《士大夫的逸樂——王士禛在揚州（1660～1665）》，收入《戀戀紅塵》，上海人民出版社2007年版；伊丕聰：《王漁洋先生年譜》，山東大學出版社1989年版。

〔註82〕蔣寅：《王漁洋與康熙詩壇》，中國社會科學出版社2001年，第1～15頁。

〔註83〕《王漁洋先生年譜》，第71～78頁。

〔註84〕《王漁洋先生年譜》，第106～108頁。

另一方面，從杭州士人的角度來看，王士禛和他們的交往並不太多。而且，從各自文集來看，陳祚明和王嗣槐等人所處的京師交往圈和王氏也不太相同。那麼，王氏對杭州士人網絡的影響似乎更多的還是借助於蘇州、揚州等地士人的力量。因此，從某種意義上說，杭州士人和王士禛的疏離，意味著他們在京師文化中有邊緣化的傾向，這種狀況的出現可能與該地社會網路中的核心人物如丁澎、嚴沆等人的作爲有關：丁澎因爲科場案處於引退狀態，嚴沆忙於政務，對於文章聲氣遠不及其父輩熱心。至於陳祚明、王嗣槐等人，身爲布衣，雖然可以以選家的身份對詩歌話語進行干預，但也難以改變他人主導文壇的局面，只能成爲士人領袖間競爭的幫手〔註85〕。

本章總結

本章從流入和外出兩個方面研究了杭州和其他地域（徽州、北京）乃至國家在社會文化上的複雜聯繫。首先，杭州作爲人文發達之區，有著文化上的疆界，使它區隔於吳中（蘇州）、松江（上海）、金陵（南京）等地域。不過由於商業力量的衝擊，杭州文化受到以徽州爲代表的外來因素的影響。通過分析晚明清初的地方文獻，我們認爲，大量徽州人在清初被收入方志中的流寓傳，應該與鹽業、商籍有著莫大的關係。而杭州商籍成爲一項特別制度，形成於萬曆朝，並持續到清代後期。徽州士人通過商籍進入杭州社會後，相當一部份人開始家族土著化的歷程，同時，他們積極加入杭州本土士人的會社活動，並逐漸融進當地的社會網絡，甚至還由於在文化價值和審美傾向上與杭州人趨同，從而在記載中被忽略原有的客籍身份。總之，杭州當地的文化傳統，使其能夠在不斷的人員流動中保持自身文化上的獨立性和連續性，或者說維持著原有的文化疆界。

其次，北京作爲明清兩代的首都，是國家的政治、文化中心，杭州士人由於科舉、社交等原因不得不前往該地。晚明杭州士人與北京的關係並不密切，但明末這種狀況有所變化，尤其是杭州士人在明末社團政治化的過程中，已經在北京遊歷。到了清代，隨著會社活動在京師的繁榮，杭州士人在北京的活動日益增多，燕臺七子和佳山堂六子的出現就是這一潮流的反映。然而，

〔註85〕 王嗣槐曾受馮溥之命對王士禛倡導的宋詩風進行批評，參見張立敏論文《馮溥與康熙京師詩壇》第4章（中國社會科學院2009年博士論文）。

因爲杭州名士在清初京師文化競爭中沒有取得優勢，且多是充當京師士人領袖們的幫手，所以未能把杭州的地域傳統上升爲國家的經典。

概言之，杭州士人社會網絡隨著地域社會間的相互流動而發生變化，同時，空間上人員的流入和外出，又在一定意義上摺射出杭州地域傳統的收縮與擴張，也說明文化的疆界是不斷變動的。

結 語

一、社會變動以及網絡化的明清士人社會

　　在緒論中，本文曾談及 20 世紀 90 年代之前多數研究者，從社會形態的角度將明末清初看作「資本主義萌芽」和「思想啓蒙」的時代，而這一判斷直接來源於馬克思主義哲學的社會形態史觀，因爲忽視中西歷史背景的差異，該觀點明顯存在一定的西方中心論和社會進化論的色彩。而當今的研究者，更多地採用社會轉型或社會變遷的觀點來看待該時期，並對此時社會具有的「近代性」或「現代性」進行討論。綜合而言，這兩種研究範式都把 17 世紀及其前後的社會變動和宏觀上的人類歷史發展（尤其是將西方歷史的發展進程作爲標準）聯繫起來，潛在地有著歷史目的論的嫌疑，在上述語境下，我們的具體研究也很容易被束縛到類似的本質判斷中，從而對當時的歷史現象可能進行錯誤或扭曲的解讀〔註1〕。

　　然而，不可否認的是，具體研究已經證明，17 世紀百年裏的中國社會確實發生著眾多而複雜的變化，譬如學者王汎森指出的明清思想轉型：「這個思想轉型不是單數的，而是複數的，由心學到考證學是其中的一條主線，但不是唯一的。事實在十六七世紀那一百多年間，思想文化的各個方面都起了深刻微妙的變化──在社會方面，商業活動與城市文化的發達，社會身份的分別日漸模糊，習俗世界產生了重大的變化，它的新樣貌及滲透力對內在超越

〔註 1〕 相關研究可參考柯文：《在中國發現歷史》，中華書局 2002 年版。

之路產生衝擊……」〔註2〕；在經濟上，學者李伯重則認爲從13世紀初到19世紀中葉（南宋中期到清中期）六個世紀內，江南地區有一個經濟成長方式從以前的「廣泛性成長（勞動生產率沒有提高的成長）」到「斯密型成長（勞動生產率提高的成長）」的重大轉變〔註3〕。鑒於此，學者萬明進而提出晚明社會變遷研究的課題，並主張以傅衣凌先生所概括的生產方式多元化、社會控制體系多元化、財產權多元化、思想文化多元化爲線索對該時期的社會變遷進行綜合研究〔註4〕。

通過上述，我們發現，有關明末清初歷史的宏觀論述和具體研究間存在著相當的距離與差異，而其根源在於如何解讀17世紀前後不斷變化的社會現象。通史視野下的宏觀論述，一般側重於探討變化背後的社會變遷和社會形態，因而很容易對某些社會歷史現象進行過度詮釋，譬如晚明江南的雇傭勞動和「資本主義萌芽」、晚明生活方式變化與「近代性（或現代性）」，這些分析雖然可以滿足我們對當時歷史的理論建構欲望，卻在實際上偏離了具體的歷史情境；而且從長時段來看，明代的許多社會現象和變化在宋代就已經出現或肇始，例如杭州的結社、或者李伯重所指的經濟成長方式轉變，甚或杭州的文化格局也是在南宋基本形成。另一方面，關於明清的斷代史研究，不斷說明，晚明清初的諸多社會現象和變化本是聯結爲一體的，譬如雇傭勞動和奴僕以及晚明的江南城鎮生活就密不可分，又如王汎森也認爲，明清之際思想，「必定與地方社群、政治、官方意識形態、宗教、士人生活……等複雜的層面相關涉，故應該關注思想觀念在實際生活世界中的動態構成，並追尋時代思潮、心靈的複雜情狀」〔註5〕，所以如果把當時發生的某種社會現象歸結爲宏觀上的社會形態變革，也就不免牽強，在這裡，充分尊重歷史現象所發生的場景顯得尤爲重要。概言之，宏觀論述和具體研究的許多矛盾都可以從通史和斷代史不同立場得到理解，而且在本質上，此兩者的差異又在於人們對歷史斷裂性與傳承性的不同解釋和把握。至於本文，在立場上更爲認同後者的研究方式，並認爲17世紀社會變動的背後是一系列相互聯繫的具體社

〔註2〕 王汎森：《晚明清初思想十論·序》，復旦大學出版社2004年，第2頁。
〔註3〕 李伯重：《多視角看江南經濟史（1250～1850）》，《前言》，北京：三聯書店2003年，第8～9頁。
〔註4〕 萬明：《晚明社會變遷研究之反思與前瞻》，李焯然主編《明清研究：現狀的探討與方法的反思》，香港教育圖書公司2006年，第104～105頁。
〔註5〕 《晚明清初思想十論·序》，第1頁。

會現象和變化，對它們的解讀需要從整體出發，而其在宏觀歷史上的意義則不作過多討論。

晚明清初時期，社會變動的基本問題是風俗上的變化，這裡所指的風俗，以嚴昌洪先生闡述最為精到，包括風俗習慣和社會風氣兩個部份：風俗習慣主要包括衣著、飲食、居住、生產、婚姻、喪葬、節慶、禮儀等方面的好尚、信仰和禁忌；社會風氣則通常指一定時期內人們在日常生活中形成的思想言行方面，一些普遍性的傾向，如生活上追求奢靡，崇尚外觀，講究時髦等〔註6〕，進而言之，人們還時常把有關風俗的研究稱為風俗論。明清史學者很早就意識到明代中後期以降所發生的風俗變化，尤其是 20 世紀末，風俗研究還在海內外形成了一個熱潮，其領域涵蓋作為方法的明清風俗論、以奢侈問題為中心的明清消費研究、全球化與明清風俗論、風俗特性與明清地域研究、職業觀與明清風俗論、移風易俗與明清社會變遷等多個方面，從而充分揭示了明清社會生活的複雜面相〔註7〕。在具體研究上，我們試以學者牛建強的《明代中後期社會變遷研究》為例來說明風俗變化和社會變動間的多重關聯。牛氏從明中後期紛紜雜呈的社會風向變化中，認識到經濟活動、日常生活和人情世態等三個方面反映著社會變遷的本質，並將其作為社會風向變化理論的三個基本指標和社會風向結構的主要內容；他在經濟活動上，探討了蘇州、松江等地的商業化，而日常生活方面，發現當時的風尚源是京師和江南，弘治時的京師和成化末的蘇州開始出現奢靡習氣，此後漸趨普遍化，嘉靖間上海人陸楫更是提出崇奢黜儉論，至於人情世態，家庭、朋友及鄉黨等人際關係變化，爭奪家產、沉湎於「酒色財氣」的時間和現象很多，人們亦常有世態炎涼之感；他進而認為，經濟活動在社會風向取向發生變換之後，便成為手工業、商業和商品農業的內容，社會風向結構三個方面的協調與否取決於作為基礎方面的經濟活動內容──手工業和商業的結構的合理與否。當確定區域的工、商結構趨於相對合理時，其社會風向結構就會諧合、完善，就有利於社會風向變化的深入，逐漸累積、疊合，出現區域社會風向變化的增長極點。極點的出現意味著區域社會風向變化程度差異的存在，就會發生區域間的社會風向的運動與傳遞，最終傳播的結果使區域社會風向等差漸趨定

〔註6〕嚴昌洪：《中國近代社會風俗史》，浙江人民出版社 1992 年，第 6～7 頁。
〔註7〕詳細狀況請參考：常建華先生所撰《舊領域與新視野：從風俗論看明清社會史研究》，《中國社會歷史評論》第 12 卷，天津古籍出版社 2011 年，第 447～477 頁。

型，這也就是牛氏所謂的社會風尚變化理論體系，即社會風尚結構理論、社會風尚區域傳遞理論和社會風尚區域級差理論〔註8〕。簡而言之，牛建強將社會變遷置放於商業化、生活時尚和人際倫理為核心的風俗變化機制中，很有說服力，也使我們意識到17世紀前後多種社會現象和變化是作為一個相聯的整體而存在的。

明清風俗論，其實在相當程度上，反映著人們對當時社會生活的認識，並且有助於我們建構起對這一時代生活世界的整體認識。不僅如此，風俗還和文化密不可分，這是因為風俗自身是人類生活的高度凝結和表徵，而狹義的文化作為意識形態、各類知識和文本的集合無不植根於此，更何況西方學者還有「文化是人們的所作所為，而不是他們的所思所想」這種把生活行為（包括風俗）等同於文化的觀點〔註9〕。因此，風俗上的變動必然引發文化上的變動。

關於17世紀的文化，王汎森先生以一代精英的文化活動和生活方式為標準提出「明型文化」和「清型文化」的說法：他認為，「晚明講學文化極盛，他們到處集會結社、到處開講會，在城市與鄉村之間東奔西跑。文人的人際網絡成為很重要的社會資本，他們或者到處請人作序，或藉由各種集會、刻書的方式以經營其生活圈。而獨特的生活風格往往成為累積社會聲名的資本，使得不少文人排斥循規蹈矩而力求突出自己生活的特色，也就是以一種類似『自我表演』的方式引起文人社會的注目」〔註10〕，不過，「從晚明到清初，隨著思想及政治氣候的改變，講學文化、文人文化逐漸衰落下去，逐漸取而代之的是一種循謹中庸的生活方式」，而在此變化過程中，「悔罪意識和消極行為（如不入城、不赴講會、不結社、一書不兩序、不收門徒）透露出不滿明代後期文人文化、講學文化及城市文化的意思，最終使得舊文化精英在政治文化活動上自我邊緣化，也代表著明代士人特質逐漸退居邊緣，甚至消逝。」〔註11〕王氏的觀點，顯然是把士人的行為習氣（即所謂「士風」）等風俗現象和思想史等文化研究結合起來得出的。這啟示我們在研究文化問題時必須注意和社會變動相結合。

〔註8〕 請參考牛建強：《明代中後期社會變遷研究》，東北師範大學1992年博士論文。

〔註9〕 可參閱羅曉春：《卜正民〈縱樂的困惑：明代的商業與文化〉》書評，載《中國社會歷史評論》第7卷，天津古籍出版社2006年，第432～433頁。

〔註10〕 前揭《晚明清初思想十論·序》，第10頁。

〔註11〕 《晚明清初思想十論·序》，第10～11頁。

　　具體到士人文化，從社會結構（尤其是文化分層）來探究是常見的做法，譬如，商傳先生在《明代文化史》一書中說，明代後期的文化表現爲多元多層文化發展與主文化的轉變，其中的多層文化包含有宮廷文化、官僚文化、民間文化等上層與下層文化；並且認爲明代社會經濟的變化（商氏文中所列史實多可包含於風俗）和文化生活的變化幾乎同步，政治文化逐漸衰落而下層文化（民間文化）得到發展〔註 12〕。類似的還有張德建的文化分層，他認爲中國傳統文化有三個幹流：上層文化（封建地主所創造和享有的文化）、中層社會文化（城市人民主要是商業市民所有的文化）、底層社會文化（廣大農民所創造和傳承的文化），上層社會文化始終是正統文化，是社會的主導文化，後兩者被其所壓制，並在特殊的歷史境遇中獲得發展；他又指出，「實際上階級內部也有不同的層級……當階級缺乏足夠的組織或權力完全控制『文化權力』時，也就產生一個文化再分層現象，即在某一文化層次上，文化權力進行再分配」，而「明代上層文化分層是一個十分突出的現象，只不過研究者多注意於雅、俗即上層文化與中下層兩種文化的升降，忽視了雅文化內部發生的變化」，鑒於此，他提出明代雅文化可分爲臺閣文化（大學士及翰林院所代表高層士大夫群體文化）、郎署或曹僚文化（六部、科道及府縣官中下層官員形成的群體文化）、山林文化（不出仕或未能出仕的士人所代表的文化）三個層次：「這三個層級的發展、演變構成了明代社會文化史上一道亮麗的風景線，更爲豐富的是他們所代表的文化（集中表現在文學思想、風尚、流派的嬗變）變遷」，其中，明代山林文化經歷了從明初的隱士，到弘治、正德年間的才子，再到嘉靖、萬曆以來的山人，最終爲嘉、萬以來社會中普遍流行的名士群體等四個階段〔註 13〕。商、張兩位學者的論述都將社會、文化變動和文化分層的變化聯繫起來，使我們認識到等級秩序在文化發展中有著重要影響。

　　然而，從社會結構中的分層去考察文化有著相當的局限，牛建強曾指出在區域社會風尚研究中，「士夫階層尤其是作爲上層士夫的官僚的活動較之一般平民具有自身的特殊性。這樣，區域社會風尚的研究無法涵蓋這些官僚體系行爲的探討。儘管社會風尚變化在對官僚系統的行爲的分析時，某些方面

〔註 12〕　商傳：《明代文化史》，東方出版中心 2007 年，第 24～30 頁，詳細的談論可閱該書第 3 章《多層文化特徵》。

〔註 13〕　張德建：《明代山人文學研究・緒論》，湖南人民出版社 2005 年，第 3～5 頁。

不盡適合，但理論的根本方面即風尚構成的部份和風尚傳遞的基本內容依然有效」〔註14〕，他所發現士大夫風尚的「特殊性」和「不盡適合」，實際源於分層理論類型劃分後難以避免的僵化和呆板；而張德建也意識到，文化層次的劃分只具有抽象的意義，且完全依據階級尺度，從而難以充分詮釋明代文化的複雜狀況，這也表明用分層理論研究文化，很容易染上政治經濟學理論的色彩。

因此，我們需要從社會結構的其他層面來解釋17世紀的社會文化變動，那就是本文所採用的社會網絡視角。晚明清初的社會變動，在禮法秩序「顛倒」甚或模糊的同時，社會網絡化的現象卻日益突出，一方面是整體性（或組織化）的社會網絡——黨社、商幫、書院、會館開始規模化出現，這其中既有伴隨明代中後期市場網絡發展起來的商幫、會館，也有依賴於同學、同年、同僚等人際關係結成的跨地域、跨階層的書院網絡和黨社，從而在很大程度上改變著帝制下社會分層的尊卑格局；另一方面，在遊風盛行、日益頻繁的社會交往中，士大夫等階層的個人網絡得以充分發展，譬如我們前文所探討的馮夢禎、王晫、李漁、王士禎等人，在一生的交遊中，不僅有來自權貴勢力的朋友，也有生活拮据的貧士知己；不僅有信仰佛道的宗教人士，也有居於閨閣或出身風塵的女性。這種個人社會網絡融入日常生活後，士人個體的生活空間得到更大擴展；而家庭之外的私人生活的營建以及公共生活的形成，更是昭示著晚明清初的文化繁榮。前引王汎森先生有關「明型文化」的論述，指出文人的人際網絡是很重要的社會資本，他的觀點與本文的士人社會網絡研究無疑相當契合，應可作為晚明清初士人社會網絡化的佐證。

總之，17世紀前後的中國，發生著以風俗變革為代表的多重社會變動，也促使當時文化表現出異於前代的特徵變化。我們認為，文化分層的方法難以充分解讀文化現象和社會變動間的複雜關係，而士人社會的網絡化則能夠揭示這些變動中一定的內在機制。

二、私人生活、社會交往和公共生活

以社會網絡的視角為切入點，我們會逐漸發現一定的網絡與其日常生活之經驗密不可分，兩者間究竟存在著怎樣的關係，又進行著何種互動，是迫切需要回答的問題。進而言之，宏觀上明清士人社會的網絡化，必然以個體

〔註14〕可參考前引前揭牛建強博士論文。

或微觀生活的形式來實現，或者說，網絡的形成植根於個人的生活實踐——如多種多樣的社交活動及其所產生的各種文本，進而與士人生活融爲一體。

　　既然如此，士人的個體生活究竟呈現爲何種面貌，又是以何種方式呈現出來呢？我們認爲，這需要從日常生活的角度來解釋。首先，宏觀上的社會結構（階層和制度等）將士人的家庭背景區隔爲不同的地位和等級，然後依靠科舉制和職業化等調控機制，使社會進行著各種流動並實現著利益分配。對於個體而言，就是獲得自己的社會身份，並融入其中以求得生存與發展，簡言之即是「治生」，這裡的治生並不關注經濟史所探討的生產力、生產關係和商品、勞動等因素，而是研究不同營生形式對士人生活的塑造和影響，譬如塾師和山人在實際生活中明顯有著不同的人生軌跡，塾師的生活圈子相對狹小，而山人遊食謀生可能行跡數省，至於兩者在士人階層內部地位和聲望上的差異就更不用說了。在明清時代，多數士人其實都採取多元治生的方式，不過，需要強調的是無論食田從商或入幕爲賓，僅是生活獲得保障的手段，而士人的文化身份則是他們的認同和歸屬，所謂儒商、儒醫等稱號就與此種情結不無關係。

　　士人的文化身份，不僅表現爲現實中的科舉功名，也有賴於生活空間上的營建。書籍的收藏和閱讀、家庭園林的修建、出遊的方式和朋友間的聚會等，都可歸入士人的生活空間，而在此環境下展示出高雅清逸的品格，往往成爲社會判斷士人文化身份的主要因素。因此，雖然存在著諸多不同的治生方式，士人們仍然能夠依靠文化身份上的聯結構建出一個跨越等級、貧富等界限的社會網絡。

　　其次，由以往研究來看，從個體角度考察日常生活，通常會涉及到私人領域和公共領域的界定，進而延伸到私人生活的範圍等問題。美籍學者楊曉山指出，無論是西方或是中國，公和私之間的界限經常移動，而且在有關公、私之別的討論裏，各種意識形態利益的中心也是變化不定的，人們或者側重於爲「公」下定義，「私」只是一個殘存的範疇，或者出發點是私人領域，反而將「公」作爲殘存的範疇處理；另外，還有把公共領域理解爲一種遊移不定的、多元形態的社交性範圍，從而區別於正式組織的機構和私人領域裏的兩性關係和家庭生活〔註15〕。鑒於此，楊氏認爲要區別私人生活（private life）、

〔註15〕　楊曉山：《私人領域的變形：唐宋詩歌中的園林與玩好》，江蘇人民出版社 2009年，第 207～211 頁。

個人生活（personal life）、家庭生活（family life）及家中生活（domestic life）等概念的差異，前兩個概念在不同語境下與後兩者可能重合、分離，甚至對立，而他所指的私人領域（private sphere）是從家庭生活內在義務解脫出來的私人生活，是「一系列物體、經驗以及活動。這些物體、經驗以及活動屬於一個獨立於社會整體的個人主體。所謂社會整體可以指國家，也可以指家庭」〔註16〕。楊進而通過自身對唐宋詩歌的研究，認為私人領域有若干相對穩定的範疇，分別是佔有（possession）、獨特性（singularity）、展示（display）、和遊戲（playfulness）；他發現中國私人領域的結構很脆弱，隨時可能瓦解：首先對任何物質（如園林、奇石）的佔有不可能持之以恆，其次私人領域所產生的價值觀念（譬如唐末、北宋末的石癖）與社會道德秩序不相容甚至相悖，而被社會接受後又會失去生機；其三，個人自身的政治、道德負擔太重也會導致私人領域的崩塌。簡言之，楊曉山的研究揭示了傳統時代私人生活中，家庭以外最有活力的部份，也為我們理清了明清士人私人生活中許多內容的淵源，頗有啟發性〔註17〕。

然而，現代私人生活史的研究，開始於法國年鑑派史學家菲利普·阿利埃斯和喬治·杜比主編的五卷本《私人生活史》，該書對西方經驗下的私人生活有相當系統的探討，通過梳理其中的核心論述，我們可以獲得對私人生活更為深刻的理解。

喬治·杜比認為，「私人生活的概念到19世紀才真正形成，而且只限於歐洲幾個地區……勾勒私人生活史要抓住主題，比如對住宅、臥室和床榻進行研究，不能成為對日常生活的一種描述，更不能迷失方向，成為一部純粹個人的私密生活史」，並指出「私人這個詞相對於公共……公共趨向於民眾，又受制於官方的權力……私人生活領域是一個免除干擾、自省、隱逸的領地。在這裡，每個人都可以扔掉他在公共空間冒險時必備的武器和防範工具……這個地方很隨意，不拘禮節。這也是個秘密場所……與榮耀所要求的在公共場合的面子格格不入」；然後，他又從宏觀上勾勒出私人生活空間自中世紀以來的歷史變遷，首先「19世紀，私人空間的力量一方面理應向外支持公共空間……另一方面抑制人們對獨立的渴望……在裏面，男人的權力與女人的權力、老人的權力與青年的權力、主人的權力與僕從的權力比外面撞擊的更為

〔註16〕 《私人領域的變形》，第212、213頁。
〔註17〕 《私人領域的變形》，第214頁。

劇烈」，然後追溯這種局面的出現，在於中世紀以降，「國家強大了，它的侵入更具進攻性和穿透力。與此同時，經濟創造力的開發，公共禮儀的削弱、宗教態度的內在趨向對個人的激勵和解放，有助於其他交友圈在家庭、住宅之外發展壯大，導致私人空間的多樣化」，這樣對於男人，尤其是城鎮男人，私人空間分成了三個不同的部份：家，女人們的生活陷於其中；私人工作場所（如車間、店鋪）；私人聚會和休閒場所，如咖啡館和俱樂部。而到了現代，他認爲，在住所和工作場所之間，私人社交這片中間區域正在萎縮；建立在家庭內外，公共空間和私人空間之間差別之上的男女兩性差別正在迅速消失；技術的迅猛發展正在摧毀私人生活的最後屏障，同時又在不斷加強國家的控制手段，如果人們不對之加以防備的話，將淪爲巨大恐怖數據庫的一個數字而已〔註18〕。概言之，喬治·杜比的分析使我們認識到，在西方歷史中，私人生活是處於私人、公共和國家之間的多邊領域，其存在空間隨著權力體系、經濟、宗教、科技等力量的彼此變化而消長，無疑，類似的情況在中國也是存在的。

綜合而言，楊曉山筆下的私人領域專注於私人生活內部情形的具體探討，而喬治·杜比的私人生活觀則更側重於宏觀層面上外部力量和私人領域間的相互關係，這兩個方向對於我們探討晚明清初的士人私人生活很有借鑒意義。

再次，正文部份，我們在研究 17 世紀士人社會網絡和日常生活的關係時，曾專門探討交遊對士人個體生活的影響，並認爲當時的社會交往大多發生於家庭等私人空間中。對於社交和個人的關係，菲利普·阿利埃斯在分析西方私人生活變遷後，也進行了論述，首先他指出如下史實，「中世紀晚期，個人陷在封建的公共團體生活中，融入到某一個或強或弱的功能系統中，作爲某一封建領主莊園或某一部族的成員之一，或是束縛於一定的臣屬關係中……這個世界既非公共的，也非私人的」，因而「日常生活的許多行爲都發生在公眾場合裏……其一，限定個人行動界限的社區——無論是村莊、村鎮還是城市，是一個彼此相熟的世界，在這個世界裏，每個人都相互瞭解，時時能看到他人的生活……對人們來說，唯一的居住空間、唯一受到法律管制的空間，就是公共空間」；而到了 19 世紀，具體情形與中世紀變得相反，「社會正變得

〔註18〕喬治·杜比：《私人生活史》序，《私人生活史》第 1 卷，海口：三環出版社、哈爾濱：北方文藝出版社 2007 年，第 6～8 頁。

越來越大、越來越隱匿，人們不再相互熟識，工作、休閒娛樂和家庭生活都變成了相互獨立的活動。男人和女人都追求私人生活，他們堅持要求更大的自由去選擇自己的生活方式……家變為逃避外界之所、個人生活的中心」〔註19〕。在這一認識下，菲利普‧阿利埃斯提出：個人私生活的整個歷史可歸結為社交形式的變化——從社區、城堡、庭院、廣場和村莊的無名社交到以家庭甚至以個體為中心的更有限社交，而問題在於社交形式如何從「公私混淆」，轉變到一個個人與社會相分離、個人包含甚至限制公眾的形式。鑒於此，他進而梳理了與交際有關的歷史變遷：16世紀和17世紀前期，「團體是以各種關係而定的」，這些關係決定交際的本質，集體生活中的接觸激發私人友誼，這對產生信任感不可缺少；17世紀末和18世紀初，公共領域已不再被私有化，公共事物不再和個人利益糾纏不清，因此有可能建立一個封閉的個人領地，此領地與集體生活脫離且自治，並常為家庭所佔有；到了現代，個人私生活必須從兩方面看：一方面集中於社會公務人員和私人個體的對立及政府最終成為家庭的領域的關係；另一方面是從公私混淆的無名社交形式向一種更分散的交往形式轉變，而且其把舊式的無名交往和基於職業聯繫的關係及家庭生活的平等關系聯合起來〔註20〕。

　　菲利普‧阿利埃斯對私人生活和社會交際的上述分析，為我們提供了一種解讀私人生活的西方模式，而明清時代的中國民眾是否有過相似的歷程亟待深入的探討。從本文的研究來看，在士人日常生活中，私人生活的空間或領域確實有其模糊的一面，為了交遊，他們家居時多數有專門會客的廳堂齋閣，而家庭園林還常常成為與舊交新知舉行聚會、詩歌唱和的地方。而學者陳弱水曾在《公共意識與中國文化》一書中對公的觀念進行過梳理後，也指出中國的私集中於「男女大防」，而公私卻混然不分〔註21〕，這可以說明類似於西歐的中世紀，傳統中國的私人生活與社會生活也往往是交叉在一起的。因此，對晚明清初士人私人生活的探討，需要建立於釐清其社會生活狀況的基礎上，這一點我們在本節開頭已有較為詳細說明，但需要注意的是，士人的分層並不是簡單化的高低上下關係，各層次之間有著錯綜複雜的紐結——

〔註19〕　菲利普‧阿利埃斯：《導言》，《私人生活史》第3卷，哈爾濱：北方文藝出版社2008年，第1～2頁。

〔註20〕　同上，第9～11頁。

〔註21〕　陳弱水：《中國歷史上「公」的觀念及其現代變形》，《公共意識與中國文化》，北京：新星出版社，2006年，第69～73頁。

如橫向的同僚、同年、同學或依附性的賓主等，從而構成一種網絡化的社會體系（即士人社會網絡），相當程度上，士人家庭作爲私人的生活空間受到這種體系很大的影響，譬如王暭爲了款待頻繁前來家中拜訪的友朋，往往需要妻子典當首飾來置備酒食，這種情形在當時江浙士人家庭中頗爲常見，徐乾學在傳記中也曾回憶其母當年勉力爲父親招待友人的事蹟。

進而言之，與交遊之風盛行相伴而生的士人社會網絡，起到了溝通士人個體生活和公共生活的作用。一種愛好或趣味，開始可能只是某些名士私人生活中的行爲，通過士人內部間的社會交往會成爲一種風氣，然後通過地域間社會網絡的傳播，漸而成爲人們言語間的時尙，變爲普通百姓倣仿的對象，如此，該種愛好或趣味完成了從私人生活到公共生活的轉變，譬如在晚明清初的杭州，西溪作爲宋時舊景，起初僅是馮夢禎、黃汝亨、虞淳熙等人的個人遊覽之地，後來隨著大量文士的移居開始復興，成爲士人群體言論中的幽勝之地，最終一般民眾也前往遊玩〔註22〕。

最後，通過對私人生活和社會交往的梳理，我們發現，公共生活似乎只是人們進行文化傳播、交換和競爭的場域。具體而言，士人社會網絡就在一定意義上構建著該階層的公共生活，譬如萬曆時的杭州會社對時文的評點，起初只是私人生活的行爲，然而通過書籍出版的傳播，逐漸具有影響江浙乃至全國的公共影響力。不過，需要說明是，當時公共生活的中心，應該是日漸興起的物質消費市場，人們通過輿論、結社等行爲衝擊權力秩序以及倡導「善舉」保障地方等〔註23〕。

三、傳統、社會網絡和文化權力

對傳統的不斷發現並重建，是中國文化史（尤其是唐宋以來）上的常見現象。這種往往被稱爲「復古」或「擬古」的文化思想與行爲，既包含有政治家推行改革中對先王禮制的嚮往和追溯，也涵括有文學家試圖創新時對前代典範的敬仰與摹仿，還保留有人們身處艱難時世下對理想社會的訴求和探

〔註22〕學者巫仁恕在氏著《品味奢華》一書中曾詳細探討消費品位和身份間的關係，並著眼於大眾和士大夫相互間的文化區隔與競爭。然而，轉換到「私人——公共」視角，我們觀察到，具體文化行爲如何由私人生活進入公共生活的過程。

〔註23〕相關研究可參考：巫仁恕《激變良民》（北京大學出版社 2011 年），梁其姿《施善與教化》（河北教育出版社 2001 年），夫馬進《中國善會善堂史》（商務印書館，2005 年）等書。

尋。然而，需要警醒的是，傳統並非一種客觀現實，進而言之，當事者認為歷史中哪些事物可作為傳統，採取什麼方法恢復這些傳統，最終又實現了何種目的，每個環節無不充滿著主觀性的因素。

前人早已指出，晚明清初的士人文化盛行所謂復古主義的傾向，或者師法秦漢，或者瓣香六朝，或者尊唐宗宋，甚至還有傚仿金元者，並且這種現象普遍存在於文學、書畫等多個領域。但是，需要特別強調的是地域傳統的發現與建立，蔣寅先生在論及清初詩學時曾指出：「文學發展到明清時代，地域性特徵變得格外豁目起來，人們對地域文學傳統的意識也愈益自覺。地域文化積累的小傳統，不僅孕育了特定的文學風貌，也形成自己的價值觀和風格傾向，通過結社、家學和地域性總集、選集的編集，營造出不同的文學風氣和文學氛圍。理論上表現為對鄉賢代表的地域文化傳統的理解和尊崇，創作上體現為對鄉里前輩作家的接受和模仿，在批評上呈現為對地域文學特徵的自覺意識和強調」〔註24〕。

其實，蔣氏的論述也適用於更為普遍的文化領域。本文正文部份專門梳理過由馮夢禎、黃汝亨、三嚴兄弟、聞啓祥、葛寅亮到西陵十子以及西陵詞派的百餘年的人文變遷，我們從中明顯感受到這些杭州士人對自身地域文化的尊重和維護，譬如西陵十子之一的孫治在編修靈隱寺志時對馮、黃、聞諸人事蹟有所記述和稱賞，王晫在《今世說》中大量收錄西陵十子的有關言行，以及盛清時期厲鶚在《東城雜記》對晚明以降杭州名士的掌故。不過，更重要的是，地域傳統的建立顯然與士人社會網絡密切相關，蔣先生所說的結社、家學和地域性總集、選集的編集都屬於典型的社會網絡活動，而這些行為在17世紀前後的杭州也都較為常見。但社會網絡活動並不止於此，出遊訪友、舉行宴會、書信來往等日常社交行為也可能影響到地域傳統的存在和擴張，譬如王晫出遊蘇州、武進等地，和當地士人精英進行了很好的交流，潛在地實現著杭州文化和異地文化的互動。

然而，我們不能把士人社會網絡的作用局限於聯繫個體、階層和地域，從而促進社會結構立體化等層面。社會網絡的一個重要作用是促使各種不同資本間的轉換，或者說讓人們獲得物質、文化、社會方面的某種利益或回報。法國社會學家布爾迪厄指出資本存在著三種基本形態，「（1）經濟資本，這種資本可以立即並且直接轉換為金錢，它是以財產權的形式被制度化的；（2）

〔註24〕 蔣寅：《清初詩學的地域格局和歷史進程》，《文史知識》2007年第10期。

文化資本，這種資本在某些條件下能轉換成經濟資本，它是以教育資格的形式被制度化的（3）社會資本，它是以社會義務（聯繫）組成的，這種資本在一定條件下也可以轉化爲經濟資本，它是以某種高貴頭銜的形式被制度化的」〔註25〕，我們認爲他的看法可以運用於明清社會，譬如商人和權貴擁有者大量的財富，士人有著較好文化修養和名譽，少數士人領袖則有著較高的威望，在社會網絡中，三者所擁有的不同資本可以進行一定的交換，這一點從清初李漁在杭州的生活經歷能夠得到證明：李漁通過與權貴交遊獲得物質上的幫助以便安身養家，其中依靠的是他的文藝才能和聲名，而李氏和吳越文壇領袖們的交往則進一步鞏固和擴展了自身的交遊圈。

　　進一步來說，社會網絡和社會資本關係十分密切，布爾迪厄說，「社會資本是實際的或潛在的資源的集合體，那些資源是同對某種持久性的網絡的佔有密不可分的……這一網絡是同某個團體的會員制相聯繫的，它從集體性擁有的資本的角度爲每個會員提供支持，提供爲他們贏得聲望的『憑證』……這些資本也許會通過運用一個共同的名字（如家族的、班級的、部落的或學校的、黨派的名字等等）而在社會中得以體制化並得到保障……特定行動者佔有社會資本的數量，依賴於行動者可以有效加以運用的聯繫網絡的規模的大小，依賴於和他有聯繫的每個人以自己的權力所佔有的（經濟的、文化的、象徵的）資本數量的多少……而且社會資本從不完全獨立於經濟的和文化的資本」，而且「社會資本的再生產預先假定了對社交活動的不間斷的努力，假定了交換的連續系列，在那些交換中認同感被無休止的肯定和再肯定」〔註26〕，他的這些論述與我們前文的分析頗爲契合，對於個體而言，其所擁有的人脈資源、聲名等，構成爲他的社會資本，然後可以通過社交活動融入廣泛的社會網絡，從而獲得更多的社會資本。17 世紀前後的杭州士人會社，在很大程度上就曾發揮出社會網絡和社會資本的雙重作用：一方面作爲地域組織推動著士人網絡的形成，另一方面會社成員所獲得的聲譽也成爲他們贏得功名以及物質贊助的籌碼。

　　類似的是，地域傳統和文化資本也彼此聯結，一定的地域文化附著於個人、物體或體制上，就會轉變爲文化資本。布爾迪厄指出，文化資本有三種

〔註25〕　布爾迪厄：《文化資本與社會煉金術》，包亞明譯，上海人民出版社 1997 年，第 192 頁。
〔註26〕　《文化資本與社會煉金術》，第 202、204～205 頁。

形式：「（1）具體的狀態，以精神的和身體的持久『性情』的形式」，「（2）客觀的狀態，以文化商品的形式（圖片、書籍、詞典、工具、機器等等），這些商品是理論留下的痕跡或理論的具體顯現，或是對這些理論、問題的批判，等等」，「（3）體制的形態，以一種客觀化的形式，這一形式必須被區別對待（就像我們在教育資格中觀察到的那樣），因爲這種形式賦予文化資本一種完全是原始性的財產，而文化資本正是受到這筆財產保護的」〔註27〕，地域傳統同樣可以通過這三種形式來表現：在個人身上，表現爲地方化的文化、教育、修養，並且會被人們認爲是值得稱讚的才能；在物體上，表現爲地方文獻的整理、鄉賢祠的設立、地方名勝的保護等；在體制上，則表現爲地域文化流派的形成與發展。值得注意的是，通常情形下，研究者對地域傳統的客觀化形態（文化資本的第二種形態）更爲關注，這是因爲「在物質和媒體中被客觀化的文化資本，諸如文學、繪畫、紀念碑、工具等等，在其物質性方面是可以傳遞的」，同時「文化資本以其客觀化的狀態呈現出了一個自主連貫的世界所有的表象，這個領域雖然是歷史行爲的產物，但確有其自身的法則，這一法則超越了個人的意願，這個世界不能簡化爲每個行動者、或行動者的集合體所顯現的樣子」〔註28〕。不過，我們認爲，地域傳統轉化爲文化資本後的其他兩種形態同樣重要，具體到本文的研究，那就是需要看到杭州地域文化對其精英人物的影響，譬如南宋時代的帝都文化就成爲後世當地士人斬不斷的情結，從明中期的《西湖遊覽志》到清中期的《西湖志》地方文獻都有大量篇幅記載南宋時代的舊跡軼聞，而且17世紀前後興起的西湖題材小說大多也以南宋杭州作爲空間背景，這一現象反映出杭州人潛在的文化意識，應該屬於具體化的文化資本；至於體制化形態的文化資本，我們可以舉西泠派的例子來說明，《文獻徵存錄》所收西陵十子之一柴紹炳的傳記中說，「（柴）治古文，精力於九經諸史以及秦漢魏晉六朝諸家文，不及唐以後……賦詩以唐人爲宗，宋元詩不得入其界，遠近稱爲西泠體」〔註29〕，這則引文透露出，在清初師法宋詩的風氣流行後，杭州以柴紹炳爲首的西泠派仍然堅守宗唐思想，那麼其中的「界」，應當理解爲當地文化圈的學術資格，也就是推崇和倣仿唐代文化。

〔註27〕《文化資本與社會煉金術》，第192～193頁。
〔註28〕《文化資本與社會煉金術》，第198～199頁。
〔註29〕錢林：《文獻徵存錄》卷1。

　　最後，我們應該看到，地域傳統和社會網絡中，貫穿著權力的支配和滲
透。首先，地域傳統並不是國家傳統的附庸。晚明時代，由於臺閣文化的衰
落，當時的全國文化呈現出多元競爭的格局，其主要表現就是地域流派的此
消彼長，諸如公安派、竟陵派、雲間派、虞山派等相繼成爲文壇的宗主，這
一過程中無疑存在著文化權力或主導權的爭奪，而地域傳統自然在其中發揮
著重要作用。布爾迪厄曾指出，「文化資本是作爲鬥爭中的一種武器或某種利
害關係而受到關注或被用來投資的，而這些鬥爭在文化產品場（藝術場、科
學場等）和社會階級場中一直綿延不絕……行動者力量的大小、獲得利潤的
多少，是與他們所掌握的客觀化資本、以及具體化的資本的多少成正比的」
〔註30〕，因此，作爲文化資本的地域傳統，它的強弱直接關係到地域流派在
全國文化格局的地位。

　　晚明時代的杭州憑藉著深厚的地域傳統和日益興盛的士人會社，在當時
的競爭中佔有一席之地。公安派領袖袁宏道曾在萬曆中游杭，並和當時的文
化精英如雲棲袾宏、馮夢禎等多有交往，此後竟陵派的譚元春曾加入三嚴和
聞啓祥發起的「月會」，而虞山派領袖錢謙益更是在汪然明的幫助下與名妓柳
如是發生情緣，明亡前張溥、陳子龍和後來的西陵十子更是結成師徒關係，
這樣，杭州的地域文化通過士人網絡和主流文化保持著良好的關係，同時也
避免了捲入文化權力的爭奪中。與此相反的是，以艾南英爲代表的江西派曾
和張溥等人的雲間派發生劇烈衝突，最終艾氏在競爭中失利，而雲間派借助
復社的力量得以領袖士林。從上述來看，在國家權力空虛的晚明，地域傳統
和社會網絡通過結合，可以達到對文化的控制。

　　其次，權力往往會對傳統進行重構，同時展開對社會網絡的文化控制。
清初，隨著軍事上的勝利和政局的穩定，國家通過「右文」政策，開始爭奪
落入地域傳統的文化主導權。譬如康熙帝推出博學鴻儒科籠絡全國士人精
英，招集名士宿學編撰《全唐詩》、《欽定詞譜》等各類國家讀本，終於使得
文化資本高度集中於皇帝爲代表的國家手中。雖然清初各地文化流派仍然活
躍，卻不再有某個派別能夠獲得文壇宗主的地位。另一方面，地域傳統只有
在承認國家權力的前提下才能取得發展和擴張，因而江浙士人開始大量流寓
北京，同時京師會社也開始崛起、興盛。美國學者艾爾曼曾指出江南士人在
清初的文化轉變中扮演了「國家精英」的角色，因而能夠將其學術活力、風

〔註30〕　《文化資本與社會煉金術》，第 200 頁。

格移植到北京，移植的方式主要有加入官方修書機構和控制書院，以及成為朝廷大員的幕賓和進入翰林院，他還說江南文風、學風及藝術風格就是通過以上的「贊助渠道」傳遍全國〔註31〕。

然而到了乾隆時代，隨著國力和皇權的強盛，國家傳統逐漸具有壓倒性的體制優勢。譬如在《四庫全書》的編纂中，晚明的山人文化和商業文化受到了嚴厲的批判，而道德化的主流價值也開始重塑地域傳統，屬於17世紀地域傳統的許多作品被禁燬，譬如江西派艾南英的《天傭子集》，杭州士人虞淳熙的《虞德園先生集》和黃汝亨的《寓林集》。同時，對於晚明清初文本所表現出來的社會網絡行為也進行了規範和抵制，李漁的《尺牘初徵》、王晫的《檀几叢書》等就都為此時的主流文化所摒棄。

統而言之，通過對17世紀杭州士人社會網絡和文化生活的初步研究，我們認為在當時的社會變動中，需要特別關注的是士人社會的網絡化，它使得以等級、階層為主導的近世社會裏，同樣存在著秩序之外、縱橫交錯的社會聯繫，而跨越界限（如富貴與貧賤、男與女、商業與文化等）的社會交往更編織出社會生活的「反結構」的一面，在某種意義上，也正是這種社會彈性或活力造就了晚明清初的中國文化。另一方面，由私人關係、日常交遊所構建起來的地域社會網絡，通過集體活動也展現出公共的一面，並且對社會輿論和風氣等產生影響。最後，我們也可以看到，在清代國家所主導的主流文化下，地域文化在很大程度上被抑制或淹沒，而這很可能和地域傳統以及士人網絡的衰落有關。

〔註31〕《從理學到樸學》，第9頁。

參考文獻

一、基本史料

（一）地方志及其相關

1. （明）陳善：萬曆《杭州府志》，中國方志叢書，臺北：成文出版社。

2. （清）馬如龍等：康熙《杭州府志》，北京國家圖書館數字方志。

3. （民國）龔嘉儁等：民國《杭州府志》，中國方志叢書，臺北：成文出版社。

4. （清）王國安等：康熙《浙江通志》，日本京都大學藏本，日本京都大學電子圖書館電子版本。

5. （清）李衛等：雍正《浙江通志》，文淵閣四庫全書，第 524 冊。

6. （明）聶心湯：萬曆《錢塘縣志》，武林掌故叢編，第 16 集。

7. （清）裘璉等：康熙《錢塘縣志》，北京國家圖書館數字方志。

8. （清）崔懋、嚴濂曾等：康熙《新城縣志》，北京國家圖書館數字方志。

9. （明）沈朝宣：嘉靖《仁和縣志》，四庫全書存目叢書，史部第 194 冊。

10. （清）趙世安等：康熙《仁和縣志》，中國地方志集成，上海：上海書店，2000 年。

11. （清）張思齊等：康熙《餘杭縣志》，《餘杭歷史文化研究叢書·歷史文獻》，杭州：西泠印社出版社，2011 年。

12. （清）許三禮等：康熙《海寧縣志》，北京國家圖書館數字方志。

13. （清）錢晉錫：康熙《富陽縣志》，北京國家圖書館數字方志。

14. （明）田汝成：《西湖遊覽志·西湖遊覽志餘》，武林掌故叢編，第 20 集。

15. （清）李衛等：《西湖志》，西湖文獻集成，杭州：杭州出版社，2004 年。

16.（清）翟灝等：《湖山便覽》，上海：上海古籍出版社，1998 年。

17. 周峰：《元明清名城杭州》，杭州：浙江人民出版社，1990 年。

18.（清）震鈞：《天咫偶聞》，北京：北京古籍出版社，1982 年。

19.（清）吳長元：《宸垣識略》，北京：北京古籍出版社，1983 年。

20.（清）戴璐：《藤陰雜記》，北京：北京古籍出版社，1985 年。

21.（清）丁丙：《武林坊巷志》，杭州：浙江人民出版社，1988 年。

22. 洪煥春：《浙江地方志考錄》，北京：科學出版社，1958 年。

23.（明）沈應文、張元芳：萬曆《順天府志》，四庫全書存目叢書，史部第208 冊。

24.（民國）繆荃孫等：光緒《順天府志》，北京：北京古籍出版社，1987 年。

25.（宋）孟元老：《東京夢華錄（外四種)》，上海：古典文學出版社，1956年。

26. 鍾毓龍編著、鍾肇恆增補：《說杭州》，收入王國平主編：《西湖文獻集成》第 11 冊，杭州：杭州出版社，2004 年。

27.（清）梁詩正等：《西湖志纂》，西湖文獻集成，杭州：杭州出版社，2004年。

28.（清）悔堂老人：《越中雜識》，杭州：浙江人民出版社，1983 年。

29.（明）胡宗憲等：嘉靖《浙江通志》，天一閣藏明代方志選刊續編，上海：上海書店，1990 年。

30.（清）汪晉徵等：康熙《休寧縣志》，中國方志叢書，臺北：成文出版社。

（二）詩文集

1.（明）馮夢禎：《快雪堂集》，四庫全書存目叢書，第 164 冊。

2.（明）汪道昆：《太函集》，續修四庫全書，第 1346～1348 冊。

3.（明）田藝蘅：《香宇集》，續修四庫全書，第 1354 冊。

4.（明）屠隆：《白榆集》，續修四庫全書，第 1359 冊。

5.（明）屠隆：《由拳集》、《棲真館集》，續修四庫全書，第 1360 冊。

6.（明）朱長春：《朱太復文集·朱太復乙集》，續修四庫全書，第 1361～1362 冊。

7.（明）陶望齡：《歇菴集》，續修四庫全書，第 1365 冊。

8.（明）董其昌：《容臺集》，四庫禁燬書叢刊，集部第 32 冊。

9.（明）譚元春：《新刻譚友夏合集》，續修四庫全書，第 1385 冊。

10.（明）方應祥：《青來閣初集》，四庫禁燬書叢刊，集部第 40 冊。

11.（明）方應祥：《青來閣二集》，四庫禁燬書叢刊，集部第 78 冊。

12.（明）董應舉：《崇相集》，四庫禁燬書叢刊，集部第 103 冊。

13.（明）虞淳熙：《虞德園先生集》，四庫禁燬書叢刊，集部第 43 冊。

14.（明）黃汝亨：《寓林集》，四庫禁燬書叢刊，集部第 42～43 冊。

15.（明）卓發之：《漉籬集》，四庫禁燬書叢刊，集部第 107 冊。

16.（明）陶奭齡《賜曲園今是堂集》，四庫禁燬書叢刊，集部第 80 冊。

17.（明）黎遂球：《蓮須閣集》，四庫禁燬書叢刊，集部第 183 冊。

18.（明）張世偉：《張異度先生自廣齋集》，四庫禁燬書叢刊，集部第 162 冊。

19.（清）吳偉業：《梅村家藏稿》，續修四庫全書，第 1396 冊。

20.（清）金堡：《徧行堂集》、《徧行堂續集》，四庫禁燬書叢刊，集部 127～128 冊。

21.（清）錢謙益：《牧齋初學集》，續修四庫全書，第 1389～1390 冊。

22.（清）錢謙益：《牧齋有學集》，續修四庫全書，第 1391 冊。

23.（清）柳是：《河東君尺牘・湖上草・我聞室賸稿》，續修四庫全書，第 1391 冊。

24.（清）黃宗羲：《南雷文定前後三四集》集部，續修四庫全書，第 1397 冊。

25.（清）龔鼎孳：《定山堂詩集》，四庫禁燬書叢刊，集部第 117 冊。

26.（清）魏裔介：《兼濟堂文集》，北京：中華書局，2007 年。

27.（清）吳本泰：《吳吏部集》，四庫禁燬書叢刊，集部第 84 冊。

28.（清）陸圻：《威鳳堂文集》，四庫未收書輯刊，第 7 輯第 20 冊。

29.（清）李式玉：《申酉集》，清代詩文集彙編，第 78 冊。

30.（清）孫治：《孫宇臺集》，四庫禁燬書叢刊，集部第 148～149 冊。

31.（清）釋道忞：《布水臺集》，四庫未收書輯刊，第 5 輯第 30 冊。

32.（清）李漁：《尺牘初徵》，四庫禁燬書叢刊，集部第 153 冊。

33.（清）周亮工：《尺牘新鈔》，中國文學珍本叢書第 1 輯第 6 種，上海：上海雜誌公司，1935 年。

34.（清）黃容、王維翰：《尺牘蘭言》，四庫禁燬書叢刊，集部第 35 冊。

35.（清）王端淑：《名媛詩緯叢編》，哈佛燕京圖書館藏中文善本彙刊，北京：商務印書館，桂林：廣西師範大學出版社，2003 年。

36.（清）王士禎：《感舊集》，四庫禁燬書叢刊，集部第 74 冊。

37.（明）鄭元勳：《媚幽閣文娛初集二集》，四庫禁燬書叢刊，集 172 冊。

38.（清）田茂遇、喬缽：《燕臺文選初集》，四庫禁燬書叢刊，集 122 冊。

39.（民國）徐世昌：《晚晴簃詩匯》，北京：中華書局，1990 年。

40.（清）李漁：《李漁全集》，杭州：浙江古籍出版社，1991 年。

41. （清）徐燦：《徐燦詞新釋輯評》，北京：中國書店，2003 年。

42. （清）錢謙益：《牧齋雜著》，錢仲聯標校，上海：上海古籍出版社，2007年。

43. （清）徐士俊：《雁樓集》，清代詩文集彙編，第 17 冊。

44. （清）魏禧：《魏叔子文集》，胡守仁等校點，北京：中華書局，2003 年。

45. （清）王晫：《霞舉堂集》，清代詩文集彙編，第 144 冊。

46. （清）王晫：《牆東雜鈔》（一函四冊），南開大學圖書館古籍部藏本。

（三）筆記、詩話等

1. （明）沈德符：《萬曆野獲編》，北京：中華書局，1959 年。

2. （明）高濂：《遵生八箋》，成都：巴蜀書社，1988 年。

3. （明）王士性：《廣志繹》，北京：中華書局，1981 年。

4. （清）王晫：《今世說》，續修四庫全書，子部第 1175 冊。

5. （清）汪孟鋗：《龍井見聞錄》，四庫未收書輯刊，第 2 輯 24 冊。

6. （清）吳慶坻：《蕉廊脞錄》，北京：中華書局，1990 年。

7. （清）鄭仲夔：《玉塵新譚》，《明史資料叢刊》，第 3 輯，南京：江蘇人民出版社，198 年。

8. （清）陸世儀：《復社紀略》，續修四庫全書，第 438 冊。

9. （清）查繼佐：《東山國語》，臺灣文獻叢刊，臺北：臺灣銀行經濟研究室。

10. （清）錢謙益：《列朝詩集小傳》，上海：上海古籍出版社，1983 年。

11. （清）王士禎：《帶經堂詩話》，北京：人民文學出版社，1998 年。

12. （清）朱彝尊：《靜志居詩話》，北京：人民文學出版社，1990 年。

13. （清）徐釚：《本事詩》，四庫禁燬書叢刊，集部第 94 冊。

14. （清）阮元：《兩浙輶軒錄》，續修四庫全書，集部第 1683～1684 冊。

15. （清）阮元、楊秉初：《兩浙輶軒錄補遺》，續修四庫全書，集部第 1684 冊。

16. （清）陶元藻：《全浙詩話》，續修四庫全書，集部第 1703 冊。

17. 楊鍾羲：《雪橋詩話》，北京：北京古籍出版社，1989 年。

18. 楊鍾羲：《雪橋詩話續集》，北京：北京古籍出版社，1991 年。

19. 楊鍾羲：《雪橋詩話三集》，北京：北京古籍出版社，1991 年。

20. 楊鍾羲：《雪橋詩話餘集》，北京：北京古籍出版社，1992 年。

21. （清）陳田：《明詩紀事》，上海：上海古籍出版社，1993 年。

22. 鄧之誠：《清詩紀事初編》，上海：上海古籍出版社，1965 年。

23. 錢仲聯：《清詩紀事》，南京：鳳凰出版社，2004 年。

24. 張宏生：《全清詞·順康卷》，北京：中華書局，2002年。

25. 吳藕汀：《藥窗詩話》，北京：中國人民大學出版社，2007年。

26. （明）文震亨著、陳直校注：《長物志校注》，南京：江蘇科學技術出版社，1984年。

27. （清）周亮工：《書影》，上海：上海古籍出版社，1981年。

28. （清）吳山嘉：《復社姓氏傳略》，北京：中國書店，1990年。

29. （清）李延昰：《南吳舊話錄》，瓜蒂庵明清掌故叢刊，上海：上海古籍出版社，1985年。

30. （清）張潮：《幽夢影》，王峰評注，北京：中華書局，2008年。

31. （明）朱元亮、張夢徵：《青樓韻語》，上海：同永印局，1914年。

32. （清）查慎行：《人海記》，北京：北京古籍出版社，1989年。

33. （清）吳騫：《尖陽叢筆》，續修四庫全書，第1139冊。

34. （民國）徐珂：《清稗類鈔》，北京：中華書局，1984年。

35. 顧希佳選注：《西湖竹枝詞》，杭州：浙江文藝出版社，1985年。

（四）叢書

1. （清）朱彭：《西湖遺事詩》，《武林掌故叢編》，光緒九年丁氏嘉惠堂刊本，第22集。

2. （清）丁丙：《武林往哲遺著》，揚州：江蘇廣陵書社有限公司，2011年。

3. （清）吳顥、吳振棫：《國朝杭郡詩輯》、《國朝杭郡詩續輯》，揚州：廣陵書社影印本。

4. 王國平主編：《西湖文獻集成》，杭州：杭州出版社，2004年。

5. 王國平主編：《杭州運河叢書·杭州運河文獻》，杭州：杭州出版社，2006年。

6. （明）吳之鯨：《武林梵志》，杭州佛教文獻叢刊，杭州：杭州出版社，2006年。

7. （清）吳本泰：《西溪梵隱志》，杭州佛教文獻叢刊，杭州：杭州出版社，2006年。

8. （明）釋大壑：《南屏淨慈寺志》，杭州佛教文獻叢刊，杭州：杭州出版社，2006年。

9. 白化文等主編：《中國佛寺志叢刊》，揚州：江蘇廣陵古籍刻印社，1996年。

10. 北京圖書館編：《北京圖書館珍本年譜叢刊》，北京：北京圖書館出版社，1999年。

11. （清）陳夢雷：《古今圖書集成》，北京：中華書局，1934年影印本。

12. （清）陸次云：《湖壖雜記》，《叢書集成初編》，北京：商務印書館，1939
    年。

13. （清）杜登春：《社事始末》，《叢書集成新編》第 26 冊，臺北：新文豐出
    版公司。

14. 周駿富編：《清代傳記叢刊》第 18 冊，臺北：明文書局，1986 年。

15. （清）陸圻：《新婦譜》，《叢書集成續編》第 62 冊，臺北：新文豐出版公
    司。

16. （清）陳維崧撰、冒褒注：《婦人譜》，叢書集成初編，北京：商務印書館。

17. （清）張潮等：《昭代叢書》，上海：上海古籍出版社，1990 年。

18. （清）王晫、張潮：《檀几叢書》，上海：上海古籍出版社，1992 年。

19. （清）陳文述編：《蘭因集》，收入《叢書集成續編》第 38 冊，上海：上
    海書店，1994 年。

20. 車吉心、王育濟編：《中華野史》（全 16 卷），濟南：泰山出版社，2000
    年。

（五）理論

1. （法）雅克・勒高夫等編：《新史學》，上海：上海譯文出版社，1989 年。

2. （德）哈貝馬斯：《交往與社會進化》，重慶：重慶出版社，1989 年。

3. （日）松田義幸、中田裕久：《生活文化的社會學》，北京：東方出版社，
   1990 年。

4. （法）布洛赫：《歷史學家的技藝》，上海：上海社會科學院出版社，1992
   年。

5. （法）布爾迪厄：《文化資本與社會煉金術》，包亞明譯，上海：上海人民
   出版社 1997 年。

6. （英）彼得・伯克：《歷史學與社會理論》，上海：上海人民出版社，2001
   年。

7. 楊念群主編：《新史學：多學科對話的圖景》，北京：中國人民大學出版
   社，2003 年版。

8. 常建華：《社會生活的歷史學》，北京：北京師範大學出版社，2004 年。

9. （德）馬克斯・韋伯：《非正當係的支配：城市類型學》，康樂、簡惠美譯，
   桂林：廣西師範大學出版社，2005 年。

10. （美）林南：《社會資本——關於社會結構與行動的理論》，上海：上海人
    民出版社，2005 年。

11. 趙世瑜：《小歷史與大歷史：區域社會史的理念、方法與實踐》，北京：
    三聯書店，2006 年。

12. （英）安東尼・吉登斯：《批判的社會學導論》，郭忠華譯，上海：上海譯文出版社，2007 年。

（六）其他

1. （明）雲棲袾宏：《雲棲法匯》，臺北：華宇出版社。

2. （清）李衛等：《敕修兩浙鹽法志》，臺北：臺灣學生書局，1966 年。

3. （清）延豐等：《重修兩浙鹽法志》，續修四庫全書，第 841 冊。

4. 孫靜庵：《明遺民錄》，杭州：浙江古籍出版社，1985 年。

5. （清）永瑢等：《四庫全書總目》，北京：中華書局，1965 年。

6. 江慶柏：《清代人物生卒年表》，北京：人民文學出版社，2005 年。

7. 沈弘、羅伊・休厄爾：《天城記憶》，濟南：山東人民出版社，2010 年。

8. 蔣寅：《王漁洋事蹟徵略》，北京：人民文學出版社，2001 年。

9. 包東波：《中國歷代名人家訓薈萃》，合肥：安徽文藝出版社 2000 年

10. 錢仲聯等：《中國文學大辭典》（修訂本），上海：上海辭書出版社，2000 年。

11. 謝國楨：《增訂晚明史籍考》，上海：上海古籍出版社，1982 年。

12. 吳榮光：《歷代名人年譜》，萬有文庫第 1 集，上海：商務印書館。

13. 楊殿珣：《中國歷代年譜總錄》（增訂本），北京：書目文獻出版社，1996 年。

14. 王雲五主編：《新編中國名人年譜集成》，臺北：臺灣商務印書館。

15. （日）山根幸夫主編：《中國史研究入門（增訂本）》，北京：社會科學文獻出版社，2000 年。

16. （日）礪波護、岸本美緒等：《中國歷史研究入門》，名古屋：名古屋大學出版會，2006 年。

17. （日）今關壽麿：《宋元明清儒學年表》，北京：北京圖書館出版社，2002 年。

18. 謝正光：《明遺民傳記索引》，上海：上海古籍出版社，1992 年。

19. 楊正泰校注：《天下水陸路程・天下路程圖引・客商一覽醒迷》，太原：山西人民出版社，1992 年。

20. 《明神宗實錄》，臺北：中央研究院歷史語言研究所，1962 年。

21. 王先謙、朱壽朋編《東華錄・東華續錄》，上海：上海古籍出版社，2008 年。

22. 李焯然主編：《明清研究：現狀的探討與方法的反思》，香港：香港教育圖書公司，2006 年。

23. 段啓明、汪龍麟：《20 世紀中國文學研究・清代文學研究》，北京：北京出版社，2001 年。

24. 吳震：《明代知識界講學活動繫年，1522～1602》，上海：學林出版社，2003 年。

25. 王凱符編：《八股文概說》，北京：中國和平出版社，1991 年。

26. 胡傳海編：《尺牘 10 講》，上海：上海書畫出版社，2003 年。

27. 劉曉偉：《杭州老街巷地圖》，杭州：浙江攝影出版社，2005 年。

28. 楊忠、李靈年編：《清人別集總目》，合肥：安徽教育出版社，2001 年

29. （明）洪思等：《黃道週年譜》，福州：福建人民出版社，1999 年。

30. （清）黃炳垕：《黃宗羲年譜》，北京：中華書局，1993 年。

31. 蔣逸雪：《張溥年譜》，濟南：齊魯書社，1982 年。

32. 章培恆：《洪昇年譜》，上海：上海古籍出版社，1979 年。

33. 谷輝之：《毛先舒年譜》，《歷史文獻》第 3 輯，上海：上海科學技術文獻出版社，2000 年。

34. 谷輝之：《毛先舒年譜（續）》，《歷史文獻》第 4 輯，上海：上海科學技術文獻出版社，2001 年。

35. 單錦珩：《李漁年譜》、《李漁交遊考》，《李漁全集》第 19 卷，杭州：浙江古籍出版社，1991 年。

36. 來新夏：《清人筆記隨錄》，北京：中華書局，2005 年。

37. 明學主編：《蓮池大師全集》，上海：上海古籍出版社，2012 年。

二、參考論著

（一）著作

1. 朱倓：《明季社黨研究》，上海：商務印書館，1945 年。

2. 謝國楨：《明清之際黨社運動考》，北京：中華書局，1982 年。

3. 謝國楨：《明末清初的學風》，上海：上海書店出版社，2006 年。

4. 余英時：《士與中國文化》，上海：上海人民出版社，1987 年。

5. 陳寅恪：《柳如是別傳》，北京：三聯書店，2001 年。

6. 何宗美：《明末清初文人結社研究》，天津：南開大學出版社，2003 年。

7. 何宗美：《明末清初文人結社研究續編》，北京：中華書局，2006 年。

8. 何宗美：《文人結社與明代文學的演進》，北京：人民出版社，2011 年。

9. 周揚波：《宋代士紳結社研究》，北京：中華書局，2008 年。

10. 陳學文：《明清時期杭嘉湖市鎮史研究》，北京：群言出版社，1993 年。

11. 蔣兆成：《明清杭嘉湖社會經濟史研究》，杭州：杭州大學出版社，1994 年。

12. 蔣星煜：《中國隱士與中國文化》，上海：三聯書店，1988 年。

13. 錢杭、承載：《十七世紀江南社會生活》，杭州：浙江人民出版社，1996 年。

14. 傅崇蘭：《中國運河城市發展史》，成都：四川人民出版社，1985 年。

15. 張仲謀：《清代文化與浙派詩》，北京：東方出版社，1997 年。

16. 嚴迪昌：《清詩史》，臺北：五南圖書出版有限公司，1998 年。

17. 嚴迪昌：《清詞史》，南京：江蘇古籍出版社，1999 年。

18. 樊樹志：《江南市鎮：傳統的變革》，上海：復旦大學出版社，2005 年。

19. 王書奴：《中國娼妓史》，北京：三聯書店，1988 年。

20. 柴德賡：《史學從考》，北京：中華書局，1982 年。

21. 馮爾康、常建華：《清人社會生活》，天津：天津人民出版社，1990 年。

22. 馮爾康：《清史史料學》，瀋陽：瀋陽出版社，2004 年。

23. 常建華：《清代的國家與社會研究》，北京：人民出版社，2006 年。

24. 常建華：《婚姻內外的古代女性》，北京：中華書局，2006 年。

25. 余新忠：《中國家庭史（明清時期)》，廣州：廣東人民出版社，2007 年。

26. 陳寶良：《中國流氓史》，北京：中國社會科學出版社 1993 年

27. 陳寶良：《明代社會生活史》，北京：中國社會科學出版社，2004 年。

28. 陳寶良：《明代儒學生員與地方社會》，北京：中國社會科學出版社，2005 年

29. 葛兆光：《中國思想史》（第 2 卷），上海：復旦大學出版社，2001 年。

30. 李孝悌：《戀戀紅塵》，上海：上海人民出版社，2007 年。

31. 巫仁恕：《品味奢華：晚明的消費社會與士大夫》，北京：中華書局，2008 年。

32. 徐林：《明代中晚期江南士人社會交往研究》，上海：上海古籍出版社，2006 年。

33 趙園：《明清之際士大夫研究》，北京：北京大學出版社，1999 年。

34. 趙園：《制度言論心態——〈明清之際士大夫研究〉續編》，北京：北京大學出版社，2006 年。

35. 楊念群：《何處是「江南」：清朝正統觀的確立與士林精神世界的變異》，北京：三聯書店，2010 年。

36. 顧克勇：《書坊主作家陸雲龍兄弟研究》，北京：中國社會科學出版社，2010 年。

37. 潘承玉：《清初詩壇：卓爾堪與遺民詩研究》，北京：中華書局，2004 年。

38. 周榆華：《晚明文人以文治生研究》，廣州：廣東高等教育出版社 2010 年。

39. 萬木春：《味水軒裏的閒居者》，杭州：中國美術學院出版社，2008年。

40. 張德建：《明代山人文學研究》長沙：湖南人民出版社，2005年。

41. 錢茂偉：《遺民史家──談遷傳》，杭州：浙江人民出版社，2006年。

42. 李丹：《順康之際廣陵詞壇研究》，上海：上海古籍出版社，2009年。

43. 巫仁恕：《激變良民──傳統中國城市群眾集體行動之分析》，北京：北京大學出版社，2011年。

44. 復旦大學文史研究院編：《都市繁華──一千五百年來的東亞城市生活史》，北京：中華書局，2010年。

45. 陳江：《明代中後期的江南社會與社會生活》，上海：上海社會科學院出版社，2006年。

46. 歐陽光：《宋元詩社研究叢稿》，廣州：廣東高等教育出版社，1996年。

47. 周明初：《晚明士人心態及文學個案》，北京：東方出版社，1997年。

48. 何炳棣：《中國會館史論》，臺北：臺灣學生書局，1966年。

49. 張國剛主編：《家庭史研究的新視野》，北京：三聯書店，2004年。

50. 何宗美：《公安派結社考論》，重慶：重慶出版社，2005年。

51. 趙毅：《明清史抉微》，長春：吉林人民出版社，2008年。

52. 白謙慎：《傅山的交往和應酬──藝術社會史的一項個案研究》，上海：上海書畫出版社，2003年。

53. 白謙慎：《傅山的世界：十七世紀中國書法的嬗變》，北京：三聯書店，2006年。

54. 龔鵬程：《晚明思潮》，北京：商務印書館，2005年。

55. 王爾敏：《明清時代庶民文化生活》，長沙：嶽麓書社，2002年。

56. 陳弱水：《公共意識與中國文化》，北京：新星出版社，2006年。

57. 陳弱水：《唐代文士與中國思想的轉型》，桂林：廣西師範大學出版社，2009年。

58. 陳弱水：《隱蔽的光景：唐代的婦女文化與家庭生活》，桂林：廣西師範大學出版社，2009年。

59. 張宏生編：《明清文學與性別研究》，南京：江蘇古籍出版社，2002年。

60. 熊月之、熊秉真編：《明清以來江南社會與文化論集》，上海：上海社會科學院出版社，2004年。

61. 李伯重：《多視角看江南經濟史（1250～1850）》，北京：三聯書店，2003年。

62. 方彪：《北京的士大夫》，北京：京華出版社，2000年。

63. 謝正光：《清初詩文與士人交遊考》，南京：南京大學出版社，2001年。

64. 劉曉東：《明代士人生存狀態研究》，長春：吉林文史出版社，2002 年。

65. 劉曉東：《明代的塾師與基層社會》，北京：商務印書館，2010 年。

66. 陸萼庭：《崑劇演出史稿》，上海：上海教育出版社，2006 年。

67. 趙素文：《祁彪佳研究》，北京：中國社會科學出版社，2011 年。

（二）論文

1. 何齡修：《陸圻及其在清初的遭遇和抗爭》，《清史論叢》，中國廣播電視出版社，2006 年。

2. （日）濱島敦俊：《明代中後期江南士大夫的鄉居和城居》，收入《江南與中外交流》，上海：復旦大學出版社，2009 年。

3. 謝明陽：《雲間詩派的形成》，《臺大文史哲學報》第 66 期，2007 年 5 月。

4. 谷輝之：《西陵詞派研究》，杭州：杭州大學博士論文，1997 年。

5. 張慧禾：《古代杭州小說研究》，杭州：浙江大學博士論文，2007 年。

6. 王鴻泰：《流動與互動：由明清間城市生活的特性探測公眾場域的開展》，臺北：國立臺灣大學歷史學研究所，1997 年。

7. 單錦珩：《李漁杭州交遊考略》，《杭州師範學院學報》，1991 年第 5 期。

8. 朱倩如：《明人的居家生活》，明史研究叢刊，臺北：臺北樂學書局有限公司，2003 年。

9. 陳冠至：《明清江南士人的抄書生活》，臺北：《國家圖書館館刊》，2009 年。

10. 吳建國等：《汪然明與晚明才妹交遊考論》，《中國文學研究》，2010 年第 4 期。

11. 宋清秀：《十七世紀江南才女文學交遊網絡及其意義》，《浙江社會科學》，2011 年第 1 期。

12. 蔣寅：《清代詩學與地域文學傳統的建構》，《中國社會科學》，2003 年第 5 期。

13. 蔣寅：《科舉陰影中的明清文學生態》，《文學遺產》，2004 年第 1 期。

14. 蔣寅：《閨秀詩話十二種敘錄》，《文獻》，2004 年第 3 期。

15. 蔣寅：《古典詩歌中的吏隱》，《蘇州大學學報》，2004 年第 2 期。

16. 蔣寅：《清初詩壇對明代詩學的反思》，《文學遺產》2006 年第 2 期。

17. 蔣寅：《清詩話的寫作方式及社會功能》，《文學評論》2007 年第 1 期。

18. 蔣寅：《清初詩學的地域格局與歷史進程》，《文史知識》，2007 年第 10 期。

19. 蔣寅：《遺民與貳臣：易代之際士人的生存方式或文化抉擇——以明清之際為中心》，2011 年第 9 期。

20. 汪利平：《杭州旗人和他們的漢人鄰居：一個清代城市中民族關係的個案》，《中國社會科學》，2007年第6期。

21. （日）井上進：《復社姓氏校錄附復社紀略》，《東方學報》，京都大學，1993年3月。

22. 徐泓：《明代社會風氣的變遷──以江、浙地區為例》，《中央研究院第二屆國際漢學會議論文集》抽印本，1989年。

23. 常建華：《舊領域與新視野：從風俗論看明清社會史研究》，《中國社會歷史評論》第12卷，天津：天津古籍出版社2011年。

24. 常建華：《中國社會生活史上生活的意義》，《歷史教學》，2012年第1期。

25. 常建華：《日常生活與社會文化史──「新文化史」關照下的中國社會文化史研究》，《史學理論研究》，2012年第1期。

26. 牛建強：《明代中後期社會變遷研究》，長春：東北師範大學，1992年博士論文。

27. 祝誠：《譚元春年表》，《鎮江師專學報》，1988年第4期。

28. 許敏：《論晚明商人僑寓、定居化趨向與社會變遷》，《江海學刊》，2002年第1期。

29. 許敏：《試析明代後期江南商賈及其子弟的文人化現象──從方用彬談起》，《中國史研究》，2005年第3期。

30. 童慶炳：《文學經典建構諸因素及其關係》，《北京大學學報》，2005年第5期。

31. （美）孫康宜：《明清文人的經典論和女性觀》，《江西社會科學》，2004年第2期。

32. 李聖華：《論晚明女詩人群落分佈與創作特徵》，《廈門教育學院學報》，2005年9月。

33. 胡曉真：《聲色西湖──聲音與杭州文學景味的創造》，《中國文化》，2007年秋季號。

34. 胡曉真：《離亂杭州：戰爭記憶與杭州記事文學》，《中國文哲研究集刊》第36期，2010年3月。

35. 陳學文：《明代杭州的夜市》，《浙江學刊》，2007年第2期。

36. 王鴻泰：《明清社會關係的流動與互動》，《史學月刊》，2006年第5期。

37. 李孝悌：《明清的社會生活與城市文化》，《史學月刊》，2006年第5期。

38. 王振忠：《從〈應星日記〉看晚明清初的徽州鄉土社會》，《社會科學》，2006年第12期。

39. 歐陽俊：《王暉和他的小品》，《文史知識》，2001年第8期。

40. 李新：《杭州小築社考》，《暨南學報》2008年第5期。

41. 李桂芹：《〈千秋雅調〉與清初江南隱逸風氣》，《南昌大學學報》，2009年第 2 期。

三、外文及翻譯論著

1. Frederic Wakeman, Jr. And Carolyn Grant (eds.). *Conflict and Control in Late Imperial China, Berkeley; University of California Press, 1975.*

2. Jonathan D.Spence and John E.Wills，Jr (eds). *From Ming to Ch'ing: Conquest, Region, and Continuity in Seventeenth-Century China, New Haven and London: yale university Press, 1979.*

3. Chun-fang Yu.*The Renewal of Buddhism in China: Chu-hung and the Late Ming Synthesis, Columbia University Press, 1981.*

4. Craig Clunas. *Superfluous things: Material Culture and Social Status in Early Modern China, Polity Press, 1991.*

5. Liping Wang (Ph.D). *Paradise for Sale: Urban Space and Tourism in the Social Transformation of Hangzhou, 1589~1937, University of California, San Diego, 1997.*

6. Timothy Brook. *The Chinese State in Ming Society, RoutledgeCurzon, 2005.*

7. （日）島田虔次：《中國近代思維的挫摺》，南京：江蘇人民出版社，2010 年。

8. （日）荒木見悟：《近世中國佛教的曙光》，臺北：慧明文化，2001 年。

9. （日）大木康：《明末江南的出版文化》，東京：研文出版，2004 年。

10. （日）小野和子：《明季黨社考》，上海：上海古籍出版社，2006 年。

11. （日）小野和子：《明末清初の社會と文化》，京都：京都大學人文科學研究所，1996 年。

12. （日）岸本美緒：《明清交替と江南社會：17 世紀中國の秩序問題》，東京：東京大學出版會，1999 年。

13. （日）溝口雄三：《中國的公與私‧公私》，北京：三聯書店，2011 年。

14. （日）溝口雄三：《中國前近代思想的曲折與展開》，北京：三聯書店，2011 年。

15. （美）施堅雅編：《中華帝國晚期的城市》，北京：中華書局，2000 年。

16. （美）魏斐德：《洪業──清朝開國史》，南京：江蘇人民出版社，1994 年。

17. （美）艾爾曼：《從理學到樸學》，南京：江蘇人民出版社，1995 年。

18. （美）高彥頤：《閨塾師：明末清初江南的才女文化》，南京：江蘇人民出版社，2005 年。

19. （美）曼素恩：《綴珍錄：十八世紀及其前後的中國婦女》，南京：江蘇人民出版社，2005 年版。

20. （加拿大）卜正民：《縱樂的困惑》，北京：三聯書店，2004年。

21. （加拿大）卜正民：《爲權力祈禱》，南京：江蘇人民出版社，2005年。

22. （美）林達·約翰遜編：《帝國晚期的江南城市》，上海：上海人民出版社，2005年。

23. （美）楊曉山：《私人領域的變形：唐宋詩歌中的園林與玩好》，南京：江蘇人民出版社，2009年。

24. （美）史景遷：《曹寅與康熙》，上海：上海遠東出版社，2005年。

25. （美）梅爾清：《清初的揚州文化》，上海：復旦大學出版社，2004年。

26. （美）周紹明：《書籍的社會史：中華帝國晚期的書籍與士人文化》，北京：北京大學出版社，2009年。

27. （法）菲利普·阿利埃斯、喬治·杜比：《私人生活史》（第1卷），海口：三環出版社，哈爾濱：北方文藝出版社，2007年。

28. （法）菲利普·阿利埃斯、喬治·杜比：《私人生活史》（第3卷），哈爾濱：北方文藝出版社，2008年。

29. （澳）安東籬：《説揚州》，北京：商務印書館，2007年。

30. （日）松浦章：《清代内河水運史研究》，南京：江蘇人民出版社，2010年。

31. （日）濱下武志：《中國、東亞與全球經濟──區域和歷史的視角》，北京：社會科學文獻出版社，2009年。

32. （日）岸本美緒：《清代中國的物價與經濟變動》，北京：社會科學文獻出版社，2010年。

附錄：杭州士人孫治生平簡考

內容提要

　　從晚明到清初的杭州士人文化盛極一時，孫治作爲西陵十子之一，著作頗豐，交遊甚廣，不過，其生卒年目前尚無定論，關於其交遊、著作也缺乏基本的考察。本文認爲孫治生於萬曆四十七年（1619），而卒於康熙二十二年（1683）；其交遊形成於家世、師承以及士人會社的背景下，在著作上文史兼備，又富經世之才。

關鍵詞：孫治、生卒、交遊、著作

　　明清之際，杭州士人群體出現了以西陵十子（又作西泠十子）爲代表的西陵派，他們前承杭州小築社、讀書社之餘風，並與當時的復社、雲間派等相往還，促成了杭州文化的一時繁興。不過，目前學界對該派的研究較爲薄弱，對相關士人的研究也頗爲缺乏〔註1〕。筆者通過閱讀《孫宇臺集》等史料，嘗試對西陵十子中的孫治進行初步之考察。

一、家世和生卒

　　孫治的家世，據其所言，「孫氏始祖本汴人，自衛卿以下著籍錢唐，乃可譜」，那麼，孫氏家族應是宋室南渡後遷往杭州的；明武宗時，孫氏祖次軒公配楊氏，矢節守貞，得到旌節建坊，此後，孫氏也得以繁興，楊氏有孫五人、

〔註1〕 目前，對西陵十子的專門研究，僅見谷輝之的博士論文《西陵詞派研究》，其他文史著作所雖多有涉及，但或語焉不詳，或不夠深入。

曾孫十三人，其中楊氏曾孫枝中進士，爲給諫〔註2〕。孫治所述，杭州方志均有記載：孫玉妻楊氏，「孝事舅姑，玉疾，醫藥罔效，刲股和糜進」，「手教子宗黼、宗黻以德義，黻尤以孝著。宏治中，詔建坊洪福橋，賜名節孝里，曾孫枝官山西參政」；孫枝，「字敬身，錢塘人，嘉靖三十八年進士，授太常博士，遷戶科給事中」，「已復論大學士高拱專擅狀，拱罷去，進工科都給事，外補山西參政，分守冀寧，落職歸」〔註3〕。看來，孫氏一族在隆慶、萬曆之間蔚爲鼎盛，不過，孫治所言孫氏獲得旌節的時間與方志所載不同，可能有誤。後來，孫枝得入杭州鄉賢祠。孫枝後五世即爲孫治，相隔尚不及五十年。

孫枝三傳至孫治的祖父輩，孫治說，「（孫枝）三傳爲本生祖考蘊甫府君、祖考實甫府君。先府君爲本生祖考之第四子，祖妣張孺人所出，而後於實甫祖考，故爲實甫祖考子也」；孫治父，「諱錫，字明先，號復菴」，「積學力行，窮年攻苦，繁不得志於有司，至年三十餘始補博士弟子，受業鄭月菴先生尚友之門」〔註4〕。而孫父的老師鄭月庵，「諱尚友，浙之錢塘人，中崇禎辛未（1631）進士」，「祖與父皆布衣，至先生發憤力學，湖南葛司農□其文大奇之。始，葛與鄭兩氏有隙，及是，司農曰，『鄭氏有子，吾終當成之』，以故爲葛氏入室弟子……先生戊午（1618）舉於鄉，益下帷講業不輟，從遊者歲著牒十百人，故湖南有葛、鄭之學」〔註5〕。可以說，孫枝而後的孫氏一脈，在杭州當地堪稱詩禮傳家、書香門第，孫治的成長與此當密切相關。

孫治，字宇臺，號鑒庵，關於其生卒年，目前的研究頗爲參差，《中國文學大辭典》、《清人詩文集總目提要》、《清人別集總目》等書雖著錄其人，但對生卒年均未作考證，江慶柏編《清人生卒年表》著孫治生年爲「萬曆四十六年（1618）」，而卒年不詳〔註6〕。近來，何齡修先生在《陸圻及其在清初的遭遇和抗爭》一文中也考訂孫治生年爲萬曆四十六年，而其卒年爲康熙二十二年（1683）〔註7〕。孫治的生年，江、何兩人的依據並不相同，江依據的是

〔註2〕　孫治：《孫宇臺集》卷15《曾叔祖沖宇公生傳》，四庫禁燬書叢刊集部149冊，北京：北京出版社，1997年，第25～26頁。

〔註3〕　李榕等：《杭州府志》卷155、卷124，臺北：成文出版社，中國方志叢書本。

〔註4〕　孫治：《孫宇臺集》卷24《先考文學復菴府君行實》，四庫禁燬書叢刊集部149冊，北京：北京出版社，1997年，第76～77頁。

〔註5〕　孫治：《孫宇臺集》卷14《鄭月庵先生傳》，第8頁。

〔註6〕　江慶柏編《清代人物生卒年表》，北京：人民文學出版社，2005年，第218頁。

〔註7〕　何齡修：《陸圻及其在清初的遭遇和抗爭》，《清史論叢》（2007年號），北京：中國廣播電視出版社，2006年。

《孫宇臺集》卷二四的《先妣沈太孺人行實》，而何依據的是上書卷一四的《外大父母傳》，然後都是根據傳主生卒進行推測所得。筆者通讀全書，發現有直接的證據，可考孫氏的生年應爲萬曆四十七年（1619），所據是同書卷二四的《先考文學復庵府君行實》，孫治在談及父母成婚後說，「己未生不孝治，又二年辛酉生弟洽」，而己未年正是萬曆四十七年（1619），江、何兩人所考相差一年的原因在於古人往往稱虛歲之故。至於卒年，何先生依據《孫宇臺集》卷首孫氏友人陸嘉淑所撰序考得，而據孫治子孫孝楨《先考文學鑒庵府君行實》，「歿於康熙癸亥年二月初九戌時，享年六十有五」，則又有了確證〔註8〕。概言之，孫治生於萬曆四十七年（1619），而卒於康熙二十二年（1683）。

二、生平及交遊

孫治的一生，身經明萬曆、天啓，清順治、康熙四朝，作爲江南文壇名士，親睹易代前後的社會文化變遷，考究其生平，無疑有助於我們瞭解杭州士人，乃至江南文化之面貌。而孫治的生平及交遊，總體上可分爲明亡前、順治朝、康熙朝三個階段。

明亡之前的二十餘年，孫治逐漸從兒童成爲杭州士人中的佼佼者，在此過程中其家世背景作用非小。少年時期，與其訂交爲友，甚至成爲兄弟的，多與其有世誼之好，孫治在《許太君六十壽序》就說，「僕結髮與諸君子友，蓋多累世之好，而至柴子虎臣、嚴子子餐、吳子興公兄弟、許子道濟兄弟，則自高大父思泉以來，奕世相善，至於治五世矣」〔註9〕。而西陵諸子如毛先舒、陳廷會、張祖望等也即結交於此時期，並且多爲其年少時的同窗，如陳廷會，「余少與際叔讀書南北山中，即肆志古文辭」〔註10〕。受世風時會影響，孫治在科舉功課之外，也努力學習詩辭古文。崇禎年間，孫治考中秀才。

孫治師承自當地大儒葛寅亮、聞其祥，也受到雲間陳子龍等影響。葛寅亮，錢塘人，萬曆間進士，歷任部院郎中、地方參議、學政及通政等職，仕途較爲順利，南明隆武政權時死節，因爲曾任多地學政，且講學於西湖南之

〔註8〕 轉引自谷輝之：《毛先舒年譜（續）》，《歷史文獻》第4輯，上海：上海科學技術文獻出版社，2001年。

〔註9〕 孫治：《孫宇臺集》卷9《許太君六十壽序》，四庫禁燬書叢刊集部148冊，北京：北京出版社，1997年，第745頁。

〔註10〕 孫治：《孫宇臺集》卷4《陳際叔文集序》，第702頁。

蕭寺，在杭州以致江南、江西、福建等地士人中有著很高的威望〔註11〕；.聞其祥，萬曆間舉於南京，人稱聞孝廉，與余杭嚴調御等兄弟在杭州結小築社，研習經義，以選刻八股文章名聞海內〔註12〕。葛寅亮、聞其祥兩人主持杭州風教，西陵諸子如張用霖、毛先舒、柴紹炳等都出其門下，無疑，孫治師出名門，對其後來的人生影響至深。至於陳子龍，因崇禎末任紹興司李，杭州士人如毛先舒、陸彥龍等多受其指點，陳氏還與陸圻等西陵諸子在杭州結登樓社，孫治作爲社中成員，不免受其訓教。

明清交替的天啓、崇禎及順治年間，士人的會社活動極爲繁盛。崇禎末年，杭州會社也盛極一時，孫治即是其中的重要成員，孫治在《答徐雷書》中說，「當庚辰（1640）辛巳（1641）之交，尊君與余輩偶而集聚，賦詩作文，砥礪名行」〔註13〕。孫治好友毛先舒在《沈去矜（謙）墓誌銘》中也回憶說己卯、庚辰之間，沈謙父延納文學之士，宴集雅會〔註14〕。此外，杭州的登樓社等士人組織也多有孫氏之行跡，毋庸多言。概言之，崇禎末杭州頻繁的士人會社活動，使得孫治的交際圈大體形成，其本人也不再是寂寂無名的普通士人。不過，成年後，受生活所迫，孫氏開始以教書爲生，「庚辰（1640）辛巳（1641）連年飢饉，下幃臨平趙氏」〔註15〕，而沈謙家於臨平，實際上方便了其交遊活動。

清朝建立後的順治朝，孫治受父命棄絕功名，以館穀爲生，其授業之地也多在杭州周圍，如「己丑（1649）下幃於其（王聖翼）家」，「甲午（1654），予初下帷褚裏」〔註16〕。在此期間，孫家多有變故，先是在鼎革之際的兵亂中家產被劫，然後由於清廷在杭州修建旗營而多次遷徙，「甲申（1644）改革棄儒，所有資妝盡劫於兵，歸就祖廬，兩遭遷徙」，「庚寅（1650）室廬搆屯營之變」〔註17〕。順治末年，孫家逐漸安定下來，「丙申（1656）典一椽破屋，

〔註11〕 可參考何孝榮：《葛寅亮與〈金陵梵刹志〉》，《南開學報》2007 年第 6 期。

〔註12〕 可參考李新：《杭州小築社考》，《暨南學報》2008 年第 5 期。

〔註13〕 孫治：《孫宇臺集》卷 3《答徐雷書》，第 698 頁。

〔註14〕 谷輝之：《毛先舒年譜》，《歷史文獻》第 4 輯，上海：上海科學技術文獻出版社，2000 年。

〔註15〕 孫治：《孫宇臺集》卷 24《先室沈孺人行實》，四庫禁燬書叢刊集部第 149 冊，北京：北京出版社，1997 年，第 79 頁。

〔註16〕 孫治：《孫宇臺集》卷 24《亡長媳王氏事略》，第 149 冊第 80 頁；卷七《南苑詩序》，第 148 冊第 8 頁。

〔註17〕 孫治：《孫宇臺集》卷 24《先室沈孺人行實》、《亡長媳王氏事略》，149 冊第 79、80 頁。

父母祖孫聚首」〔註18〕。此後不久，開始從友人入幕爲賓，「（吳）錦雯爲吳中司理，戊戌春（1658）招余於署中」〔註19〕。大體上，在動亂的時代，孫氏得以保全性命，但爲了養家糊口不得不四處奔波。即便如此，孫治仍然參加了杭州士人一些會社活動，如「辛卯（1651）春，趙子元開結社於東城之蓮居，猶東林之道義也。木金上人其戒律同於惠遠，方外速朽何殊，沙門道昺曇常，而與者江子道信、王子聖翼、趙子益之、錢子黼明雍明、張子仲嘉開之、徐子世臣即猶夫，雷次宗、劉遺民、周續之、張詮、張野、宗炳諸賢也，而予與際叔頹唐跌宕，或至或不至」〔註20〕。

　　進入康熙朝，孫治幸免於姐夫陸圻所陷的莊氏明史案，此後便終身以遊幕爲生，正如其所說，「余遠過齊趙，近越甌閩，涉歷大江南北」〔註21〕。同時，生於明代的杭州士人生活多有轉變，或隱或醫，或道或僧。康熙十年前後，西陵諸子更頗有凋零，尤其康熙九年（1670），西陵十子中的柴紹炳、沈謙、吳百朋先後去世，杭州的士人文化也在不覺間進行著代際更替。

　　逐漸進入暮年的孫治，在家居之時，主要與同人張祖望、毛先舒、陳廷會、王嗣槐，以及後輩王晫、陸進等人集會唱和。杭州的後進士人如徐汾、洪昇、吳志伊等，多是西陵諸子的弟子或故舊，自然多得他們之言傳身教。康熙二十二年（1683），孫氏在作幕山西時，客死異鄉。需要說明的是，在遊幕之地，孫治和當地士人也多有交往，其中不乏至交好友，容待另文詳述。至於西陵諸子，康熙三十年（1691）前後，皆已故去〔註22〕。

　　以上內容，屬筆者梳理孫氏文集所得，對照各類史書如《清史稿》、民國《杭州府志》以及《兩浙輶軒錄》等，卻可以發現，這些史書更注重於孫治道德人格方面的事蹟，從中又可以瞭解到孫治生平的另一面。《清史稿》列傳二七一載，「治字宇臺，篤友誼，陸培死，以孤女託，爲擇婿，得吳任臣；及立嗣，又以甥女嫁焉」；民國《杭州府志》卷一四五，「生平篤友誼，魏姓友逮繫，以愛女爲託，及友被法卒，娶爲子婦。陸彥龍死，亦以孤女託，爲擇吳任臣妻之，又爲立嗣以甥女嫁焉。吳百朋令南和，卒於官，往經紀其喪以歸」；《兩浙輶軒錄》卷七則說「治生平篤友朋誼。陸驤武死以一女託治，爲

〔註18〕 孫治：《孫宇臺集》卷24《先室沈孺人行實》，149冊第80頁。
〔註19〕 孫治：《孫宇臺集》卷32《哀吳威卿》，149冊第126頁。
〔註20〕 孫治：《孫宇臺集》卷9《趙元開五十壽序》，148冊第741頁。
〔註21〕 孫治：《孫宇臺集》卷4《林玉遠集序》，148冊第704頁。
〔註22〕 可參考何齡修前揭文。

擇吳檢討任臣妻之，又爲立嗣，以己甥女嫁焉。吳錦雯宰南和，客死，治同往經紀其喪，聞者莫不欽其古誼也」〔註23〕。前述史料所涉及的孫治友人是陸培、魏姓友、陸彥龍（驤武）以及吳百朋，除魏姓友外皆是西陵諸子中人，如此，經過婚姻、世交而延續的士人關係，維繫了杭州士人的交遊圈；而魏姓友人很可能是康熙初年通海案被殺的歸安士人魏耕，那麼，孫治和反清勢力也有著聯繫。需要指明是，孫治爲友擇婿立嗣事，該友人《清史稿》記爲陸培，其他兩書則爲陸彥龍。據孫氏文集卷十五《亡友陸彥龍趙明鑣胡介合傳》，陸彥龍在彌留之際託以後事，孫治「即立韜執喪，而爲其女擇婿映如吳生任臣，於是遂以其女女之，吳生學問淵博，一代才也。韜從余遊，余以妹婿沈硎丹之女妻之」〔註24〕，那麼，《清史稿》所記有誤。簡言之，孫治雖著譽於明，大半生卻在清；其本人棄儒不仕，卻又和出仕清廷的官僚聯繫不斷，這種複雜的人生處境很能反映杭州士人易代前後的生命歷程。

三、著　作

　　孫治一生著述頗豐，《孫宇臺集》計四十卷，詩文各類體裁，除詞曲外相當完備，在版本上，現存抄本和刻本兩個系統〔註25〕，對於其文學造詣，同人毛先舒在《西泠十子詩選》說，「宇臺筆墨清拔，淳而不疏，去初唐最近。故五言佳境能挹武德之夷澹，兼垂拱之凝整」，而後輩朱彝尊在《靜志居詩話》評價其詩歌，「宇臺刻意摹古，寧質不佻」〔註26〕。

　　事實上，孫治在經學、杭州文獻、水利曆法以及方志修撰等方面也有其成就。在科舉時代，研究經義與八股文寫作實際上相輔相成。孫治曾祖孫枝中進士，歷任要職，對經義頗有研究，曾著《易說》、《性理輯》等書〔註27〕。而孫治長於易學，很可能受家學之遺傳。崇禎時，孫氏在臨平趙元開坐館，就是講授易經，「僕自辛巳（1641）歲，即說經趙氏矣，初僕學田王孫，而元

〔註23〕李榕等：《杭州府志》卷145，臺北：成文出版社，中國方志叢書本。

〔註24〕孫治：《孫宇臺集》卷15《亡友陸彥龍、趙明鑣、胡介合傳》，149冊，第19頁。

〔註25〕楊忠、李靈年編：《清人別集總目》，合肥：安徽教育出版社，2001年，第627頁。

〔註26〕陳田：《明詩紀事》辛簽卷二八，上海：上海古籍出版社，2002年，續修四庫全書本。

〔註27〕李榕等：《杭州府志》，臺北：成文出版社，中國方志叢書本。

開子憲斌業高堂生。僕以他經爲辭，元開逡巡再拜，而進曰，『經師易得，人師難從』」，考田王孫乃漢代易學大家，高堂生爲禮學大家，這樣，趙氏之子以孫治爲師，則必須由學禮改爲學易。孫治易學頗爲精深，並用之於占卜，王晫《今世說》記載，「陸麗京、孫宇臺並精京氏學，於甲申除夕各占元旦明晦，麗京決晴，宇臺斷雨。次早，曈曨日出，晚即滂沱雨來，人咸異之。孫宇臺既精易課，兼善潛虛。嘗與陸麗京同在臨平沈去矜座，陸舉之字問孫云，『今日當得幾客』。孫應聲云，『之文十一也』。已而果驗」〔註28〕。

在杭州文獻整理上，孫治的貢獻在於輯修《靈隱寺志》，雍正《浙江通志》載「《靈隱寺志》八卷，康熙壬子（1672）仁和孫治宇臺輯、吳門徐增子能增修」；而《四庫全書總目》評價說，「其書因明萬曆中昌黎白珩之志，稍增損之，體例與他志略同，惟以宦遊、寄寓之人概收之，人物一門則事涉創造，於義未安」〔註29〕。孫氏此書被後來的杭州以至浙江方志徵引頻多，在其文集也有多篇關於靈隱寺等處地理方面的考論，不再詳述。至於孫治的經世之才，可見於其文集卷二七，其篇目《東南水利》、《河漕》、《屯田》、《錢法》、《治河》等涉及時事世務也多，這爲他後來多年的作幕生涯打下了根基。最後，在方志撰修上，孫氏於康熙十七年（1678）應山左曹南（今山東菏澤）之聘，參與了當地方志撰修，其文集卷二八《題曹邑志後》，當是此時所作。

總之，孫治作爲西陵十子的一員，著作頗豐，交遊甚廣，對研究明清易代見的歷史很有助益，對其做繼續深入的研究也極爲必要。

〔註28〕 王晫：《今世說》卷7，上海：上海古籍出版社，2002年，續修四庫全書本。
〔註29〕 嵇曾筠：雍正《浙江通志》卷254；永瑢：《四庫全書總目》卷77史部三三，中國基本古籍庫。